AF496732

RELATIONS INTERNATIONALES

LE NORD

INDUSTRIEL ET COMMERCIAL

DANEMARK. — NORVÉGE. — SUÈDE. — RUSSIE

PAR

ÉDOUARD SÈVE

TOME TROISIÈME

PARIS
GUILLAUMIN ET Cⁱᵉ, ÉDITEURS
RUE RICHELIEU, 14

BRUXELLES ET LEIPZIG
A. LACROIX, VERBOECKHOVEN ET Cⁱᵉ, ÉDITEURS
RUE ROYALE, 3, IMPASSE DU PARC

1862

LE NORD

INDUSTRIEL ET COMMERCIAL

Bruxelles.—Typ. de A. LACROIX, VERBOECKHOVEN et Cⁱᵉ, rue Royale 3, impasse du Parc.

RELATIONS INTERNATIONALES

LE NORD

INDUSTRIEL ET COMMERCIAL

DANEMARK. — NORVÉGE. — SUÈDE. — RUSSIE

PAR

ÉDOUARD SÈVE

TOME TROISIÈME

PARIS
PAGNERRE, LIBRAIRE-ÉDITEUR
RUE DE SEINE, 18

BRUXELLES ET LEIPZIG
A. LACROIX, VERBOECKHOVEN ET Cⁱᵉ, ÉDITEURS
RUE ROYALE, 3, IMPASSE DU PARC

1862

Quelques critiques se sont étonnés de ce que je n'aie point fait mention dans la deuxième partie (1) de beaucoup d'auteurs contemporains distingués des États Scandinaves, et du remarquable mouvement littéraire actuel de la Russie, de même que j'aie négligé des sujets aussi importants que la religion (2) et les beaux-arts : je leur objecterai qu'un

(1) Voir tome Ier.
(2) L'église chrétienne domine dans les contrées septentrionales ; on rencontre des mormons en Scandinavie et plus de deux cents sectes différentes en Russie. Je n'hésite pas à dire que l'étude des sectes et des religions

travail spécial ne pouvait embrasser tant de matières si différentes et si variées. Trop de noms illustres eussent attiré mon attention, et ces études nouvelles m'eussent entraîné trop loin. D'ailleurs M. Geffroy publie d'excellents articles dans la *Revue des Deux Mondes* sur les trois royaumes scandinaves; j'y renvoie mes lecteurs et me borne à rappeler les noms de Gude, Tidemand, Hagenstein, Jacobsen, Morten-Muller, Bodom, tous peintres scandinaves très bien connus chez nous.

Quant à la religion, j'en ai dit quelques mots à la première partie (1).

diverses de ce dernier pays serait certes l'une des plus intéressantes que l'on pourrait entreprendre : on y puiserait de profonds enseignements. Depuis la religion païenne jusqu'à la religion naturelle, tout se trouve en Russie ; on y rencontre les douchobortzi, les malakamis, les mahométans à côté des scoptzi et des chlisti qui admettent la communauté des femmes, des morelstchiki qui s'immolent partiellement ou en entier.

Le starovérisme et le douchoborzinisme sont les sectes les plus influentes. Il y a dans les deux cents sectes qui existent en Russie des usages d'une cruauté inouïe, et l'on raconte, à ce sujet, des choses horribles ; les unes font châtrer leurs enfants par leurs femmes en croyant mériter ainsi le céleste séjour ; d'autres chargent leurs adeptes dans la nuit qui précède le premier jour de Pâques, de couper le sein d'une jeune fille de 15 à 16 ans et le mangent, puis dansent avec frénésie autour de la demi sainte ; d'autres, les douchobortzi, par exemple, tuent leurs enfants contrefaits ou malsains, en prétendant faire une œuvre méritoire, car Dieu, disent-ils, ne peut habiter un corps imparfait ou malsain. Ces atrocités se commettent encore de nos jours grâce à la vénalité de la police russe qui les encourage malgré les efforts du gouvernement à les prévenir. Les excellents ouvrages de MM. de Custinue et A. de Haxthausen relatent un grand nombre de ces faits. J'y renvoie mes lecteurs.

(1) Tome Ier, chap. I.

Je me suis surtout attaché aux questions de nature à préoccuper des peuples qui veulent entrer en relations d'affaires; à ce point de vue, je n'avais guère à m'arrêter à la religion et aux beaux-arts.

Avant de terminer, il convient de signaler une inexactitude que je suis heureux de pouvoir effacer de ce livre (1). Une loi (2) de Storthing a abrogé la disposition intolérante en vertu de laquelle les juifs étaient exclus du royaume. C'est un pas de plus dans la voie de la liberté de conscience (3).

(1) Voir tome Ier, p. 72, *le Résumé de la Constitution de la Norvége.*
(2) Loi de 1851.
(3) Je dois signaler encore un erratum à mes lecteurs; tome Ier, p. 73 in fini, au lieu de : *tous les cinq ans*, il faut lire : *tous les trois ans.*

Bruxelles, 13 octobre 1862.

SIXIÈME PARTIE

RUSSIE

I

SITUATION. — LIMITES. — ÉTENDUE. — ILES. — COTES. — CAPS.
GOLFES ET BAIES. — OROGRAPHIE. — HYDROGRAPHIE. — CLIMAT.
GÉOLOGIE ET MINÉRALOGIE. — DIVISIONS POLITIQUES ET POPU-
LATION.

La question industrielle et commerciale étant celle qui me
préoccupe le plus, je me contente d'emprunter à l'excellent
Dictionnaire de Géographie universelle ancienne et moderne de
M. Bescherelle aîné, les résumés relatifs à la situation et aux
limites de la Russie, à ses divisions naturelles et à la nature de
son sol et de son climat. M. Jourdier, dans son remarquable
ouvrage sur les forces productives, destructives et improductives
de la Russie, s'occupe particulièrement du sol et de la climatolo-
gie de cet immense empire, qui comprend à lui seul la sixième
partie du monde. J'y renvoie mes lecteurs.

SITUATION. — LIMITES. — ÉTENDUE. — ILES. — L'empire de
Russie (en russe *Rossia*), le plus vaste empire du monde, est
situé dans l'Europe septentrio-orientale, dans l'Asie septentrionale et dans l'Amérique septentrio-occidentale.

Cet empire, dans son ensemble, forme une masse compacte à

laquelle l'Amérique russe et un certain nombre d'îles servent d'appendice.

La partie principale est comprise entre 15°10′ et 188° de longitude Est, et entre 38°20′ et 78°26′ de latitude Nord. Elle a pour limites, à l'Ouest, le royaume de Suède et Norwége, la Baltique, le royaume de Prusse, les empires d'Autriche et de Turquie; au Sud, la mer Noire, la mer d'Azof, la Turquie d'Asie, la Perse, la mer Caspienne, les Khanats du Turkestan, l'empire Chinois; à l'Est, l'océan Pacifique; au Nord, l'océan Glacial arctique. La plus grande longueur du Nord au Sud est d'environ 4,450 kilomètres, et la plus grande largeur, de l'Ouest à l'Est, d'environ 10,000 kilomètres. Le périmètre total de ce territoire est de 44,000 kilomètres, dont 17,000 kilomètres pour les frontières de terre, et 27,000 kilomètres pour les côtes, se répartissant ainsi : frontières de terre, Suède et Norwége, 925 kilomètres; Prusse, 1,303 kilomètres; Autriche, 1,103 kilomètres; Turquie d'Europe, 503 kilomètres; Turquie d'Asie et Perse, 948 kilomètres; Turkestan et Chine, 12,000 kilomètres; frontières maritimes : Baltique, 2,488 kilomètres; mer Noire, 2,000 kilomètres; mer d'Azof, 1,296 kilomètres; mer Caspienne, 3,703 kilomètres; océan Pacifique, 8,000 kilomètres; océan Glacial, 10,000 kilomètres. Cette partie principale se divise en *Russie d'Europe* et *Russie d'Asie*, séparées l'une de l'autre par les monts Ourals et le fleuve Oural.

L'*Amérique russe*, séparée de la partie principale par l'océan Pacifique et le détroit de Behring, s'étend entre 54°40′ et 71°23′31′ de latitude Nord, et entre 132° et 170° de longitude Ouest.

Elle est bornée au Nord par l'océan Glacial arctique; à l'Ouest, par la mer de Behring; au Sud, par le grand océan Pacifique; à l'Est, par les possessions britanniques. Sa plus grande longueur du Nord au Sud est de 1,850 kilomètres, et sa plus grande largeur, de l'Ouest à l'Est, de 1,300 kilomètres carrés. — La superficie de l'empire est : *Russie d'Europe*, 5,523,595 kilomètres carrés ; Russie proprement dite, 5,016,715 kilomètres carrés ; Pologne, 128,385 kilomètres carrés ; Finlande, 378,675 kilomètres carrés ; — *Russie d'Asie*, 13,625,480 kilomètres carrés ; Transcaucasie, 209,440 kilomètres carrés ; Sibérie, 12,406,955 kilomètres carrés ; Steppes des Kirghises, 1,009,085 kilomètres carrés ;—*Russie d'Amérique*, 1,498,585 kilomètres carrés ; continent, 1,446,060 kilomètres carrés ; îles, 52,525 kilomètres carrés. — Donc une superficie totale de 20,647,660 kilomètres carrés, c'est-à-dire le vingt-cinquième de la superficie totale de notre globe et le sixième des terres.

— Les îles les plus importantes qui se détachent des deux parties principales de l'empire russe sont : en Europe, de l'Ouest à l'Est, les îles Solovetzki, Kalgouïef, Vaïgatch et Nouvelle-Zemble, dans la mer Glaciale ; un grand nombre de petites îles, dans les golfes de Bothnie et de Finlande, parmi lesquelles celles de Kotline, de Nargen, de Seskar sont les plus importantes ; ensuite les îles d'Aland, de Dago et d'Oesel, dans la Baltique ; en Asie : les îles Biéloï, l'archipel de la Nouvelle-Sibérie, Medvejskii, Aïoun, Chalaourof, Kolioutchine, Saint-Laurent et dix-neuf des îles Kouriles ; en Amérique : Nouvenok, les îles Aléoutiennes, les archipels du prince de Galles et du roi Georges III, les îles Kadiak, Jefdokéief, Choumaghine, Tchirigof.

COTES. — CAPS. — GOLFES. — BAIES. — La côte Nord-Ouest de la Russie sur la Baltique présente trois grandes sinuosités ; les golfes de Riga, de Finlande et de Bothnie. Le golfe de Riga renferme la baie de Pernau au Nord-Est, et le cap Domesne ; le golfe de Finlande, les baies de Baltisch-Port et de Cronstadt, et le cap Hangö-Udd. Les côtes sont plates et unies dans le golfe de Riga, déchirées, dentelées et hérissées de roches dans ceux de Finlande et de Bothnie. La côte Sud-Ouest sur la mer Noire présente les presqu'îles de Crimée et de Taman ; les langues de terre de Kinbourn, de Tendra ; les golfes de Pérékop, du Dniéper, du Boug et de Kalamita, la baie de Kaffa ; les caps sont : du Nord-Ouest au Sud-Est ceux de Kaliakri, Karamroun, Tarkhan, Baba, Loukoul, Chersonèse, Monastyr, Aïa, Aï-Todor, Aïou-Dagh, Meganom, Karadagh, Takil, Issou-Soup, Sengi, Ardler, Soukhoum. La côte, assez élevée au Nord de Varna, devient basse au delà de Baltchik, se relève, entre les embouchures du Dniester et du Dniéper, et forme des falaises calcaires ; elle présente ensuite de nombreuses découpures, et en Crimée est tantôt basse, tantôt élevée ; elle atteint une grande hauteur sur le littoral caucasien. Le détroit de Kertch fait communiquer la mer Noire à la mer d'Azof ; cette dernière, qui forme au Nord-Est le golfe de Tangorod, et au Nord-Ouest celui de Sivasch ou mer Putride, présente la langue de terre de la flèche d'Arabath, les baies d'Arabath, Temrouk et Berdiansk ; les caps Fanar, Kasan-Dip, Fédotof, Obitotchna, Berdiansk, Biélo-Saraï, Khrivaïa, Séménofskaïa, Pétrouchina, Sambetzkaïa, Jeïsk, Jélénina, Dolga, Kamychévata, Beïsougha, Baschkrasch.

La côte de la mer d'Azof est généralement échancrée, mais peu élevée. La partie russe de la mer Caspienne présente, du Nord-Est au Sud-Ouest, les golfes ou baies de Kotchak, Mertvoï, Kouma, Agrakhan, Belghinsk, Bakou et Kisil-Agatch et les caps Tukh-Karaghan, Chidovinskoï, Kranskaïa, Agrakhan, Cha-khof, Kourinsk, Apchéron. Ses contours sont tantôt unis et plats, tantôt échancrés et élevés.

La mer ou lac d'Aral ne touche pas à la Russie proprement dite, mais à la steppe des Kirghises-Kaïssaks, où elle forme le golfe de Tchiganak. Sur la côte orientale de la Russie, l'océan Pacifique, qui y prend le nom de mer de Kamtchatka, forme les deux vastes golfes dits mers d'Okhotsk et de Behring. Dans la mer d'Okhotsk sont les baies d'Okhotsk, Taouiskoï, Ghisighinsk, Penjinsk, les caps Nyaghinc et Lopatka; dans la mer de Beh-ring, les golfes ou baies d'Avatcha, Olioutorsk, d'Anadyr, d'Onémen, Notchek, de la Sainte-Croix, Metchigmen, Saint-Lau-rent; et, sur la côte de l'Amérique : les baies de Norton, Do-brykh-Vesteï, Kamychatsk, Kénaïski et Norfolk; les caps de la mer de Behring sont ceux de Chiponuskoï, Kronotskü, Kamt-chatskü, Ozernoï, Olioutorsk, Navarin, Saint-Thadée, Tchou-kotsk, Oriental, Occidental ou Prince de Galles, Roumanzof, Newenham. Le détroit de Behring fait communiquer cette mer à l'océan Arctique Glacial. Ce dernier, baignant toute la côte septentrionale de la Russie, y forme, de l'Ouest à l'Est, les golfes suivants : la mer Blanche avec les golfes ou baies de Mégen, de la Dvina, d'Onéga et Kandalask, de Tcheskaïa, Kara, Obi, Ta-zonsk, Ghydansk, Jéniseïsk, Piascida, Taïmour, Khatangsk, Anabarask, Olének, Borkaïa, Maïgolatzkaïa, Amoulakh, Khromsk, Colzmsk, Tchaounsk, Kolioutchine, et, sur la côte d'Amérique, le golfe Kotzebue; les presqu'îles de Kola, Kanine, des Sa-moïèdes et des Tchouktches; les détroits de Kara et de Vaï-gatch; les caps Sviatoï, Kanine, Mikoulkine, Orlof, Olénü, Sévé-rovostotchnoï, Taïmour, Saint-Thaldée, Sviatoï, des Ours, des Sables, Thélagskoï; en Amérique, les caps Golovine, Lisbourn.

Ledianoï, Barrow. Les bords de la mer Blanche, bas et plats au
Sud et à l'Est, sont, à l'Ouest, formés par le roc vif et en partie
hérissés d'écueils ; dans la presqu'île de Kanine, la côte basse et
sablonneuse ; la côte de la Sibérie s'élève à son extrémité orientale, dans la presqu'île des Tchouktches.

OROGRAPHIE. — La Russie d'Europe est généralement un
pays de plaines basses dites *toundras* ; on n'y remarque, à l'intérieur, que les collines du Valdaï, sur le plateau du Volga ou du
centre, chaîne ondulée et peu élevée.

Au Nord-Ouest pénètrent quelques rameaux des monts Scandinaves, parmi lesquels le Maanselkae est le principal. Au Sud-
Ouest, les Carpathes envoient des ramifications, dont quelques-
unes forment le plateau d'Avratyne. Au Sud, dans la presqu'île
de Crimée, sont les monts de la Jaïta. A l'Est, les monts Ourals,
et au Sud-Est le Caucase, forment en grande partie les limites
de la Russie d'Europe et celles d'Asie.

La Russie d'Asie est, dans sa partie occidentale, un pays plat ;
dans sa partie orientale, un pays de montagnes et de hauts pla-
teaux. Sur la frontière occidentale, s'étendent les monts Ourals
et leurs nombreuses ramifications ; au Sud-Ouest, le groupe de
l'Ararath, chaîne secondaire du Caucase. Au Sud, se trouvent les
hauteurs de la steppe des Kirghizes et les monts Altaï avec leurs
prolongements ; les monts Tangnou, les montagnes Saïanes et
de Kournetz ; au Sud-Est, s'élèvent les monts Baïkaliques, le
Kentei, le Jablonnoï-Khrébeth et les monts Stanovoï ; à l'Est, les
monts Aldan ou d'Okhotsk ; au Nord-Est, les montagnes du
Kamtchatka où il existe plusieurs volcans. — Les possessions
russes en Amérique sont couvertes des dernières hauteurs des
montagnes Rocheuses. — Les plaines principales de la Russie

sont celles d'Arkhangel, la plaine Sarmatique, du Volga, d'entre Volga et Don, de la Tauride, de Nogaïs, le Vosnesentsk et d'Otchakof, d'Astrakan et Koumane, en Europe ; les steppes des Kalmouks, des Kirghizes, de l'Ichim, de l'Irtych, Baraba, enfin les *toundras* du nord de la Sibérie, en Asie.

Hydrographie. — On distingue quatre grands bassins maritimes auxquels appartiennent les cours d'eau de la Russie d'Europe.

Bassin de la mer Baltique. — Il a le Tornéa avec le Muonio, le Kemi, l'Uléa, le Lappo-Joki, le Kumo, tributaire du golfe de Bothnie ; l'Aura-Joki, le Kymméné, la Wuoxa, tributaires du golfe de Finlande ; le Msta, le Volkof, la Néva, le Chélòn, le Lovath, le Kovja et le Svir, formant le bassin de la Néva ; les bassins côtiers de la Louga et de la Narova ; la Vélikaïa, tributaire du lac de Pskof ; le bassin de la Dvina, comprenant la Dvina occidentale avec la Coropa, la Folota, la Dichna, l'Evst et l'Aa : la Windau, le Niémen ou Mémel, avec la Chara, la Vilia, la Névéja ; la Vistule avec la Wieprz, la Pilica, le Boug occidental et la Narew.

Bassin de la mer Noire et de la mer d'Azof. — Il a le Prouth, tributaire du Danube ; le Dniester avec le Zbroutch, le Smotrytch et l'Ouchitza ; le Boug Méridional avec le Kadima, la Simioukha, l'Ingoul ; le Dnieper avec le Drouetz, la Bérésina, la Soja, le Pripet, la Desna, la Soula, le Psiol, le Ross, la Vorskla, l'Orel, la Samara occidentale, la Kouskaïa, l'Ingouletz ; les fleuves côtiers de la Crimée sont : du côté de la mer Noire, le Tchétirlik, le Boulganak, l'Alma, la Katcha, le Belbek, la Tchernaïa ; du côté de la mer d'Azof, le Salghir, la Molotchna, la Berda, le Kalniouss, le Miouss ; le Don avec le Voronesh, la Sossna, le Khoper, la Medvéditza, le Sal, le Manytch, le Donetz ; les fleuves côtiers de la Kaga, de la Jeïa, du Tchelbasoni et du Kirpuli ; le Kouban avec le petit et le grand Indjick, l'Ouroup, la Laba, la Chagvacha.

Bassin de la mer Caspienne. — Il a le Terek avec le Fiag, l'Ourouk, la Malka, la Soundja ; les fleuves côtiers de Koï-Sou ou Soulak et du Zamour ; la Kouma avec le Podkoumok, les deux Karamyk, la Zolka, la Byvala ; le Volga avec la Tvertza, la Mologa, la Tchagoda, le Chexna, la Costroma, l'Ounja, l'Oka, la Soura, la Sviaga, la Vettouga, la Kama, la Samara, la Térechka, le grand Irghiz, le Jérouslan, la Kamychenka, la Sarpa ; l'Oural avec la Sakmara et l'Ilek.

Les cours d'eau de la Russie d'Asie appartiennent aux quatre bassins de la mer Noire, de la mer Caspienne, de l'océan Glacial et de l'océan Pacifique.

Bassin de la mer Noire : Il a l'Ingour, le Rhopi et le Rion.

Bassin de la mer Caspienne : Il a le Kour avec le Khram, l'Aragvi, l'Alasan, l'Araxe ; dans le bassin Aralo-Caspien coulent l'Irghiz, l'Emba et le Sara-Sou.

Bassin de l'océan Glacial : Il a l'Obi avec la Peschtchanaïa, l'Anoui, le Tcharych, l'Aleï, la Barnaoulka, le Tchoulgm, le Ket, le Vaje, l'Irtych, ce dernier grossi par le Boukhtarma, l'Oulba, l'Ouba, l'Om, l'Ichim et le Tobol ; l'Iémseï avec l'Abakan, la Touba, la Toungouska supérieure, le Sym, l'Ielogoni, la Podkamennaïa-Toungouska, la Toungouska inférieure ; les fleuves côtiers de la Piacina, de la Khatanga, de l'Anabara, et de l'Olének ; la Léna avec le Vitim, l'Olekma, l'Aldan, le Vilouï, la Mouna, la Java, l'Indighirka, l'Alaseïa, la Colyma, le Tchaoun.

Bassin de l'océan Pacifique : Il a l'Anadyr, l'Okhota, l'Amour avec le Tchikiri et le Songari.

Bassin intérieur du lac Baïkal : Il a la Sélenga avec la Djida, la Tchikoï, le Khilok, l'Ouda.

Lacs. Les principaux lacs de la Russie d'Europe sont : Ladoga, Onéga, Biélô-Oséro, Vojé, Koubinsk, Kadom, Sindor, Saïma, Paejaené, dans la région septentrionale, Séligher, Péno, Rostof, Ilmen, Peipous, Pskof, Wirtzaerw, Louban, Angern, Atchaly, Kandry, Kamyck-Samara, Elton, Gorko, dans les régions de l'Ouest, du Centre et de l'Est ; Sassyk, Molotchnoïé, Mourtaja, Jalpoukh, Bolchéi, Baskountchask, dans la région méridionale. Ceux de la Russie d'Asie sont les lacs : Goktchaï, dans la Transcaucasie ; Balkasch, Jndersh, dans la steppe des Kirghizes, à laquelle appartient aussi le lac ou la mer d'Aral ; Kourgaldjine, Tenis, Alaktoa-Koul, Ala-Koul, Mangout, Saltaïm, Oubinsk, Tchnay, Abychkan, Soumy, Sartlan, Itkoul, dans le Sud-Ouest de la Sibérie ; Kounaval et Jonganskoïé dans le Nord-Ouest de la Sibérie ; Baïkal dans le Sud-Est ; Taïmour, Piacino, Davydovo, Jefsiéïefskoï, Ouniajiili, Kronotsk, Kourilskoïé, dans le Nord-Est de la Sibérie.

Climat. — La Russie d'Europe presque tout entière et les trois quarts de la Russie d'Asie sont compris dans la zone tempérée. Les limites les plus méridionales de l'empire s'avancent jusqu'à une distance de 15 degrés du tropique, tandis que ses limites les plus septentrionales se portent jusqu'à 12 degrés au delà du cercle polaire ; 4 millions de kilomètres carrés appartiennent à la zone glaciale.

La température moyenne est, à Oust-Jansk, en Sibérie, de — 16° 6′ centigrades ; à Jakoutsk, de — 9° 7′ ; à la Nouvelle-Zemble, de — 9° 5′ ; à Nicolaïef, de + 9° 7′ ; à Sébastopol, de + 10° 5′ ; et à Tiflis de + 15° 8′. Le climat de la Russie est généralement rigoureux. La température moyenne de l'hiver dépasse le point de congélation même dans les parties les plus méridionales; dans toutes, la différence entre cette température et celle de l'été est considérable.

C'est, d'après M. de Humboldt, un climat éminemment *continental*, c'est-à-dire avec des étés très-chauds et des hivers très-froids. La Sibérie contribue beaucoup à refroidir la Russie d'Europe, qui se trouve ouverte, au Nord, aux vents glacés de la région arctique, et fermée au Sud, aux vents chauds des contrées tropicales, par de hautes chaînes de montagnes. Le climat est froid à partir du 57° de latitude N., et glacial vers le 65°. Au delà, les hivers sont d'une longueur et d'une intensité extrêmes.

Le soleil, vers le solstice d'hiver, ne reste que quatre heures environ à l'horizon ; au solstice d'été, l'aurore succède immédiatement au crépuscule. Deux mois et quelques jours suffisent pour la maturité des récoltes ; l'hiver occupe presque le reste de l'année et le froid est si intense que le mercure se congèle dans le thermomètre.

La Transcaucasie et la côte méridionale de la Crimée appartiennent à la région de l'olivier, de la soie et de la canne à sucre ; au nord de la Jaïla et du Caucase, la température passe d'une extrême chaleur à un froid excessif ; en général, les contrées présentent de nombreuses et grandes variations de climat. Parmi les accidents atmosphériques les plus communs, il faut mentionner les *bourans*, vents chauds venant de l'est-sud-est et soufflant en hiver ; la steppe taurique est sujette au *samet* ou *ronga*, bourrasques de neige. On observe, dans les steppes, le *mirage* et, dans tout le nord de la Russie, des aurores boréales.

La limite inférieure des neiges permanentes commence dans la région nord-ouest à la hauteur de 1000 mètres; dans le Kamchatka, à 1650 mètres; dans le Caucase, à 2,700 mètres ou 3000 mètres; sur l'Elbrouz, à 3300 mètres; sur le Grand-Ararath, à 4400 mètres. En général, le climat de la Russie est sain; pourtant les fièvres malignes et une espèce de scorbut règnent dans la Crimée; dans la Géorgie et les provinces voisines, il y a diverses maladies épidémiques et endémiques; une affection du cuir chevelu, dite *plica*, se montre fréquemment dans l'Ukraine et la Pologne; la Sibérie méridionale est affligée par l'*iazva*, forte tumeur de la peau produite par la piqûre d'un insecte imperceptible; le crétinisme n'est pas rare dans la province d'Iakoutsk.

GÉOLOGIE ET MINÉRALOGIE. — Dans la partie septentrionale de la Russie d'Europe, dominent le granit et la formation permique composée de grès, de marne, de conglomérats et de roches calcaires; l'Esthonie et l'Ingrie présentent la formation silurienne, reposant sur des roches schisteuses. Au centre de l'empire se trouve le calcaire carbonifère, ou calcaire de montagne, avec affleurements de houille. Le long de la chaîne de l'Oural règnent, à côté de la formation éruptive de l'âge le plus reculé, les formations houillère et silurienne. La Lithuanie et la Pologne appartiennent presque entièrement au groupe tertiaire; elles renferment aussi des terrains crétacés. La partie méridionale de la Russie d'Europe appartient aux groupes tertiaire et granitique. Le littoral méridional de la Crimée est de formation jurassique. Dans les contrées caucasiennes dominent les terrains crétacé et jurassique, mêlés de granit.

La Russie possède de nombreuses richesses minérales. —

L'or se trouve en Asie, dans l'Altaï, dans les gouvernements de Tomsk, d'Iéniseïsk, d'Irkoutsk, dans l'Oural, dans la partie asiatique des gouvernements de Perm et d'Orenbourg. L'argent est exploité dans les mines de l'Altaï, du Kinghan-Onon. Le platine se trouve surtout dans l'Oural. Le cuivre se rencontre dans l'Oural moyen, dans l'Altaï, dans les hauteurs du gouvernement d'Olonetz, en Finlande et dans la Géorgie. Le fer dans l'Oural, aux gouvernements d'Orenbourg et de Perm. Il s'en trouve également en Finlande ; dans les gouvernements de Viatka, Vladimir, Tambof, Kalouga, Vologda et Nijni Novgorod. Le plomb est exploité en grand dans les mines de l'Altaï et de Nertchinsk ; l'étain dans le gouvernement de Irkoutsk et en Finlande ; le zinc en Pologne.

Parmi les métaux, il faut citer encore le mercure, l'antimoine et le cobalt. On trouve aussi en Russie : porphyre, serpentine, granite, marbre, jaspe, albâtre, amiante, terre à porcelaine et à foulon, ardoise, plâtre, lapis-lazuli, azur de cuivre, cristal de roche, verre de Russie ou mica, soufre, naphte, pétrole, diamants, béryls, émeraudes, améthystes, grenat, topaze, agates, cornalines, opale, calcédoine, onyx, chrysolithes. Il y a des mines de sel gemme dans les gouvernements d'Orenbourg, d'Astrakhan, d'Erivan et d'Irkoutsk ; des sources salines dans les gouvernements de Perm et de Novgorod ; des lacs ou des marais salants dans les steppes. On a découvert des mines de houille dans les gouvernements d'Ekatherinoslaf, de Kharkof, de Toula, de Kalouga, de Vladimir, de Riazan et de Perm ; on y exploite aussi des mines d'anthracite et de lignite. On trouve partout une grande quantité de pétrifications. La Sibérie est célèbre par ses fossiles. Parmi les eaux minérales, on remarque les sources sulfureuses de Piatigorsk ; les sources acidules de Kislovodsk,

les sources thermales du Térek ; les sources acidules et sulfureuses de Serghiefsk, de Sarepta, de Lipetsk, les eaux thermales
de Bargousine près du lac Baïkal ; enfin, les sources chaudes de
la presqu'île de Khamtchatka, des îles Kouriles et des îles
Aléoutiennes.

DIVISIONS POLITIQUES ET POPULATION.

L'empire de Russie est politiquement composé de onze divisions ou pays ; administrativement, elle est divisée en quatre-
vingts gouvernements.

Les divisions politiques sont les suivantes :

1. La Russie Baltique.
2. La Grande Russie.
3. La Petite Russie.
4. La Russie méridionale.
5. La Russie occidentale.
6. La Russie orientale (les Tzaroshes de Casan et Astrakhan).
7. La Grande Principauté de Finlande.
8. Le Royaume de Pologne.
9. La Transcaucasie.
10. La Sibérie ou Russie d'Asie.
11. La Russie d'Amérique.

La Russie compte plus de cent peuples parlant environ quarante langues différentes ; on peut les diviser en neuf nations ou
souches, d'après Malte-Brun :

1° Les *nations Slaves*, comprenant les grands Russes, les
petits Russes ou Rousniaks, les Lithuaniens, les Polonais, les

Lettons et Koures, les Boulgares et les Serviens, qui comprennent environ les 4/5 de la population totale de l'empire.

2° Les *nations Finnoises et Finno-Hunniques*, comprennent les Finlandais (Souomes, Quænes et Karéliens), les Esttes, les Lives et Krivines, les Lapons, les Zyriaines, les Vogoules, les Permiakes, les Tchouvaches, les Tchéremisses, les Mordouins, les Wotiaikes, les Ostiaks d'Obi, les Teptiaires et Mechtcheriaks.

3° Les *nations Tatares ou Turques*, comprenant les Tatares ou Turcs, proprement dits, les Nogaïs avec les Koumykes, les Trukhmènes, les Kirghiz, les Khivintzes, les Boukhares (Tatares), les Bachkirs, les Téléoutes et les Iakoutes.

4° Les *nations Caucasiennes*, comprenant les Arméniens, les Géorgiens ou Grousiniens, etc., les Lesghiens ou Lezghis, les Tcherkesses (Circassiens), les Avkhasses, les Ossètes, les Midzègues et quelques peuplades nouvellement conquises.

5° Les *nations Teutoniques et Scandinaves*, comprenant les Allemands, les Suédois et les Danois.

6° Les *nations Mongoliques*, comprenant les Bourètes ou Bouriaites, les Kalmoucks ou Eleuthes et les Kalkas.

7° Les *diverses petites nations du nord-est*, parmi lesquelles nous trouvons les Toungouses, de la race mantchoure, les Samoyèdes, les tribus Ostiakes du Jénisseï (Klaproth), les Kamtchadales, Kouriles et Aléoutes, les Ioukaguires, les Koriaikes, les Esquimaux Tchoutktchis, Kitaigues, Tchougatches, Konaignes et Kenaitzes, et les tribus américaines.

8° Les *diverses nations Asiatiques ou semi-Asiatiques*, soit les Juifs, les Arméniens, les Tadjiks ou Boukhares persans, les Indous, les Zigueunes ou Tsiganes, les Arabes et les Parses.

9° Les *diverses nations européennes*, parmi lesquelles nous remarquons les Moldaves, les Valaques, les Grecs, les Anglais, les Français, les Belges, etc., etc.

Le recensement officiel de 1851 divise ainsi la population par nationalités :

    33,000,000 Russes, de la grande Russie.
    11,200,000 Russes, de la petite Russie.
     3,600,000 Russes, de la Russie Blanche.
     7,000,000 Lithuaniens et Polonais.
     3,300,000 Finnois et Lapons.
     2,400,000 Tatares et Mahométans.
       600,000 Allemands.
     2,000,000 Grusiens et Arméniens.
     1,500,000 Israélites.
      600,000 des races ouraliennes.

D'après ce même recensement, l'empire russe, sans l'armée, comptait 66,713,589 habitants dont 60,098,821 en Europe et 5,060,768 en Asie, 54,000 en Amérique, plus 1,500,000 montagnards du Caucase habitant les limites de l'empire.

La balance s'équilibre à peu près entre la population masculine et la population féminine : on comptait 32,948,037 femmes. La population spécifique était de 174 habitants par mille géographique carré, soit 598 en Europe, 20 en Asie, 2 en Amérique par mille carré.

Le recensement officiel de 1856 porte l'étendue de l'empire de Russie, en Europe, en Asie et en Amérique, à 353,468 milles géographiques avec une population de 71,243,616 habitants ; il est à présumer que la population actuelle est de 76,000,000 d'habitants, si l'on y comprend les tribus soumises, les troupes et les hordes diverses dont il est impossible de faire le recensement exact.

Pour terminer cet aperçu sur la population de la Russie, je vais donner le tableau de la superficie des gouvernements et des pays de l'empire avec leur population, d'après l'annuaire diplomatique de Gotha pour 1862 : Les chiffres de la superficie sont extraits d'un bulletin de l'Académie impériale de Saint-Pétersbourg en 1860, ceux de la population (1858) de communications faites par le bureau central de statistique du ministère de l'intérieur. J'ai dit plus haut que j'évaluais la population à environ 76,000,000 d'habitants; ce tableau en porte le chiffre à 75,148,690, en 1858, sur une superficie de 392,074 milles géographiques carrés.

POPULATION ET SUPERFICIE

DES GOUVERNEMENTS ET DES PAYS PRINCIPAUX DE L'EMPIRE RUSSE (1).

GOUVERNEMENTS ET PAYS.	Habitants.	M. géogr. carrés.
A. Russie d'Europe.		
Arkhangel avec les îles	274,951	16,025
Astrakhan avec les kalmouks et les Kirghises de la Horde intérieure.	411,562	3,995
Bessarabie (territoire) (2) avec l'armée des Cosaques de la Nouvelle Russie	919,107	634
Charkow et les colonies militaires de l'Ukraine .	1,582,571	987

(1) Voyez les observations 1 jusqu'à 43 à la suite du présent tableau.

GOUVERNEMENTS ET PAYS.	Habitants.	M. geogr. carrés.
Cherson avec la capitainerie de la ville d'Odessa et le gouvernement militaire de Nicolajeff. . . .	1,083,852	1,349
Pays des Cosaques du Don	896,870	2,947
Courlande	567,078	494
Esthonie	303,478	370
Grodno	881,881	691
Jaroslaw.	976,866	659
Jekaterinoslaw avec la capitainerie de la ville de Taganrog et le pays des Cosaques d'Azof . . .	1,042,681	1,206
Kalouga.	1,007,471	575
Kasan	1,543,344	1,116
Kiew.	1,944,334	918
Kostroma	1,075,988	1,451
Koursk	1,811,972	820
Kowno	983,287	758
Livonie	883,681	832
Minsk.	986,471	1,622
Mohilew.	884,640	884
Moscou	1,599,808	590
Nischegorod.	1,259,106	923
Nowgorod	975,201	2,186
Olonetz	287,354	2,707
Orel	1,532,034	859
Orenbourg (5) avec le pays des Cosaques d'Orenbourg et de l'Oural.	2,007,075	4,685
Penza	1,188,535	689
Perm.	2,046,572	5,769
Podolie	1,748,466	771
Poltava	1,819,110	893
Pskow	706,462	801
Riasan	1,427,299	763
Saint-Pétersbourg	1,083,091	813

GOUVERNEMENTS ET PAYS.	Habitants.	M. geogr. carres.
Samara	1,530,039	3,063
Saratow.	1,636,135	1,486
Simbirsk	1,140,973	883
Smolensk	1,102,076	1,018
Stawropol (4) avec l'armée des Cosaques du Caucase, les Nogaïs et les Kalmouks inclusivement (1857).	915,152	1,882
Tambow.	1,910,454	1,202
Tauride avec Sébastopol et la capitainerie de la ville de Kertsch-Jenikale	687,343	1,136
Toula.	1,172,249	554
Tschernigow	1,471,866	1,000
Pays des Cosaques Tschernomoréens (ou de la Mer Noire).	202,493	575
Twer.	1,491,427	1,225
Wiatka	876,116	767
Wilna	781,744	809
Witebsk	2,123,904	2,605
Wladimir	1,207,908	861
Wolhynie	1,528,328	1,287
Wologda	951,593	7,201
Woronesh	1,930,859	1,211
Étendues d'eau qui n'ont pas été prises en considération (5) à l'exception de la Mer d'Azof . . .	—	525
Russie d'Europe, total.	60,402,854	88,072
De plus, la Pologne et la Finlande	6,488,639	9,164
Total en Europe	66,891,493	97.236

GOUVERNEMENTS ET PAYS.	Habitants.	M. géogr. carrés.
B. *Russie d'Asie*.		
1) CAUCASE (*).		
Derbent avec Surgja et les Khanats de Kourja et de Kasykoumouch	474,293	349
Erivan (1857)	256,338	573
Kutaïs avec Samoursakan et la Mingrélie. . . .	531,965	529
Schemacha	541,170	1,031
Tifflis avec les districts des Dscharobjeloks, des Ossètes, des Tuschino-Pschawo-Cheffsuriens et ceux des montagnes . . . . env.	600,000	969
Pays maritimes du Caucase, sur les côtes de la Mer Caspienne, au nord du gouvernement de Derbent. env.	100,000	142
Peuplades montagnardes. . . . . env.	1,500,000	1,992
Total du Caucase.	4,003.766	5,585
2) SIBÉRIE ET PAYS ADJACENTS. (Partie occidentale.)		
Perm, partie asiatique (v. observ. 5)	—	2,281
Orenbourg, partie asiatique.	—	2,232
Tobolsk avec l'armée cosaque	1,021,226	27,028
Tomsk avec l'armée cosaque	704,001	15,714
Semipalatinsk (territoire)	210,256	4,760
Pays des Kirghises sibériens	261,826	14,544
Pays des Kirghises (d'Orenbourg) de la Petite Horde. env.	650,000	17,255
District d'Alatau (7) . . . . env.	150,000	3,364
Lac de Balchasch	—	402
Partie occidentale. . . . . env.	2,994,309	87,580
3) SIBÉRIE ET PAYS ADJACENTS. (Partie orientale.)		
Jenisséïsk	303,266	45,708
Irkoutsk avec l'île d'Olchon.	319,106	12,787

GOUVERNEMENTS ET PAYS.	Habitants.	M. geogr. carres.
Jakoutsk (pays) (8)	222,533	74,152
Pays transbaikalien (9) avec l'armée cosaque et la capitainerie de la ville de Kiachta	352,886	10,057
Kamtschatka (1851) (10), etc. (Pays maritime de la Sibérie orientale)	7,331	21,909
Pays de l'Amour (11).	—	9,800
Grandes-îles de la Mer Glaciale (12).		976
Iles Schantar		34
Ile Sakaline.	—	1,201
Les Kouriles (13)		181
Le lac Baïkal	—	570
Partie orientale	1,205,122	177,375
Sibérie et pays adjacents, ensemble .	4,199,431	264,955
En Asie, ensemble	8,203,197	270,540

C. *Russie d'Amérique.*

	Habitants.	M. geogr. carres.
Le continent . . . . }	54,000 {	23,404
Les grandes îles . . . . }		894
En Amérique	54,000	24,298
Total de la population et de la superficie de l'empire russe (v. observ. 9)	75,148,690	392,074

Observations aux pages 26 à 30.

(1) Le chiffre de la superficie, que nous indiquons ici, est le résultat des calculs planimétriques de G. Schweizer, directeur de l'observatoire à Moscou. (V. Bulleti. . . l'Académie impériale. Saint-Pétersbourg, 1860, I. p. 265.) Les totaux de la population sont pour l'année 1858 : ils sont extraits de l'Almanach allemand de Saint-Pétersbourg (publié par l'Académie

impériale) qui les a empruntés aux communications du Comité central de statistique du ministère de l'intérieur.— (2) Après déduction des 222,27 m. c. cédés par le traité de Paris du 30 mars 1856. — (3) Les gouvernements d'Orenbourg et de Perm s'étendent au delà de la frontière géographique entre l'Europe et l'Asie, les monts Oural et le fleuve Oural, le premier comprend au total 6917,31 m. c., le dernier 6050,12 m. c. Le chiffre de la population des deux gouvernements comprend aussi bien les habitants de la partie asiatique que celle de la partie européenne, la population de chacune de ces parties n'ayant pas été spécifiée. — (4) Le gouvernement de Stawropol et le pays des Cosaques Tschernomoréens appartiennent sous le rapport administratif à l'Asie (gouvernement du Caucase); ici les fleuves Kouban et Terek sont pris pour frontière sud de l'Europe. — (5) Ce sont principalement ceux qui se trouvent aux frontières des gouvernements ou cercles, comme les lacs Ladoga 336,61, Peipus 66,25, Ilmen 16,79, Manytsch 8,79, Molotschnoje 5,07, Ssassyk 1,34, Donkuslaw 1,10. Dissna 0,50, et les lacs à la frontière entre Arkhangel et Olonetz : Andosero 6,61, Njuk-osero 3,04, Kemoje 1,02, Ung-osero 0,62 ; en outre les Limans du Dnieper 17,42, du Bug 3,51, du Dniester 5,91, le Beresinite 0,93, et le Berdjansk 0,30 ; enfin le Ssiwasch ou mer Putride 47,68 m. c. La grandeur de la mer d'Azoff est, d'après la carte de Schubert, de 637,64 m. c. — (6) Sous le nom de Caucase on comprend ici les parties du gouvernement du Caucase qui se trouvent au sud du Kouban et du Terek : celui-ci comprend en tout 8041,78 m. c. — (7) Les pays de la Grande Horde des Kirghises ou Burutes avec le lac Issyk-kul. Le siége de l'administration se trouve dans la forteresse de Wjernoje existant depuis 1854, et appelée aussi Almat. — (8) Par ordre du 20 décembre 1858 ce territoire s'est diminué de 3707 m. c., par l'adjonction d'Ochotsk au littoral de la Sibérie orientale. — (9) L'Almanach allemand donne une superficie de 11974 m. c. à ce territoire, ce qui augmenterait l'ensemble de 1899 m. c. — (10) Depuis le 12 novembre 1856 Kamtschatka appartient au territoire maritime de la Sibérie orientale. — (11) Il y a encore la ligne de l'embouchure de l'Ussouri vers le Kaiserhafen, qui a été prise comme frontière. — (12) Ljachowsky, Kotelnoi, Fadejewsky, Nouvelle Sibérie. — (13) Les Kouriles, dont la superficie a été déterminée, sont Schoumschu 10.6, Paramuschir 53,4

Onekotan 11,5, Ssimusir 7,6, Urue 26,5 m. c ; en outre ont été ajoutées les îles Bering 27,3 m. c., Karaga 43,7 m. c.

Voici la population des villes principales :

Saint-Pétersbourg.	en 1857 :	494,656 h.	en 1858 :	520,131 h.
Moscou .	1856 :	368,765 »	» 1858 :	386,370 »
Odessa .	1857 :	107,370 »	» 1858 :	104,169 »
Riga .	» 1856 :	70,463 »	» 1858 :	72,136 »
Kichinew (Bessarabie) .	» 1856 :	63,469 »	» 1858 :	85,547 »
Kiew.	» 1856 :	62,497 »	» 1858 :	60,682 »
Saratoff .	1856 :	61,610 »	» 1858 :	61,610 »
Kasan .	1855 :	57,237 »	» 1858 :	58,129 »
Toula .	» 1855 :	40,312 »	» 1858 :	57,705 »
Berdischew (Kijew) .	» 1855 :	58,645 »	» 1858 :	51,625 »
Wilna .	» 1855 :	47,507 »	» 1858 :	51,154 »
Charkow .	1855 :	33,296 »	» 1858 :	45,156 »
Astrakhan .	» 1855 :	30,481 »	» 1858 :	44,790 »
Woronesh .	» 1855 :	36,117 »	» 1858 :	40,439 »
Cherson.	» 1856 :	35,986 »	» 1858 :	40,402 »
Tiflis.	» 1854 :	34,851 »	» 1857 :	39,930 »

Le nombre des habitants de la Russie n'appartenant point à la religion orthodoxe grecque s'élève environ à 2,750,000 Catholiques romains, 14,000 Catholiques arméniens, 380,000 Grecs unis, 2,000,000 de Luthériens, 2,750,000 Mahométans, 1,250,000 Israélites, 200,000 Bouddhistes, en tout 9,344,000.

II

MOYENS ET MANIÈRE DE VOYAGER : VOIES DE COMMUNICATIONS ET MOYENS DE TRANSPORT. — POSTES. — TÉLÉGRAPHES. — CHEMIN DE FER. — TRAINEAU A VAPEUR. — ROUTES ITINÉRAIRES.

Il n'y a que deux saisons en Russie : l'hiver et l'été ; il n'y a aussi que deux manières de voyager, en malle-poste ou en téléga et en traineau.

La malle-poste ou diligence, établie par le Gouvernement impérial, ne dessert ordinairement que les villes principales ; c'est le moyen de transport le moins coûteux et celui qui offre le moins d'ennuis au voyageur.

La *téléga* ou *kibitka,* espèce de charrette, impossible à décrire, sans ressort et souvent dégoûtante, ressemble à tout, excepté à une voiture ; c'est une nacelle, un chariot, une cage recouverte de nattes et de branches de tilleul, dans lequel on a jeté de la paille, ordinairement pourrie, et un sale banc pour deux personnes. Ce banc est souvent un tissu de nattes qu'on nomme *péri-plot.*

La poste fournit un chariot à quatre roues, nommé aussi *téléga,* et un autre, la *pérécladnaïa,* espèce de bière longue clouée sur des essieux, dans laquelle on vous entasse hommes et bagages. Ces deux véhicules sont rarement couverts, le prix en est de 12 à 15 copecks par station, y compris le *na rodka* et le *na tchaï* de l'iamtchik (postillon), mais on est obligé de changer de voiture avec armes et bagages, à chaque relais, ce qui est très-incommode.

Outre ces divers modes de transport, il y a l'extra-post, la *tarantasse*, lorsqu'on voyage avec son propre équipage, dans ce cas il faut se munir d'un *padarojna* ou feuille de route qu'on n'obtient souvent qu'après bien des démarches et des bonnes mains à la chancellerie du gouverneur. La taxe de ce padarojna est de 30 copecks (facultatif) et 1 2 copeck (obligatoire), par verste, pour la distance que l'on veut parcourir.

Avec la poste impériale, on n'est point obligé de donner de *na tchaï* (pour le thé) ou de *na rodko* (pour boire) à l'iamtchik, mais si l'on a recours à tout autre mode de transport, il est d'habitude de leur donner un gratification de 5 à 15 copecks selon que l'on est plus ou moins satisfait.

Les chevaux sont, presque dans toutes les stations, fort mal harnachés, les *smotriteli* ou surveillants des postes possèdent cependant de beaux et bons harnais, mais ils ne les donnent qu'à de grandes occasions et surtout aux visites de *Saint-Rouble*, à l'intervention duquel on obtient tout ce qu'on désire.

L'attelage russe est tout à fait antique; lorsqu'il y a deux chevaux, l'un va toujours au galop, l'autre, attelé entre les brancards sous un cercle orné de peintures, d'arabesques et de sculptures nommé *goula*, va toujours au grand trot; lorsque l'attelage est de quatre chevaux, ils sont mis sur la même rangée, les deux du milieu vont au trot, les deux des côtés sont lancés au grand galop. Les iamtchiks (postillons) et les istvoschiks (cochers) russes conduisent avec une remarquable adresse à travers les champs, les prairies, les chemins, car il y a fort peu de routes en Russie, et le peu de grandes routes larges et bien tracées qui existent sont très-mal entretenues. Le gouvernement donne pourtant de grandes sommes annuellement pour l'entretien des routes, mais la vénalité engloutit bien des ressources affectées à l'entretien des grandes voies de communication. Les principales routes sont celles de *Saint-Pétersbourg à Tauroggen* 786 1/4 verstes; *Saint-Pétersbourg à Moscou* 800 verstes (la ligne du chemin de fer a 607 verstes), *Saint-Pétersbourg à Odessa*, par Moscou, Kharkoff et Nicolaïef 1988 verstes et par Dunabourg, Witebsk, Mohilef et Kief 1974 verstes; de *Saint-Pétersbourg à Théodosie* 1787 verstes (par Ekatherinoslaf); de *Saint-Pétersbourg à Varsovie* 1063 1/2 verstes; la grande route de *Sibérie* qui va de *Saint-Pétersbourg à Irkoutsk* a une longueur de 6,000 kilomètres.

En hiver, la malle-poste est posée sur des patins et garnie de fourrures.

On se sert, pour voyager en particulier, de traineaux attelés avec de petits chevaux de Sibérie avec lesquels on fait de 20 à 30 kilomètres à l'heure.

J'engagerai les voyageurs qui parcourent la Russie en hiver à se munir d'excellentes fourrures, car le froid atteint parfois 35 à 40 degrés Réaumur d'intensité et l'on est fréquemment exposé à des tourbillons de neige dits *chasse-neige (vonga)*.

Les relais ou stations sont en même temps de petites auberges où l'on peut obtenir une espèce de divan en guise de lit et quelques mets tarifés, exécrables de goût et de puanteur; la plupart du temps, les paysans n'ont à vous offrir que du gruau de sarrasin et de *chtchi* ou soupe aux choux.

L'excellent et précieux appareil russe nommé *samovar* ou machine à eau bouillante est doublement apprécié dans ces bouges infestés de mendiants et de vermine, décorés du nom d'auberges ; on s'en sert pour préparer le thé et le café. Les Russes ont pour habitude de prendre leurs provisions et leur *progebetz* (boîte à thé) et ils font parfaitement bien ; je ne saurais trop engager à suivre ce bon exemple.

La loi ordonne de mettre à la disposition du voyageur un livre de plaintes, le *gjalobnaja*, appelé aussi le *livre noir*, mais dans tout mon voyage je n'ai pu l'apercevoir.

Je rappelle ici de nouveau l'efficacité du pourboire ; il est non-seulement une sangsue qu'on appliquera sans cesse sur votre bourse, mais c'est le souverain moteur dans toute la Russie. Celui qui voyage en compagnie de Saint-Rouble est reçu partout avec empressement. Avec les *na vodka* et les *na tchaï* on s'épargnera de légitimes colères et l'envie de rosser les misérables qu'on rencontre parfois dans les relais.

On n'est réellement servi avec célérité et un certain décorum fort relatif que dans les auberges des stations tenues par les Allemands.

Quant à ce qui concerne la taxe, elle varie suivant le nombre des chevaux et des stations.

Près des grandes villes, peu nombreuses dans ce vaste empire (puisqu'on n'en compte que vingt-huit ayant plus de 25,000 habitants, dont quatre seulement en ont plus de 100,000 : Saint-Pétersbourg, Moscou, Varsovie et Odessa) on paye 3 copecks par verste et par cheval, soit 12 centimes ; sur les routes entretenues on paye 2 1/2 copecks argent, et sur les chemins vicinaux peu fréquentés, ainsi qu'en Sibérie, de 1/2 à 1 copeck argent.

Après avoir parlé des routes terrestres qui sont divisées en trois classes principales, les grandes routes impériales, les routes de cercle et les chemins vicinaux, je dois m'occuper des voies navigables.

Un vaste système de canalisation (1), dont la conception est due au génie de Pierre Ier, embrasse la plupart des grands cours d'eau de la Russie (1).

Il existe trois communications entre la mer Caspienne et la mer Baltique : au sud, elle se fait par le canal de *Vouichni-Volotchok*, au moyen de la Tvertsa ; au milieu, par le canal de *Tikhvine* et la Mologa ; au nord, par le canal de *Marie* et les eaux de la Chexna.

Le canal de *Vouichni-Volotchok* joint, au moyen de la Tsna et de la Chlina, la Tvertsa au Msta. Celle-ci se jette dans le lac Ilmen, d'où sort le Volkhof, rivière navigable qui se jette dans le lac Ladoga. Ce canal a trois quarts de lieue de long et trois écluses.

Le canal de *Tikhvine*, commencé et achevé sous le règne d'Alexandre, unit la Tikhvinka à la Somina ; le canal de *Marie*, achevé en 1808, joint la mer Caspienne au golfe de Finlande et à la mer Blanche, par l'intermédiaire du lac Onéga. Il unit le Kovja et la Voitegra.

Le canal de *Ladoga*, commencé en 1718 et ouvert en 1731, forme le point de réunion des trois systèmes exposés ci-dessus : 16 écluses y conduisent les eaux de plusieurs rivières ; 16 autres servent à faire écouler dans le Ladoga les eaux superflues.

Pour faire apprécier l'importance de ce canal, il suffit de dire avec M. Schnitzler que 25,000 transports de toute espèce, portant une valeur de 200 millions de francs, franchissent annuellement la principale écluse, celle de Schlusselbourg.

(1) Malte-Brun.

Le canal de Novgorod ou de Sievers, achevé en 1802, est destiné à faciliter la communication ouverte par celui de Vouichni-Volotchok. Sa longueur est d'environ deux lieues ; il fait éviter la navigation, souvent dangereuse, du lac Ilmen.

Le canal de *Svir* en a 10 de longueur ; il se rattache au système de celui de Marie.

Le canal de *Siass* est entre celui de Ladoga et celui de Svir.

Celui de Koubensk, ou du duc Alexandre de Wurtemberg, joint la Chexna au lac de Koubensk, et en réunissant le Volga, la Néva et la Dvina, il ouvre une communication entre la mer Baltique, la mer Blanche et la mer Caspienne.

Le canal du *Nord* (*Severo Jekaterinski*) ou canal *Catherine-du-Nord*, commencé sous Catherine Ire et terminé en 1820, a presque le même but que le précédent ; en réunissant la Keltma au Dyouritch, il ouvre une route par eau entre Arkhangel et l'intérieur de l'empire.

D'autres canaux forment un nouveau système de communication : le canal de *Fellin* en ouvre une entre le golfe de Riga et celui de Finlande, en rendant l'Embach navigable ; le canal de *Verro* joint de même l'Aa et la Touda, le canal de *Veliki-Louki* unit la Dvina et la Néva ; le Dniéper et la Dvina entrent en rapport par le canal de la *Bérésina* ou du *Lepel* ; le canal *d'Oginski* joint la Baltique à la mer Noire, en réunissant le Dniéper et le Niémen par la Chtchara et le Pripetz ; il a 11 lieues de longueur et 10 écluses ; le canal de *Courlande* unit le Niémen à la Dvina ; celui du duc *Jacques* joint le Niémen à Vindau ; on évite les cascatelles de cette rivière, en suivant celui de *Goldingen* ; enfin le canal *Royal* joint le Boug au système du Dniéper, au moyen du Pripetz et du Styr.

Le canal *d'Augustowo* relie la Naref au Niémen, sur une longueur de 98 kilomètres ; Saint-Pétersbourg et Moscou sont reliés par celui qui unit le Volga à la Moskva de 115 kilomètres.

La longueur totale des canaux de navigation est de 6.250 kilomètres.

Le *Journal des voies de communication* de Saint-Pétersbourg a publié des données officielles sur le mouvement qui s'est fait en 1860 sur toutes les voies fluviales intérieures de la Russie d'Europe ; il en résulte qu'il était parti des différents embarcadères 62.894 bateaux de différentes grandeurs et 62,283 radeaux. La masse des cargaisons des bateaux seulement a dû s'élever, d'après un calcul approximatif, à plus de 327 millions de pouds ; la valeur de ces cargaisons, y compris les bois de construction et de chauffage, présente, aussi approximativement, un chiffre de 168.878.769 roubles. On n'obtient ce chiffre que par les dépositions spontanées des expéditeurs, qui souvent déclarent des valeurs bien inférieures à la réalité, pour payer moins de droits perçus pour l'amélioration des voies de communication. Ces droits sont prélevés depuis 1848, mais l'évaluation des cargaisons est toujours réservée aux expéditeurs. Au reste, le journal atteste que l'expérience de la dernière navigation a prouvé l'utilité des mesures de contrôle adoptées, car l'année 1860 a produit une recette de 428.195 roubles, somme qui surpasse le produit de chacune des douze années précédentes, même de celle où la valeur des cargaisons a excédé le taux de l'année 1860.

Des bateaux à vapeur desservent les principaux fleuves de la Russie d'Europe et de la Russie d'Asie ; beaucoup d'entre eux sortent des ateliers de la Société Cockerill, ainsi le Volga, le Don, l'Obu, l'Amour, le lac Baïkal portent des bateaux belges. On a établi l'année dernière un service sur le Dniéper, entre

Kherson et Alexandrosk, petite ville située sur ce fleuve et la Nova-Moscowka : la navigation prend de jour en jour des proportions colossales ; il suffit de dire que, en dix années, de sept vapeurs qui naviguaient sur l'Oka et le Volga, le nombre est monté à près de 900 ; ce chiffre prouve le mouvement ascendant des transactions commerciales de la Russie.

Toutes les mers qui touchent au vaste empire servent de voies de communication fort actives, et cette extension deviendra toujours plus grande par la suite.

Saint-Pétersbourg et Odessa sont les deux principaux ports de départ des lignes de bateaux à vapeur ; des communications régulières sont entretenues pendant la période de navigation entre Saint-Pétersbourg et les ports du monde entier ; la mer Blanche, de même que la mer Noire et la mer Caspienne, a des services bien entretenus quoique laissant encore à désirer sous bien des rapports.

Des communications fréquentes sont ouvertes entre notre pays et la Russie par voie de mer ; des lignes de bateaux à vapeur sont desservies entre Saint-Pétersbourg, Anvers, le Havre et Dunkerque ; les prix varient entre 230 et 260 francs pour la première chambre, nourriture comprise, 150 et 175 pour la deuxième chambre.

La principale voie de communication fluviale est celle du Volga, dont la navigation est assez difficile.

En parlant des voies de communication il ne faut pas oublier les ponts ; on m'a remis à cet égard une statistique assez curieuse : sur 28,738 ponts en bois et en pierre dans toute l'étendue de l'empire, 1,170 seulement sont en pierre ; sur les chemins de traverse, il existe plus de 65,925 ponts construits par les paysans habitant les domaines de la Couronne ou les terres seigneuriales, sans compter 1,040 passages au moyen de bacs et de ponts volants. J'ai peine à croire qu'un nombre aussi restreint soit exact, car il s'agit de toute l'étendue de ce vaste empire qui comprend à lui seul la sixième partie du monde terrestre.

postes. — J'ai parlé des postes pour les voyageurs, je crois nécessaire d'ajouter quelques mots concernant nos relations avec la Russie et les conditions d'expédition de nos lettres, de nos imprimés et de nos paquets.

Pour les *lettres ordinaires*, l'affranchissement est facultatif jusqu'à destination ; la taxe est de :

		Fr. c.
Jusqu'à 15 grammes		1 00
15 à 30	»	1 90
30 à 45	»	2 90
45 à 60	»	3 80
60 à 75	»	4 80
75 à 90	»	5 70

Les lettres originaires des provinces de Liége, de Limbourg et de Luxembourg ne sont passibles que d'une taxe de :

		Fr. c.
Jusqu'à 15 grammes		0 90
15 à 30	»	1 70
30 à 45	»	2 60
45 à 60	»	3 40
60 à 75	»	4 30
75 à 90	»	5 10

La taxe des *lettres chargées* pour les provinces d'Anvers, de

Brabant, des deux Flandres, du Hainaut et de Namur est de :

	fr.
Jusqu'à 15 grammes	1 60
15 à 30	2 90
30 à 45	4 20
45 à 60	5 50
60 à 75	6 90
75 à 90	8 20

Pour celles originaires des provinces de Liége, de Limbourg et de Luxembourg, elle est de :

	fr.
Jusqu'à 15 grammes	1 50
15 à 30	2 70
30 à 45	3 90
45 à 60	5 10
60 à 75	6 40
75 à 90	7 60

Pour *les imprimés de toute nature en feuille ou brochés* on paye deux centimes par feuille ou fraction de feuille.

Les journaux et imprimés doivent passer par la censure avant d'être remis à leur adresse ; les passages non admis sont noircis et les ouvrages sont envoyés. La Russie n'a encore de timbres-postes que pour l'intérieur de l'empire ; la taxe d'affranchissement est uniforme.

De grands changements se préparent dans l'administration des postes et c'est un vrai bienfait pour les transactions. Jusqu'à nos jours on ne pouvait s'abonner aux journaux russes à l'étranger qu'au bureau de Cologne et dans aucune autre ville, encore fallait-il s'abonner le 1er janvier ou le 1er juillet, car c'étaient les deux seuls jours de l'année réservés à la prise d'abonnement.

L'article additionnel à la convention conclue entre l'administration des chemins de fer, postes et télégraphes de Belgique et l'administration des postes prussiennes, a été relaté aux renseignements généraux sur les États scandinaves. J'y renvoie le lecteur désireux de connaître les conditions d'expédition des paquets pour la Russie et la Pologne, par voie de Prusse (1).

TÉLÉGRAPHES. — Un réseau qui doit couvrir toute la Russie d'Europe et d'Asie est sur le point d'être complété; les lignes principales fonctionnent déjà et tous les jours on en établit de nouvelles; Saint-Pétersbourg, Moscou, Riga, Odessa, sont en communication avec le réseau européen.

Le prix d'une dépêche ordinaire est pour Saint-Pétersbourg et Odessa de 19 fr. 50 c., des bureaux de Verviers et de Liége, et de 21 fr. des autres bureaux du Royaume; pour Moscou, elle est de 21 fr. et 22 fr. 50 c.; pour Riga, on paye 16 fr. 50 c. et 18 fr. Ces bureaux télégraphiques sont aussi ouverts la nuit.

La taxe ordinaire est de 25 mots, la taxe doublée de 26 à 50 mots, et la taxe triplée de 51 à 100 mots. Je renvoie, pour les détails sur les télégraphes, au livre consciencieux de M. J.-M. Girardin, intitulé : *Guide de la correspondance télégraphique*, publié à Bruxelles en 1860.

Les télégrammes pour la Russie peuvent être rédigés en français, en allemand, en russe et en anglais.

Au commencement de 1861, le gouvernement russe a décrété la construction de six mille kilomètres de lignes télégraphiques (2), dont deux mille dans les contrées de l'Amour, récemment cédées par la Chine. Ces deux milles kilomètres établissent

1. Voir tome 1er, 220 à 224.
2. *Illustrated Magazine.*

par Chabarowska et les bords de l'Amour et de l'Oussowie, la communication entre Nicolaïewesk et le port de Novogorod, point le plus méridional des nouveaux territoires russes sur la mer du Japon. Le ministre de la marine a ordonné de pourvoir aux fonds nécessaires pour la pose des deux mille kilomètres de fils de fer. On ouvrira bientôt, cette année encore peut-être, une ligne de deux mille kilomètres de Casan à Oursk (en Sibérie) qui ne tardera pas à être prolongée jusqu'à Irkoutsk, deux mille cinq cents kilomètres plus loin. Ainsi en deux ou trois ans, un lien télégraphique joindra la Russie d'Europe avec Irkoutsk et l'Amour avec les ports moscovites des mers d'Okhotsk et du Japon.

C'est une distance de dix mille kilomètres sur lesquels il reste encore à entreprendre la ligne d'Irkoutsk à Gabraonka par Kiachtka, ligne qu'on attaquera immédiatement après la fin des travaux commencés. Dans quatre ans sera donc réalisé le gigantesque projet d'établir une communication directe entre l'Europe et les rivages les plus éloignés du Pacifique.

CHEMINS DE FER. — L'établissement des chemins de fer en Russie marche à grands pas, et ce gigantesque pays sera bientôt sillonné de grandes voies ferrées si utiles à son développement politique, industriel et commercial.

Il n'existait encore, il y a quelques années, que trois chemins de fer en exploitation : celui de Saint-Pétersbourg à Moscou, d'une longueur de 607 verstes; celui de Saint-Pétersbourg à Péterhoff, de 28 verstes, et celui de cette capitale à Tsarskoë-Selo (20 1 2 verstes) et à Paulowsk (24 1 2 verstes).

Le réseau de la grande Compagnie des chemins de fer franco-russes, octroyé par l'oukase du 26 janvier 1857 d'Alexandre II, doit être terminé dans l'espace de dix années.

Le gouvernement accorde la garantie d'un intérêt de 5 p. c. sur tous les capitaux engagés, à la condition qu'après un délai fixé à 85 années le réseau entier fera retour gratuit à l'État.

Voici les lignes qui composent ce réseau :

1° Ligne de Saint-Pétersbourg à Varsovie.

2° Embranchement à ouvrir entre la ligne de Varsovie et la frontière prussienne ;

3° La ligne de Moscou à Vladimir et Nijni-Novgorod ;

4° La ligne de Moscou à Théodosie, par Toula, Orel, Koursk et Kharkof ;

5° Une ligne reliant le chemin de fer de Théodosie à Dunabourg et Libau, sur la Baltique, destinée à relier la mer Noire à la mer Baltique.

La ligne de Moscou est ouverte jusqu'à Vladimir et sera terminée entièrement cette année.

La ligne de Varsovie était ouverte au commencement de 1861 jusqu'à Dunabourg, ainsi que l'embranchement de Kovno et Wierzbolof et Eydkuhnen, frontière prussienne ; on pourra bientôt aller de Bruxelles à Saint-Pétersbourg en chemin de fer. La ligne de Saint-Pétersbourg à Dunabourg est de 497 verstes, celle de Kovno à Eydkuhnen de 82 verstes.

« Pleine de confiance dans les dispositions du Gouvernement, a dit le directeur, M. J. Pereire, dans son discours du 30 avril 1861, la Compagnie n'a pas ralenti l'activité de ses travaux sur les deux lignes que nous venons d'indiquer ; cette activité a même été telle qu'avant la fin de cette année, ces deux lignes, dont la longueur est de 1.614 verstes, soit 1722 kilomètres, pourront être livrées à la circulation sur presque toute leur étendue et seront entièrement terminées dans les premiers mois de l'année prochaine. »

La ligne de Théodosie est retirée à la Grande Compagnie, moyennant la faveur accordée par le Gouvernement d'une garantie d'intérêt sur 92,500 roubles au lieu de 78,000 par verste.

Le chemin de fer de Riga à Dunabourg a été ouvert le 24 septembre dernier.

Un décret prochain doit concéder à une compagnie la construction d'un chemin de fer de Saint-Pétersbourg jusqu'au port d'Oranienbaum.

On sollicite la construction d'un embranchement, du chemin de fer de Minsk sur celui de Saint-Pétersbourg à Varsovie ; on ne doute plus, en Lithuanie, qu'un chemin de fer ne soit établi entre la ville Pinsk et l'une des villes du parcours de la grande ligne.

La ville de Pinsk est le véritable entrepôt, le principal débarcadère pour tous les bateaux qui, des gouvernements du Sud, sur le Dnieper, vont en Prusse, et *vice versâ*.

Le débit du goudron, de la résine, des cercles, du bois, du chanvre, du lin, du suif, et en général des produits des gouvernements fertiles sur le Dnieper, ainsi que de la Volhynie et de la Lithuanie, pour la Prusse, se trouvent entre les mains des israélites de Pinsk : les bateaux à vapeur et les barques ne peuvent pas, pendant les eaux basses, naviguer sur le canal qui relie le Dnieper au Boug ; en outre, les barques ne pouvant être dirigées que par des avirons, surtout contre le courant, vont très-lentement (par exemple de Kief à Pinsk, six semaines et plus).

Aussi, le chemin de fer de Pinsk, qui relie cette ville au réseau de Saint-Pétersbourg à Varsovie, et la mettra en communication permanente avec Grodno, Rovno, Libau et Dantzig, et en général avec la mer Baltique, le nord de la Lithuanie et la Prusse orientale, promet-il des avantages immenses.

Je signale cette affaire aux entrepreneurs belges.

Il est question aussi de diriger le chemin de fer de Pinsk à Bialystok et non pas de Pinsk à Grodno, mais le dernier tracé est celui qui réunit le plus de chances, car il permettra en outre d'expédier les marchandises par le Niémen; il n'y a pas de doute que, pour éviter toutes les difficultés qui résultent de l'expédition des marchandises en Prusse par Varsovie, telles que la visite et les droits de douane, les chargements et déchargements, l'obtention des passe-ports pour l'étranger, etc., les marchands de Pinsk iront de préférence par le chemin de fer directement à Libau, ou dans un autre port du pays et ne se rendront pas à Dantzig par Varsovie.

Il est aussi question d'établir un embranchement entre Rybinski et Bologavaïa, station du chemin de fer Nicolas; de Saint-Pétersbourg à Moscou, la distance est de 275 verstes.

Plusieurs autres lignes sont en projet, entre autres celle de Moscou à Saratof, de Moscou à Troïtza; ce chemin de fer a été commencé, il aura une longueur de 66 verstes et les frais en sont évalués à 60,000 roubles par verste.

Parmi le grand nombre de projets de voies ferrées un des plus intéressants est, sans contredit, celui de relier au moyen d'un chemin de fer les villes de Perm et de Tumène; une ligne ferrée est indispensable à cette contrée, car, sans elle, l'industrie métallurgique ne se développera jamais, malgré les richesses minérales de l'Oural, à un degré correspondant aux besoins croissants.

« Le principal objet de l'industrie de l'Oural est sans contredit la fabrication du fer, dont les usines appartenant aux particuliers fournissent annuellement 8,158,710 pouds. Malgré cette quantité considérable livrée au commerce, on entend souvent des plaintes sur la cherté de ce métal; on peut donc conclure que la quantité de fer fabriqué dans l'Oural ne suffit pas à satisfaire les demandes. En effet, l'accroissement du nombre des bateaux à vapeur en fer et la construction des chemins de fer ont augmenté les demandes de ce métal et haussé son prix, tandis que la production du fer ne se développe pas en proportion de ce besoin croissant, parce qu'elle rencontre des obstacles locaux insurmontables ; les principaux de ces obstacles sont le défaut d'une communication constante, rapide et commode, entre les usines et les capitales des gouvernements de l'intérieur, et le manque de combustible qui impose un chômage forcé à quelques usines.

» Le fer fabriqué pour la Russie européenne y est expédié de plusieurs usines par la rivière Tchoussovaïa. Le transport des métaux par cette rivière jusqu'à Perm s'effectue de la plupart des usines, au moment des hautes eaux du printemps, des différents points où les usines entretiennent des débarcadères sur la rivière, et où les cargaisons sont apportées en hiver par le traînage ; les transports d'été sont peu importants. Sous ce rapport, il y a déjà inconvénient à ce que le fer reste presque une année entière sans emploi dans les magasins des usines : c'est un capital mort, qui ne rapporte rien à son propriétaire ; si l'on y ajoute le prix élevé du transport par terre aux débarcadères, et les dangers auxquels les gens et les métaux sont exposés sur la Tchoussovaïa, contre les bords escarpés de laquelle se brisent chaque année plusieurs barques, chacun verra que cette route est très-incommode et qu'elle fait en outre hausser le prix du fer, en exigeant des frais pour l'entretien des caravanes, la construction et le gréement des barques et l'entretien des embarcadères.

» Mais la difficulté du transport des métaux ne présente pas autant d'obstacles au développement de l'industrie métallurgique, que le manque du combustible nécessaire à la fabrication. Les usines dans lesquelles la fabrication du fer a reçu le plus d'étendue éprouvent déjà une si grande pénurie de combustible que non-seulement elles ne peuvent donner de l'accroissement à leur activité, mais qu'elles ne peuvent même s'approvisionner de charbon et de bois, de manière à faire fonctionner sans interruption toute l'année les appareils et machines déjà en usage.

» Quelques usines ne peuvent pas non plus étendre leur fabrication, par cette raison que le Gouvernement, dans des vues de conservation des bois, a restreint la fonte du fer, en déterminant le nombre des hauts fourneaux qu'il est permis d'exploiter ; il en résulte que des établissements entiers, créés à l'époque où des quantités énormes de fer et de fonte s'aggloméraient dans les usines, sont obligés maintenant de chômer pendant des mois et quelquefois pendant des années ! tandis qu'antérieurement on y fabriquait des centaines de milliers de pouds de fer. La difficulté de cette position des usines est encore aggravée par ce fait que les usines qui souffrent le plus du manque de combustible ne peuvent faire usage de la houille, récemment découverte dans l'Oural, parce qu'elles sont situées à une trop grande distance des houillères, et que le transport du combustible minéral leur coûterait trop cher.

» Un chemin de fer peut seul diminuer et peut-être même supprimer entièrement ces deux entraves que rencontre notre industrie métallurgique ; il multiplierait les communications des usines avec l'intérieur de la Russie, réduirait les prix de transport des métaux, qui pourraient être expédiés sur les marchés à mesure de leur fabrication, sans séjourner inutilement dans les magasins des usines ; il ferait diminuer le nombre des barques dont la construction absorbe tant de bois ; il ferait disparaître les frais d'entretien des débarcadères et des caravanes, toutes dépenses qui surchargent les prix des métaux. Avec le chemin de fer, les usines qui souffrent le plus du manque de combustible pourraient acheter avec avantage de grandes quantités de houille et en faire usage, ce qui non-seulement les dispenserait de la nécessité de chômer pendant des mois entiers, mais leur permettrait encore d'accroître leur production. Les propriétaires de terrains houillers les exploiteraient sur une plus grande échelle, l'exploitation leur reviendrait à meilleur marché et donnerait plus de profit.

» En un mot, on peut dire que la construction d'un chemin de fer dans le gouvernement de Perm amènerait à sa suite le développement de l'industrie métallurgique et l'accroissement du bien-être des habitants ; ce chemin augmenterait et vivifierait le commerce, qui, dans les circonstances actuelles, menace de tomber en décadence. »

Des projets audacieux voient le jour depuis deux années : on ne parle de rien moins que de relier la Chine et les Indes à l'Europe au moyen de grandes lignes de chemin de fer. Nous avons vu qu'on veut réaliser les communications télégraphiques avec le Pacifique ; mais je crois que ces projets de voies ferrées ne s'exécuteront pas de ce siècle : toujours est-il qu'ils prouvent un mouvement énorme d'entreprises industrielles et un besoin sérieux de progrès matériels.

Un chemin de fer fait communiquer le Volga au Don et établit ainsi une communication facile entre Saint-Pétersbourg et la mer d'Azof.

On a fait sur cette ligne le premier essai, en Russie, du chauffage des locomotives à l'anthracite, dont le pays possède de formidables masses.

L'une des locomotives construites à la fabrique Alexandrovski à Saint-Pétersbourg, pour le chemin de fer du Volga au Don, et conditionnées pour le transport de grandes charges, a été essayée le 24 avril sur le chemin de fer de Moscou, et chauffée à l'anthracite. Le train se composait de 36 wagons, dont 15 chargés de marchandises, 16 wagons à voyageurs, vides, et 5 wagons à marchandises également vides : le tout d'un poids d'environ 28,000 pouds. La locomotive a traîné cette charge de Saint-Pétersbourg jusqu'à la station de Lubagne, sur une distance de 77 verstes ; le trajet a été fait en 5 heures 13 minutes, y compris les arrêts à deux stations pour prendre de l'eau.

En comptant ces 29 minutes d'arrêt, la vitesse moyenne de la course a été de plus de 16 verstes à l'heure sur la montée de Slepenovskarie de 1 200 sur une étendue de 7 verstes, la vitesse a été de 12 verstes à l'heure.

Il résulte de ces données que la locomotive peut parcourir la montée de 1,66 qui s'étend sur les premières 10 verstes du Volga avec une charge de 13,600 pouds ; la construction des wagons du Volga au Don étant telle qu'ils pèsent la moitié de la charge qu'ils reçoivent, il y aura sur les 13,600 pouds de poids total, 9,000 pouds de poids utile ou de charge. En commandant les locomotives on avait en vue surtout de leur faire traîner 14 wagons chargés, présentant un poids total d'environ 14,000 pouds.

L'*Abeille du Nord* donne, dans un feuilleton du mois d'août, une esquisse des chemins de fer en Angleterre, qu'elle compare aux chemins de fer russes, et termine par la conclusion suivante qu'elle applique aux chemins de fer russes :

« Il ne s'agit pas seulement d'avoir beaucoup de chemins de fer, il faut encore pouvoir en profiter dûment. L'augmentation de la vitesse des trains, la réduction du nombre et de la durée des haltes, la concentration des extrémités des chemins de fer dans les centres des capitales, et l'introduction des billets de retour, tout cela donnerait une nouvelle signification aux chemins de fer déjà existants en Russie, avant que de nouveaux chemins soient prêts. L'Europe a suivi l'exemple de l'Angleterre en ce qui concerne la construction des chemins de fer; mais cela ne suffit pas, il faut qu'elle l'imite aussi dans l'organisation de leur exploitation. »

Les voitures du chemin de fer Nicolas, de Saint-Pétersbourg à Moscou, sont dans le style américain, celle des autres chemins de fer sont comme les nôtres. Il y a surabondance de buffets sur toutes les lignes russes; on y passe parfois 30, 40 et même 60 minutes, ce qui fait qu'il ne faut pas moins de 20 heures pour aller d'une capitale à l'autre par le train de grande vitesse. La vérité de la devise « *Time is money* » n'a pas encore été assez reconnue en Russie, mais cela viendra; ce vaste pays est entré dans la voie du progrès, il est à espérer que de grandes améliorations seront réalisées dans tous les services, et surtout qu'à la lenteur vénale dominant jusqu'à ce jour succédera une activité intelligente et morale; le pays a grand besoin de moyens prompts de communication et il commence à en comprendre l'urgente nécessité.

Il me reste, pour terminer ce chapitre sur les moyens de communication et la manière de voyager, à parler d'une nouvelle invention qui a déjà été mise à exécution cet hiver, je veux parler du *traîneau à vapeur!*

Le *journal des voies de communication* rend compte des expériences qui ont été faites sur la Néva, au commencement de cette année, avec le traîneau à vapeur, dont l'idée appartient à

MM. Goutchkoff, conseiller des manufactures, et Solodovnikoff, bourgeois honoraire.

Par sa disposition, ce traîneau ressemble à une locomotive ordinaire; seulement les roues sont placées sous la chaudière, et les bouts de la machine se trouvent sous le foyer et sont soutenus en avant par deux traîneaux, dont celui de devant peut, au moyen d'un mécanisme spécial, recevoir le mouvement et par ce moyen diriger la marche de la locomotive.

Le train d'essai se composait de deux traîneaux ordinaires ; un traîneau de ville était en queue, et un autre, de 4 sajènes 1 2 de longueur, couvert de planches, était immédiatement attaché à la locomotive. Il y avait près de 50 voyageurs. Un mécanicien se trouvait à la machine, un autre dirigeait la marche au moyen du traîneau de devant. Les essais se faisaient sur une place balayée, sur de la glace unie, dans un espace d'environ une verste et demie.

La locomotive traînait une charge d'environ 200 pouds, avec une vitesse moyenne de 18 verstes à l'heure, sous une pression de 6 à 7 atmosphères. Elle a parcouru l'espace quatre fois, en tournant aux extrémités avec un ralentissement de vitesse. La plus grande vitesse a été de 26 verstes à l'heure. La marche de la locomotive était inégale et cahotante, probablement à cause de l'absence de ressorts et de l'action exercée sur la glace par les dents des roues. La locomotive marchait en zigzags, ne suivait pas une ligne droite, et exigeait de grands efforts pour la maintenir dans une direction donnée. Le chemin était haché par les dents des roues, surtout aux détours, où elles faisaient des excavations considérables, mais où d'ailleurs la locomotive tournait sans difficulté et en général s'arrêtait facilement.

La commission qui a présidé aux expériences est arrivée à la conclusion que la locomotive, avec des dents aux roues pour adhérer à la glace, peut être adaptée au transport des passagers et à la traction des charges sur la glace, mais qu'elle exige quelques améliorations et modifications dans la construction des roues, dans l'appareil pour gouverner la machine, et que la machine même doit être considérablement perfectionnée. Les traîneaux pour passagers doivent être construits de manière qu'on puisse les arrêter facilement, et en outre être munis d'appareils pour les empêcher de verser aux détours. La commission a trouvé encore que, pour la sûreté publique, le traîneau à vapeur doit donner les signaux, non par des sifflets, mais autrement, par exemple avec un cor ou une cloche, ce qui effrayerait moins les chevaux que l'on peut rencontrer à tout moment. Dans ce même but, afin que le bruit de l'échappement de la vapeur n'effraye pas les chevaux, la route pour le traîneau à vapeur doit être tracée au moins à une distance de dix sajènes des routes ordinaires. L'effet destructif des roues sur la glace peut aussi être dangereux ; mais le degré du danger ne peut être déterminé que par des expériences prolongées, et alors, en prenant en considération le poids de la machine et les dimensions des traîneaux qui portent la locomotive, on pourra déterminer quelle épaisseur doit avoir la glace pour qu'on puisse permettre la course en traîneau à vapeur.

En général, quoique l'invention exige encore beaucoup d'améliorations et des expériences prolongées, elle mérite cependant l'attention et l'encouragement, et peut conduire à d'utiles résultats.

ROUTES ITINÉRAIRES.

ROUTE I. — *Bruxelles à Saint-Pétersbourg.*

Il y a deux manières différentes de se rendre en Russie, par la voie de mer et par la voie de terre.

Je me bornerai à indiquer les routes directes : Bruxelles par Cologne, Berlin et Kœnigsberg : *A.* par Dunabourg et *B.* par Riga et Dorpat; Bruxelles par Anvers, le Havre ou Dunkerque et Copenhague; Bruxelles par Cologne, Berlin et Stettin ou Lübeck.

VOYAGE PAR TERRE : — *Bruxelles par Cologne, Berlin et Kœnigsberg.*

La distance de Bruxelles à Berlin est de 880 kilomètres, à Kœnigsberg de 1,533 kilomètres; les prix des places sont, pour Berlin, en première classe, 109 francs 95 centimes; en deuxième classe, 74 francs 85 centimes; pour Kœnigsberg 185 francs 15 c. et 129 francs.

L'administration des chemins de fer de l'Etat délivre des billets directs de Bruxelles à Berlin, valables pendant trente jours à partir de celui du départ constaté par le timbre du jour du bureau de départ; ces billets sont mixtes, première classe en Belgique, deuxième classe en Allemagne et bons pour tous les trains. Ils coûtent 21 thalers 29 gros argent, soit 82 francs 37 1/2 centimes.

Voici les conditions du transport :

1° Le livret donne droit au transport gratuit de 25 kilogrammes de bagages pour le parcours entier. Tout bagage doit être enregistré, conformément aux prescriptions douanières. Il est remis en échange un bulletin énonçant les conditions de transport.

2° Le voyageur doit faire visiter son bagage lui-même aux bureaux de douanes, l'administration ne se charge point de ce soin. La visite n'a lieu à l'entrée en Allemagne, quant aux transports par bulletin direct, qu'à Cologne.

3° Le voyageur porteur d'un livret direct de Bruxelles à Berlin, ou *vice versâ*, a la faculté de s'arrêter pendant le délai de trente jours à Bruxelles, Malines, Liége, Aix-la-Chapelle, Cologne, Dusseldorf, Hanovre, Brunswick et Magdebourg.

4° S'il fait le trajet direct sans s'arrêter jusqu'à destination, il prendra un bulletin de bagage spécial jusqu'à cette destination ; s'il veut s'arrêter en route, on ne lui délivrera qu'un bulletin de bagage ordinaire de station de séjour, en lui tenant compte toutefois de la gratuité de 25 kilos de bagages.

5° MM. les voyageurs sont tenus de représenter à toute réquisition des agents des chemins de fer l'ensemble de leur billet pour tout le parcours non encore effectué.

Tout coupon isolé sera considéré comme nul, refusé et retiré, si le voyageur ne peut représenter en même temps les autres parties du livret.

Bruxelles (station du Nord) :

20 kilomètres.	Malines.	114 kilomètres.	Liége.
44	Louvain.	139	Verviers.
62	Tirlemont.	240	Cologne.

A Cologne, on passe la visite ; ordinairement les douaniers sont très-complaisants et vous épargnent les ennuis et les vexations de ces visites, ce qui n'a malheureusement pas toujours lieu lorsqu'on rentre en Belgique.

De Cologne à Berlin, la distance est de 84 milles 8/10 (le mille prussien vaut 7,532 mètres 485 centimètres).

5 1/10 de Cologne à Dusseldorf.	51 9/10 de Cologne à Brunswick.
34 9/10 — à Minden.	65 9/10 — à Magdebourg.
43 8/10 — à Hanovre.	84 8/10 — à Berlin.

Le trajet de cette première étape de Bruxelles à Berlin se fait en **22 1/4** ou **23 3/4** heures selon que l'on prend l'express du soir ou du matin.

La seconde étape de Berlin à Saint-Pétersbourg se fait en 66 heures 38 minutes et en 68 heures 18 minutes dont 32 heures 45 minutes, ou 26 heures en poste, entre Kovno et Dunabourg. Cependant il est à présumer que le trajet de la poste sera supprimé cette année par le fait de l'ouverture de la ligne complète (1).

La distance de Berlin à Kœnigsberg est de 86 6/10 milles.

10 8/10 Francfort sur l'Oder.	74 4/10 Elbing.
48 Bromberg.	78 4/10 Braunsberg.
64 9/10 Dirschau.	86 6/10 Kœnigsberg.
67 3/10 Marienburg.	

Kœnigsberg à Saint-Pétersbourg. — *A.* Par Kovno et Dunabourg.

On se rend en chemin de fer à la frontière prussienne Eydkuhnen en 4 heures; on passe ensuite la visite des douaniers russes, au bureau de Wierzbolow, situé à un kilomètre de celui de Prusse (1).

(1) La ligne et les ponts seront entièrement terminés cette année.

De Wierzbolow on se rend à Kovno encore par chemin de fer, de Kovno à Dunabourg en poste; de Dunabourg à Saint-Pétersbourg en chemin de fer.

La distance en chemin de fer de Wierzbolow à Kovno est de 81 verstes, et de Dunabourg à Saint-Pétersbourg de 497 verstes; celles de Kovno à Dunabourg en poste est de 195 verstes 1/4.

Voici les stations et les distances de Dunabourg :

24 verstes.	Doubna	281 verstes.	Novocélié
37 —	Rouchona.	304	Bélaya.
62 —	Antonopol.	326	Ploussa.
80 —	Régitza.	348	Serébrianka.
105 —	Ivanovskaya	369	Louga
121 —	Korsovka.	382	Preobrajenskaya.
138	Poudery.	398	Mchinskaya
166	Jogovo.	418	Divenskaya.
191	Ostroff.	434	Siverskaya.
216	Orly.	455	Gatchina.
240 —	Pskoff.	477	Tsarskoë-Selo
259 —	Torochinskaya.	497	St-PÉTERSBOURG.

B. Kœnigsberg à Saint-Pétersbourg, par Tilsitt. Tauroggen. Riga et Dorpat.

Il y a un chemin de fer en construction de Kœnigsberg à Memel, la diligence part trois fois par jour pour Tilsitt (13 1/4 milles) et deux fois de Tilsitt à Memel; le premier trajet se fait en 10 1/2 heures, le second en 11 heures; la distance totale est de 20 milles 1/4.

A Tilsitt, on prend la route de Tauroggen, petite ville russe située à 19 milles de Kœnigsberg et à 786 verstes 1/4 de Saint-Pétersbourg. Le trajet se fait en 4 à 5 heures pour 3,27 1/2 th.

Deux postes partent de Tauroggen pour Saint-Pétersbourg,
l'une met 79 heures, l'autre 100 heures. Les prix sont de 39 roubles à l'intérieur et de 27 roubles à l'extérieur :

22	verstes	Neskutchu.	132 1/4	verstes	Janischki.
44	—	Zarizno.	156	— —	Ellievka.
62	—	Milovidovka.	166	— —	MITAU.
80	—	Poubjevka	185 1/2		Saint-Olaï.
93 1/4	—	Schawl (Szawlja)	204 3/4	—	RIGA.
111 3/4	—	Meschkuzi.			

De Riga, on peut aller directement en chemin de fer à Saint-
Pétersbourg, depuis le mois de septembre dernier, par Dunabourg et Pskoff.

215 3/4	verstes	Neuermühlen.	353 1/4	verstes	Gulben.
230 3/4	—	Hilcheusfer.	361	— —	Walk.
249 3/4	—	Engelhardshof.	371 3/4		Teilitz.
270 3/4	—	Roop.	394		Kaikas-Lowenhoff
292 3/4	—	Lenzenhof.	418 3/4	—	Uddern.
311 3/4		Volmar.	441 3/4		DORPAT.
331 3/4		Staaketn			

De Dorpat on peut se rendre à *Revel*, la capitale de l'Ethonie.
Une navigation à vapeur est établie dans la bonne saison entre
Dorpat et Pskoff au prix de 5 et 4 roubles.

467 3/4	verstes	Iggafer	629 3/4	verstes	NARVA.
491	— —	Tornea.	650 1/4	— —	Iamburg.
546 3/4		Nainal (lac Peïpus)	665 1/4		Opolgi.
530 3/4		Rama Pungern.	687 3/4		Tchierkowitz.
557		Klein Pungern.	708 3/4		Kaskovo.
578		Lewd	727 3/4		Kipen.
590		Tschudeli.	751 1/4	— —	Strelna.
607 3/4	—	Waivara.	786 1/4	—	St-PÉTERSBOURG

On peut aussi se rendre à Saint-Pétersbourg par Berlin, Cracovie et Varsovie.

Les prix de Bruxelles pour Varsovie sont de 209 francs 35 centimes, 1re classe; et 148-60 cent., 2e classe. On met 48 heures par express.

De Berlin à Cracovie 82 milles 6/10 (voir Route 3).

De Cracovie à Varsovie 44 milles 1/4.

De Varsovie à Saint-Pétersbourg 1063 1/2 verstes (voir, pour ce trajet, Route 3).

Voyage par mer. — La compagnie *Russe-Baltique* entretient une navigation régulière entre Anvers et Saint-Pétersbourg, touchant à Copenhague : des départs ont lieu de quinzaine en quinzaine (le 1er et le 15 de chaque mois d'Anvers) par les steamers *Novgorod*, *Orel*, *Pultava*, *Kief*, *Cazan*, *Koursk*, *Toula*, *Grand duc Alexis*. Le prix des passagers est de 110 florins, nourriture comprise, sans le vin.

Les bateaux à vapeur, ne calant que 9 pieds d'eau, peuvent remonter à la ville si les eaux de la Néva ne sont pas trop basses, et décharger vis-à-vis de la douane, à Wasilii Ostrow.

Les renseignements s'obtiennent chez M. H. J. A. Telghuys à Anvers, et chez M. Dansaert à Bruxelles.

Le trajet s'effectue en 7 ou 8 jours.

La même compagnie dessert la ligne du Havre à Saint-Pétersbourg.

Un service régulier existe aussi entre Dunkerque et Saint-Pétersbourg touchant à Copenhague, par des steamers en fer : *Baltique*, *Nord* et *Albert*, partant les 1er, 11 et 21 de chaque mois au prix de 45 et 60 roubles.

On peut aussi utiliser des services fort actifs entre Stettin, Lübeck, Rostock, Rotterdam, Amsterdam et Saint-Pétersbourg.

De Stettin, on met de 65 à 80 heures, de Lübeck de 75 à 80 pour 58 et 37 1/2 roubles.

ROUTE 2. — *Saint-Pétersbourg à Moscou.*

La route impériale n'est plus très-fréquentée depuis l'établissement du chemin de fer de Nicolas.

CHEMIN DE FER. — Il y a deux départs par jour, le trajet se fait en 20 ou 30 heures; les prix sont de 19, 13, 10 et 4 roubles argent en 1re, 2e et 3e classe.

La ligne est directe, elle a 607 verstes de longueur. On passe par les stations principales de Lubanskaïa, Malovischerskaïa, Okoulovskaïa, Bologovskaïa, Sporovskaïa, Tver, Klinskaïa et Tchoudovskaïa. Entre les deux premières stations citées descendent les voyageurs qui se rendent à Novgorod Veliki, ancienne capitale de la Russie.

A Valdaïskaïa, on se trouve sur le plateau central de la Russie appelé *Valdaï*.

A Tver, ville située à 449 1/4 verstes de Saint-Pétersbourg, descendent les voyageurs qui veulent suivre la route du Volga et se rendre soit à Cazan, soit à Perm, soit à Astrakhan (voir Route n° 15).

ROUTE 3. — *Cracovie à Varsovie.*

Un chemin de fer de 44 1/4 milles permet de faire le trajet en 15 heures 45 minutes. Je ne ferai que citer les noms des stations principales : Szczakowa (à 3 milles), Granitza, Zabkovicz, Czenstochau (11 milles), Petrikau, Skiernievicz (35 milles). De cette dernière station on peut se rendre à Lowicz, ville située à trois milles.

De Skiermeviez on passe par les stations suivantes : Radzivelow, Ruda, Grodzisk, Brvinow, Pruszkov et Vlocky pour arriver à Varsovie.

Route 4. *Varsovie à Saint-Pétersbourg.*

Le chemin de fer n'est point encore complétement en exploitation, le trajet se fait en 96 heures au prix de 38 et 54 roubles. La distance est de 1,063 1/2 verstes.

16 1/2 verstes	Jablonna.		419 1/2 verstes	Pogeloska.
34	Serodsk.		436	Vilkomir.
35	Pultusk		458 1/4	Staskuniska.
70	Shelkof.		476	Scavshedshika.
99 1/4	Selun		496 1/4	Utziani
119 1/4	*Ostrolenka*		513 1/4	Dongelb.
137	Miastkof.		528 1/2	Degazzir.
153	*Lomska*		547 1/4	Egypten.
174 1/2	Staviski.		567 1/4	DUNABOURG (voir
196 3/4	Stshutshin.			la voie ferrée, route 1.)
210 1/4	Graevo.			
227 3/4	Raigrod.			*Dunaboarg.*
250 3/4	*Augustoro.*		588 1/2 verstes	Vassiliévo.
264 3/4	Stshepki.		610	kuskur.
278 3/4	*Suwalki.*		630	Gonkolna
298 1/2	Shuplishki.		650 1/4	Kogietza.
318 3/4	Kalvarija.		672 1/2	Ivanoskaïa.
335 3/4	*Marienpoul.*		694	Neslei.
337	Budkja		745 1/2	Visgodok
352	Veiveri.		737	Kuhilowa.
372	KOVNO.		754	Ostroff.
387 1/2	Turzani		769	Dulovka.
402 1/2	Janova.		785 1/4	Strenalka.

807 1/2 verstes	*Pskoff.*		947	verstes	Preobrajenskaïa.
852	—	Mokhovaïa.	963 1/2	—	Mchinskaïa.
898	—	Plusa.	983	—	Divinskaïa.
918	—	Gorodetz.	1001	—	Siverskaïa.
935 1/2	—	Luga.	1011 1/2		Gatchina.

De Gatschina on se rend en chemin de fer à Saint-Pétersbourg ; les 42 verstes qui séparent cette résidence du prince Orloff de la capitale, sont franchies en une heure ; par la route il y a 52 verstes jusqu'à 1063/12 verstes SAINT-PÉTERSBOURG.

ROUTE 5. — *Varsovie à Moscou.*

Cette route a une longueur de 1,281 1/4 verstes, c'est celle que suivit l'armée française en 1812, d'horrible mémoire.

14 1/4 verstes	Milowna.		346 1/2 verstes	Rushana.	
36 3/4	—	Minsk.	362 1/2	—	Meshovitschi.
53 1/4	—	Kaluzshin.	381 3/4	—	Slonim.
71 1/4	—	Mingosi.	396 3/4	—	Dzjadi.
87 1/4	—	Sedlze.	410 1/4	—	Polonka.
102	—	Sbutshin.	431 3/4	—	Stolovitschi.
126 1/2	—	Mendsirshez.	456 1/4	—	Snof.
150 1/4	—	Biala.	477 1/2	—	Nesvich.
166 1/4	—	Salesje.	502 1/2	—	Novo-Sœrchen.
190	·	Tirespol.	519 1/4	—	Agatino.
194 1/4	—	Brzesc-Litewski.	539 3/4	—	Koidanovo.
215 1/2	—	Bulkof.	565 1/2	—	Priluki.
231	—	Kruptshinskaïa.	581 3/4	—	MINSK.
244 1/2	—	Kobrip.	603 1/4	—	Tuchnofka.
267 1/4	—	Godestsna.	619	—	Smolevitshi.
286 1/2	—	Prushani.	638 1/2	—	Shodin.
307 1/4	—	Voroshbiti.	658	—	Borisoff.
326 1/4	—	Michailino.	675 1/2	—	Loshniza.

700 1/2	verstes	Krupka.	955	verstes	Michailofka.
716 1/2		Maliafka.	977		Dorogobush.
737 1/4		Tolotshin.	999 3/4		Vasina.
756 1/4	—	Kochanovo.	1027		Semlevo.
785		Orcha.	1053		Viasma
799 1/2	—	Dubrovna.	1083		Toplucha.
812 1/4		Kosiani.	1114		Gsatsk.
828 1/2		Liadi.	1148		Gridneva.
844 1/4		Krasnœ.	1177		Mohaisk.
867 1/2		Koritnia.	1200 3/4		Sheltofka.
890 1/2		SMOLENSK.	1225 1/2		Podlipki.
913	—	Bredichino.	1250 1/2		Pershushkovo.
930		Pneva.	1281 1/4		MOSCOU.

ROUTE 6. — *Moscou à Odessa.*

Par Toula, Kharkof, Poltava et Nicolaieff.

Cette route a une longueur de 1,381 verstes :

35	verstes	Podolsk.	383 3/4	verstes	Chotetovo.
67		Lopasnia.	408 3/4	—	Mocressi.
94		Serpuchof.	433 3/4		Oczki.
125 1/2	—	Wedmeski Savod	449 3/4		Olchovatka.
145		Waszani.	470 3/4		Sorokovi-Kolodetz.
167		Volotja.	493 3/4		Isakierski Dvori.
180		TOULA.	510 3/4		KOURSK.
197		Iasnaïa Poliana.	527 3/4		Selichova Dvori.
215	—	Solova.	545 3/4		Medvenca.
239 3/4		Sergievskoi.	569 3/4		Obojau.
265 1/4		Skuratova Malencoi	587 3/4		Koczetoskoï Dvor
283 1/4		Skuratova Bolskoi	607 3/4		Jacovleva.
308 3/4		Muzestk.	635 3/4		Bielgorod.
335 3/4		Otrada.	661 3/4		Czeremosznaïa.
360 3/4		OREL.	683 3/4		Lipey.

711 3/4 verstes	KHARKOF.	1053 3/4 verstes	Adjiamca.
739 3/4 —	Liubotin.	1075 3/4 —	ELISAVETGRAD.
759 3/4 —	Valki.	1100 1/4 —	Kampaniewka.
784 3/4 —	Kolomak.	1124 3/4	Bobrinetz.
809 3/4 —	Voinovka.	1140 —	Gromokleïa.
828 3/4 —	Dudnikor.	1159	Maksimovka.
848 3/4 —	POLTAVA.	1175	Vodianaïa.
865 3/1 —	Kuralechevo.	1196 —	Veilandova.
883 3/4 —	Reszetilova.	1219 —	Kandibino.
901 3/4 —	Korolevski Trakloi.	1243 —	NICOLAIEFF.
924 3/4 —	Peezhani Poski.	1266	Warvarefka.
936 3/4 —	Omelnik.	1291 —	Czermeley.
958 3/4 —	Krementczug.	1313	Krasnoï Traktir.
982 3/4 —	Svetaia Balki.	1335 —	Kobletka.
1009 3/4 —	Alexandria.	1363	Adjelik.
1030 3/4	Novaga Praga.	1381 —	ODESSA

ROUTE 7. — *Saint-Pétersbourg à Odessa.*

Par Dunabourg, Mohileff et Kieff.

496 verstes de Saint-Pétersbourg à Dunabourg en chemin de fer (voir route 4).

460 verstes de Dunabourg à Mohileff (voir route 8).

18 1/4 verstes	Mohilef-Amchova	163 1/4 verstes	Osobin.
36 1/4 —	Beliskoi, Proslo-jaloi Dvor.	175 1/4 —	Koscz, Kowicze.
		187 3/4 —	Gomel.
55 1/2 —	Rabowicze.	194	Bielitza.
67 3/4 —	Propoïsk.	213 —	Piæczna. Buda.
85 1/4 —	Glinka.	233 1/4 —	Dobrianka.
98 1/2 —	Litvinowicze.	250 1/4 —	Drosdovitza
117 3/4 —	Voronovsczina.	265 1/4 —	Gorodnya.
129 3/4 —	Tshetshersk.	281 1/1 —	Smiczin.
146 1/4 —	Czebolowiczeitchi.	298 1/4 —	Nismennaïa.

317 1/4 verstes	TCHERNIGOF.	
334 1/4	Janovska.	
353 1/4	Krasovski, Chutor	
371 3/4	Czemer.	
392 1/4	Roselez.	
410	Kalitjanski Chutor	
427 1/4	Bogdanovski	
446 1/4 —	Brovary.	
460 1/4 —	KIEFF.	
480 1/4	Weta.	
497 1/2	Wassilkov.	
525 1/2 —	Grebenki.	
541 3/4	Braiacerkieff.	
566 —	Szamraievka.	
578 3/4 —	Skvoia.	
604 3/4	Morosovka.	
629 1/4 —	Pleskovskaia Kar- czema.	
655 1/2	Lipowets.	
673 1/4 verstes	Czorniez.	
699 1/2 —	Nijnaia Krapivna	
713 1/2 —	BRACLAF.	
730 1/2	Tulezyn.	
756 1/2	Savinetzkaïa	
782 1/2 —	Schabokritzkaïa.	
804	Olgopol.	
819 3/4 —	Pércima.	
835 3/4 —	BALTA.	
857 3/4 —	Baitalskaïa.	
872 3/4 —	Ananieff.	
888 3/4 —	Schiskova.	
906 —	Djaurova.	
933 1/2 —	Bantkovskaïa.	
961	Janovskaïa.	
979	Severinovskaïa	
995 3/4 —	Hinskaïa.	
1018 —	deMohilefet1974	

de Saint-Pétersbourg : ODESSA.

ROUTE 8. — *Orel à Libau.*

Un chemin de fer ne tardera pas à relier ces deux villes ; la distance par la route de poste est de 1,227 verstes. On se rend à :

420 verstes MOHILEFF.	880 verstes *Dunabourg*
490 — Orcha.	1000 — Poccviez.
565 — WITEBSK.	1075 — Szawlsa.
665 — Polotsk.	1227 LIBAU.
750 — Drissa.	

ROUTE 9. — *Moscou à Nijni-Novgorod.*

Un chemin de fer reliera les deux villes cette année ; les travaux entepris par MM. Van der Elst frères de Bruxelles sont poursuivis activement ; la ligne est ouverte jusqu'à Vladimir depuis l'année dernière. Voici la route de poste :

18	verstes	Jorenki.	205 3/4	verstes	Soudogda.
33 3/4	—	Kupavna.	236 3/4	—	Moszki.
49 3/4	—	Bogorodsk.	272 1/4	—	Draczevo.
73 3/4	—	Plotava.	301 1/2	—	Murom.
93 3/4	—	Pokrov.	333 1/4		Monokovo.
111 3/4	—	Peteiszha.	362 1/4	—	Osablikovo.
130 1/4	—	Boldino.	381	—	Yarimovo.
149 1/4	—	Dmetricvskoe.	406	—	Aleshkovo.
169 3/4	—	VLADIMIR.	427	—	Doskino.
182 1/4	—	Baraki.	451 1/2	—	NIJNI-NOVGOROD

Route 10. — *Moscou à Théodosie.*

Cette route est la continuation de celle qui va de Saint-Pétersbourg à Moscou et de là se dirige sur Kharkof (voir route 6) ; la longueur totale est de 1787 verstes, dont 607 de Saint-Pétersbourg à Moscou, 711 3/4 verstes de Moscou à Kharkof. La ville principale entre Kharkof et Théodosie ou Kaffa est Ekatherinoslaf, ville manufacturière assez importante ; un chemin de fer va relier Théodosie à Moscou et à Saint-Pétersbourg.

Route 11. — *Odessa à Czernowitz.*

La distance est de 470 verstes :

15 1/2	verstes	Dalwick.	135 1/4	verstes	Zinzinenskaia.
40 1/2	—	Baraboi.	164 1/2	—	Kichinef.
67	—	Kutshungan.	189		Pereseczina.
94	—	Tirespol.	205 1/2	—	Orgieff.
106	—	BENDER.	231 3/4	—	Saraten.

260	verstes	Kopaczeni.	390 1/4	verstes	Lipkany.
285 1/4		Belzi ou Bieltsy.	409 1/2	—	Stalinetski.
310 1/4		Biecza.	437	—	Novoselitza.
335 1/4		Bratuscanskaïa.	470	—	CZERNOWITZ.
358 1/2		Glinnaïa.			

ROUTE 12. — *Odessa à Ismaïl.*

La distance est de 198 1/4 verstes.

37	verstes	Ovidiopol.	132 1/2	verstes	Smievkaïa.
46		AKERMAN.	151	—	Troiani.
73	—	Akaliskaïa.	168 3/4	—	Katlabugskaïa.
88 1/2	—	Sarjarskaïa.	198 1/4		Ismaïl.
111 1/2		Tartarbunarskaïa.			

ROUTE 13. — *Odessa à Kertch et à la mer d'Azof.*

Il est préférable pour exécuter ce voyage de choisir la route de mer, en partant d'Odessa. Tous les ports et les villes de la côte de Crimée sont desservis par les bateaux à vapeur; la Crimée, Sévastopol, Simpheropol, Eupatoria, Balaclava, Kertch, Berdiansk, Marioupol, Taganrog, la mer d'Azof, etc., ont été décrits cent fois depuis dix ans, il est donc inutile d'en faire une cent et unième description.

ROUTE 14. — *Saint-Pétersbourg en Finlande.*

Des moyens de communication suivis et fréquents relient les villes de la Finlande à la capitale de l'empire, des bateaux à vapeur quittent presque tous les jours Saint-Pétersbourg et Cron-

stadt pour Wiborg ou Helsingfors. La distance par terre jusqu'à
Abo est de 644 verstes 1/2.

20	verstes	Dranichnekova.	360	verstes	Illby.
40	—	Belefstrooskaïa.	376	—	Borgo.
52	—	Ravoike.	388 1/2	—	Norr Vrekoski.
65	—	Keveneb.	404	—	Sibbo.
77	—	Pampala.	419 1/2	—	Henriksdal.
96	—	Kivriolia.	434 1/2	—	HELSINGFORS.
109	—	Khotaka.	449 1/4	—	Grahn.
126	—	Lelpero.	463 1/4	—	Finns.
143	—	WIBORG (Wibourg)	475 3/4	—	Asverley.
172	—	Risalaks.	490 3/4	—	Bolstadt.
187 1/4	—	Sackjarvi.	504 3/4	—	Kyrkstad.
204	—	Urpula.	521 1/4	—	Nyby.
219 1/2	—	Peterlak.	537 1/4	—	Bjorsbeg.
235 1/2	—	Gronwick.	552 3/4	—	Olsbole.
251 1/2	—	Fredericksham.	570 1/4	—	Lambala.
271 1/2	—	Högfors.	588 3/4	—	Sala.
285 1/2	—	Broby.	601 1/2	—	Keala.
305 1/2	—	Abofors.	619 1/2	—	Wista.
321 1/2	—	LOWISA.	631 1/2	—	Rungo.
333 1/2	—	Pirno.	644 1/2	—	ABO.
346 3/4	—	Torsby.			

De la ville d'Abo, on peut se rendre directement à Stockholm
ou vers le nord ; les stations principales de cette dernière route
sont :

77	verstes	Raumo.	401	verstes	Ny Carleby.
146 1/2	—	Bjorneborg.	458	—	Old Carleby.
255 3/4	—	Christinestad.	668 1/4	—	Uleaborg.
338 1/4	—	Wasa.	829	—	TORNEA.

Route 15. — *Volga.*

Le Volga, ce grand et majestueux fleuve que les Russes chantent avec l'amour que les Allemands mettent à chanter le Rhin, est une des voies de communication fluviales les plus considérables.

Grand nombre de compagnies y ont des bateaux à vapeur pour le service des passagers et des marchandises; la principale est celle du *Samolet*; elle possède quarante bateaux qui entretiennent un service régulier pour le transport des passagers et de la poste entre Tver et Astrakhan, savoir, de *Tver à Nijni-Novgorod et Cazan*, tous les jours, et de *Tver à Astrakhan*, deux fois par semaine, les mercredis et les jeudis, bien entendu pendant la saison de navigation.

Les départs ont lieu ordinairement de Tver à six heures du matin; le parcours de Tver à Rubinsky est de 350 verstes.

De Rubinsky à Nijni-Novgorod . . . . . . 395 »

De Nijni-Novgorod à Cazan . . . . 400 »

De Cazan à Astrakhan. . . . . 1785 »

Soit une longueur de. . . . . 2930 verstes.

Le *Samolet* dessert encore la ligne du Volga Nord, de Cazan à Perm, qui n'a pas moins de mille verstes; voilà donc un parcours de 4,000 verstes.

La navigation du Volga est assez difficile, les bateaux ne peuvent ordinairement caler plus de 14 à 42 pouces d'eau.

La moyenne du trajet est entre Tver, Rubinsky, Jaroslav et Nijni-Novgorod de cinq jours; entre Nijni-Novgorod et Cazan de 24 heures, entre Cazan, Simbirsk, Saratoff et Astrakhan

7 jours. Pour la ligne du Nord, entre Cazan et Perm, on met 6 à 7 jours.

Lorsque les eaux sont fortes ou très-basses, on met plus ou moins de temps.

La plupart des mécaniciens qui entretiennent les machines à vapeur sur le Volga sont des Allemands ou des Belges.

J'aurai l'occasion, à l'article suivant concernant le commerce et l'industrie, de parler de cette magnifique voie de communication que des travaux d'amélioration rendraient plus utile encore au vaste empire moscovite.

Le lecteur remarquera que je n'ai point donné de description des routes de la Russie, je me suis contenté d'indiquer les distances et les stations principales ; il aura dans les grands itinéraires de Murray ou de Joanne des détails plus circonstanciés, et s'il a besoin de renseignements sérieux il les trouvera dans les *lettres* pleines d'esprit et de vérité du dernier ouvrage de M. G. de Molinari : *Lettres sur la Russie*.

III

COMMERCE ET INDUSTRIE.

Commerce. Jusqu'à nos jours le droit d'exercer le commerce n'a été accordé, en Russie, qu'aux nationaux et aux étrangers nationalisés Russes, moyennant payement d'une taxe très-forte. Il était interdit aux étrangers de faire le commerce de détail avec les bourgeois, paysans ou étrangers résidant en Russie. A l'empereur Alexandre II revient la gloire d'avoir, en supprimant ces entraves, inauguré le régime de la liberté commerciale, qui seul peut assurer la prospérité de l'Empire. Avant de parler des réformes récentes, il importe de faire connaître l'organisation actuelle.

Les négociants, les industriels et les marchands forment trois catégories appelées *guildes*. Chacune de ces catégories se subdivise en deux classes principales : les *marchands des villes* et les *marchands paysans* ; la première, composée des *nobles* faisant le commerce ou propriétaires de fabriques, et des *bourgeois notables* ; la seconde, des marchands paysans répartis eux-mêmes en quatre sous-divisions dont la quatrième, les *paysans colporteurs* ou *marchands ambulants*, ne fait partie d'aucune des trois guildes et se désigne souvent sous le nom de quatrième guilde.

Les marchands de la première guilde sont ceux qui justifient d'un capital de 50,000 roubles ou 200,000 francs. Ils ont le droit d'élever des fabriques, d'avoir des maisons, des propriétés rurales, d'exporter et d'importer, et le privilége d'atteler quatre chevaux à leur équipage. La patente qu'ils ont à payer et qui s'élevait primitivement à 3,000 roubles par négociant, chef ou associé de maison de commerce, a été réduite à 1,500, puis à 660 roubles, non compris les taxes provinciales et additionnelles, s'élevant approximativement à 380 roubles.

Ceux de la deuxième guilde doivent jouir d'un capital de 20,000 roubles ou 80,000 francs. Ils ont le droit d'importer et posséder des établissements industriels et autres immeubles. mais peuvent seulement traiter des affaires jusqu'à concurrence d'une valeur annuelle de 90,000 roubles. Ils payent une patente de 360 roubles dont 264 roubles de droit fixe.

Enfin ceux de la troisième guilde doivent avoir au moins 8,000 roubles (32,000 francs). Leur droit se réduit à pouvoir exercer un métier et ouvrir trois boutiques; ils payent 66 roubles.

Les patentes des deux premières guildes affranchissent des peines corporelles. Le droit d'assister aux foires est commun aux trois guildes.

Les paysans colporteurs privilégiés appartenant à la quatrième classe des paysans marchands, ou formant une espèce de quatrième guilde, payent une taxe de 25 roubles.

Quant aux serfs faisant le commerce à l'intérieur ou le colportage, ils ne payent point patente: il leur suffit d'une autorisation de leurs seigneurs et maîtres, auxquels jusqu'ici ils ont dû de ce chef une redevance annuelle.

D'après un recensement antérieur à 1853, les trois guildes comprenaient 57,070 marchands payant patente, dont 4,058 seulement appartenant aux deux premières et 51,012 à la troisième. Le recensement de 1858 porte à 223,514 le nombre des commerçants, et voici la répartition qu'en a faite M. Tegoborsky :

Première guilde	1,397
Deuxième guilde	3,126
Troisième guilde	57,812
Quatrième guilde (4ᵉ classe des marchands-paysans) . . .	5,297
	Total. 67,632

Il resterait, d'après ce calcul, un nombre de 155,882 colporteurs ; je crois néanmoins que ce nombre peut, sans exagération, être porté à 200,000. Presque tous les colporteurs appartiennent aux gouvernements de Vladimir, de Nijni-Novgorod et de Jaroslav. Les deux premiers de ces gouvernements ont eu, en effet, à délivrer à ces commerçants environ cent mille passeports, le troisième quatre-vingt-quatre mille.

Bien qu'on ne puisse dire d'une façon aussi absolue que Mᵐᵉ de Staël « Le vol est presque aussi fréquent en Russie que l'hospitalité, ils vous donnent comme ils vous prennent, selon que la ruse ou la générosité parle à leur imagination, » il n'en est pas moins vrai encore que la loyauté n'y est guère plus connue du marchand que de l'employé. Dissimulé, défiant, rusé comme l'Oriental, le petit marchand russe aime la tromperie, il s'y exerce, et sa plus vive jouissance est de *faire*, suivant son expression, *cent pour cent*. Il est vrai qu'à l'entendre il ne trafique que pour le plus grand bien de la religion et des chalands, et que tout vol est suivi d'un signe de croix et d'une prière de reconnaissance au saint patron.

Mais comme les bonnes intentions ne diminuent pas le préjudice causé, et en attendant que les bienfaits de l'instruction, répandus par le gouvernement actuel, pénètrent dans les masses, je crois devoir établir, dans l'intérêt du commerce international, une classification de nature à servir de guide à mes compatriotes et aux étrangers.

On peut traiter en toute sécurité avec les membres de la première guilde. Ce sont pour la plupart des étrangers, Allemands, Français, et surtout Anglais, les Russes se livrant de préférence au trafic qu'aux grandes opérations d'exportation et d'importation.

Les membres de la deuxième et de la troisième guilde ne sont pas tous d'une honorabilité également irréprochable ; avant de traiter avec eux, il est indispensable de s'entourer de renseignements précis, et même, en contractant, on ne saurait user de trop de clarté et de circonspection.

Quant aux colporteurs et marchands de la quatrième guilde, constamment traités de voleurs, de brigands, de scélérats, objet du mépris des nobles et des employés, ils sont en réalité les plus rusés et les plus trompeurs des marchands. Bien qu'un grand nombre d'entre eux possèdent des millions de roubles, on les reconnaîtra à leurs vêtements négligés, leurs houppelandes démesurées, ainsi qu'à leur physionomie sale et repoussante. A leur égard, la prudence doit atteindre les dernières limites.

Du reste, à part ces penchants vicieux, le Russe possède toutes les qualités du bon négociant : il est actif, patient, parfait appréciateur de la valeur réelle des produits et ardent à la vente, au point que dans mes visites aux bazars ou *gostinidvors*, je me suis vu presque arracher les pans de mon habit par un marchand trop désireux de me vendre quelqu'un de ses articles.

D'après ce qui précède, on conçoit aisément que le commerce se fasse tout autrement en Russie que chez nous. Aux négociants des deux premières guildes appartient le monopole des grandes opérations; à ceux de la troisième reviennent les affaires de détail. Cependant les forts détaillants des grandes villes importent directement les objets de leur négoce, qui se rattachent toujours à une seule classe de fabricats ou de produits manufacturés; plusieurs de ces maisons m'ont dit être en relation avec la Belgique, soit pour les tissus divers de lin, de chanvre et de coton, soit pour la verrerie et la cristallerie, soit pour les armes et d'autres articles encore. C'est à elles que nos négociants et nos industriels doivent s'adresser pour obtenir des renseignements exacts et d'utiles relations.

Sous le rapport du crédit, il s'est produit depuis quelques années une innovation importante. Précédemment les détaillants qui venaient renouveler aux foires leurs approvisionnements étaient obligés de payer comptant 30 à 33 % de la valeur de leurs achats et de solder l'excédant au moyen de lettres de change, payables à six mois de date. Aujourd'hui les affaires les plus importantes se traitent également à crédit et les échéances sont à six, à douze et même à dix-huit mois de date. J'ai vu avec étonnement, à la foire de Nijni-Novgorod, accorder à des marchands ambulants ou colporteurs des marchandises considérables pour de grandes valeurs, payables seulement à la foire de 1862. On en avait ainsi vendu cette année pour 75 millions de francs, et, chose étrange, ceux auxquels on accorde une telle confiance sont presque tous de simples paysans, ne possédant souvent pas un pouce de terre et allant trafiquer dans la Russie d'Europe et d'Asie. La garantie du vendeur se trouve dans l'intérêt de l'acheteur et dans l'obligation où se trouve ce dernier de revenir chez son seigneur et maître; de plus, et quoique les abus de confiance soient très-rares, les prix sont toujours environ doublés, en raison des pertes éventuelles. A cet état de choses l'émancipation des serfs viendra ajouter bien d'autres innovations, qui entraîneront inévitablement, pendant les premières années, une assez grande perturbation dans les transactions.

Voyons maintenant en quoi les réformes projetées ou accomplies ont modifié l'organisation et la législation commerciale. Le *Journal de Saint-Pétersbourg* a publié à ce sujet des indications précises que nous croyons utile de résumer. « D'après les lois en vigueur jusqu'ici, il existait une différence notable entre les sujets russes et les étrangers quant au droit de propriété. Les étrangers, même ceux qui appartenaient à la noblesse étrangère et se trouvaient au service de la Russie, n'avaient aucun droit de posséder une propriété nobiliaire en Russie, s'ils n'avaient acquis les droits de noblesse russe pour leurs services ou par lettres patentes. Les terrains *non peuplés* mêmes ne pouvaient être achetés par eux que dans les villes et non en dehors de l'enceinte; une exception à cette règle n'était admise que pour certaines localités, et en vue d'encourager certaines branches de l'industrie. Les étrangers étaient autorisés à s'inscrire temporairement dans les corporations d'artisans, à se faire ouvriers ou serviteurs; mais, à moins de devenir sujet russe, un étranger n'avait pas le droit de s'inscrire dans une guilde, de faire aucun commerce en gros ou en détail, de prendre part aux opérations de la Bourse, de passer enfin des contrats et de contracter des engagements avec le fisc. Ceux qui désiraient fonder des usines ou des manufactures étaient seulement autorisés à s'inscrire dans une guilde pour dix ans, et à acheter pour cette période de temps, dans les districts, des parcelles de terrain d'une étendue de 300 déciatines au maximum, pour y fonder leurs établissements. A l'échéance de ce terme de dix années, ils étaient tenus soit à se naturaliser sujets russes, soit à vendre le terrain avec la fabrique à un individu jouissant du droit de propriété. Le commerce libre, lorsqu'on ne faisait point partie d'une guilde, n'était permis aux étrangers qu'à l'égard de certaines marchandises.

» Les artistes étaient autorisés à vendre eux-mêmes leurs œuvres. Des droits commerciaux plus étendus étaient réservés aux marchands étrangers voyageurs qui s'occupent du commerce en gros en Russie; mais ce commerce en gros ne pouvait être exercé par eux qu'avec des marchands russes des deux premières guildes, et en aucune façon avec des étrangers domiciliés en Russie.

» Toutes ces restrictions, qui avaient principalement pour base l'ukase de l'année 1807, promulgué sous l'influence des craintes politiques du moment, ont été abrogées par l'ukase du 7/19 juin 1860. Ces restrictions ont été jugées d'autant plus inopportunes, que dans tout le reste de l'Europe tous les étrangers, y compris les Russes, jouissent du droit d'exercer le commerce à l'égal des nationaux. Le nouvel ukase a donc autorisé les étrangers à entrer dans toutes les guildes marchandes à l'égal des sujets russes et à jouir de tous les droits de la classe commerciale russe. Les domiciles et les magasins des étrangers, avec tous les terrains y attenants, sont placés sous la protection

des lois communes. Il ne sera procédé à des visites domiciliaires
de leurs maisons et à l'examen de leurs livres de commerce
qu'en observant les mêmes règlements que pour les autres commerçants russes. Les étrangers sont autorisés à acquérir librement toutes propriétés, meubles et immeubles. En un mot, la
nouvelle loi assimile les étrangers aux sujets russes quant aux
droits de propriété, et même on peut dire que l'avantage ne
reste plus à ceux-ci. Un étranger, en qualité de voyageur, peut,
en habitant la Russie, n'appartenir à aucune classe, et jouir,
comme étranger, de tous les droits que lui accorde la nouvelle
loi ; il est vrai que, s'il s'occupe d'affaires commerciales, il est
tenu de s'inscrire dans la classe des commerçants, mais ce n'est
point une condition, ce n'est que l'état provisoire d'un individu
adonné au commerce.

» Au contraire, tout sujet russe doit absolument appartenir à
telle ou telle condition sociale de l'état, soit par sa naissance,
soit par inscription ; chaque individu dont la condition est
inconnue ou n'est point encore déterminée est tenu de se choisir
un genre de vie, c'est-à-dire de se faire incorporer dans une des
classes contribuables, dont les droits, quant à l'acquisition des
propriétés, sont assez limités. Aussi les bourgeois et les
villageois libres ne peuvent posséder dans les villes des maisons
d'une valeur de plus de 7,500 roubles, sinon ils doivent
s'inscrire dans la classe des marchands ou prendre des certi-
ficats de commerce. Or, un étranger qui n'appartient à aucune de
ces classes est peut-être en droit de supposer que ces articles
de la loi ne le concernent pas, car la nouvelle loi ne fait pas
mention de l'application aux étrangers des restrictions par rapport aux classes. La condition d'un étranger par rapport aux
droits à l'acquisition d'immeubles serait donc plus avantageuse

que celle des sujets russes appartenant aux classes contribuables. Tout dépend certainement de la plus ou moins large interprétation des termes de la nouvelle loi : « Les étrangers sont autorisés à acquérir, *par tous les moyens possibles, à l'égal des sujets russes,* toute espèce de biens, meubles et immeubles (1). »

En ce qui concerne les guildes, on parlait beaucoup en Russie d'un projet de loi relatif à la répartition de l'impôt commercial établissant un droit de patente fixe de 34 roubles à percevoir sur tout négociant, commerçant ou industriel, et créant le timbre de commerce. Les uns le désapprouvaient, les autres y applaudissaient, comme il en arrive de toutes les réformes. Ce qui est incontestable, c'est que la réduction des droits de patente sera un bienfait réel pour les consommateurs : la concurrence deviendra plus active et la cherté diminuera. J'engage le lecteur à prendre connaissance des principales dispositions du *projet de modification à apporter au règlement sur le droit de faire le commerce,* dont j'ai donné la traduction (2).

Deux grands obstacles viennent entraver le développement de l'industrie en Russie. L'ouvrier ne s'engage ordinairement que pour six mois, du 1er mai au 1er novembre; ce terme écoulé, il retourne dans son village, paye son obrok (redevance) à son seigneur et s'adonne, avec sa famille, à une industrie quelconque.

Les principales industries de campagne sont le tissage et la filature du coton, de la laine, de la soie, la fabrication des objets en bois, en nattes, des ustensiles de ménage, du goudron.

(1) *Annuaire des Deux-Mondes,* 1er juillet 1861, pages 494 et 495.
(2) Documents déposés à la chambre de commerce de Bruxelles.

de la potasse, du charbon de bois, etc. Il en est qui préfèrent se
faire voituriers ou colporteurs. D'autre part, les ouvriers qui
travaillent aux champs pendant l'été, passent l'hiver dans les
villes et deviennent *yamtschik* (cochers) ou s'engagent dans une
fabrique. Il en résulte des apprentissages continuels, des inter-
ruptions de travail, des changements fréquents de personnel, en
sorte que les frais généraux sont au moins de 60 %, et le salaire
d'un bon ouvrier de 30 % plus élevés qu'en Belgique. Dans certaines branches de l'industrie qui exigent des connaissances
spéciales, l'ouvrier gagne même jusqu'à six et huit roubles par
jour. Aussi la position de l'ouvrier russe est-elle, en général,
très-prospère. Outre le salaire mensuel, les nombreux jours de
fête lui permettent de réaliser un petit pécule, au moyen de tel
ou tel trafic facile. La mendicité est malheureusement celui
qu'ils préfèrent souvent, mais ils ont pour excuse l'exemple
des soldats et des popes, dont la condition est des plus misérables.

Les Russes se nourrissent principalement de pain, de gruau,
de sarrasin, de concombres, notamment de concombres dits
belges, de champignons et de morilles, de caviar, de viande de
porc et de tchi (soupe aux choux). Leurs boissons favorites
sont l'eau-de-vie, le kwass, bière nationale, et le thé indigène nommé ivan-tchaï, qu'ils mêlent souvent avec le thé chinois.

La vie est très-chère en Russie. Saint-Pétersbourg et Riga,
Moscou et Odessa font exception en ce sens, qu'il est possible
d'y prendre des mesures économiques. Mais dans d'autres
villes on vit très-mal en payant 400 p. c. de plus que chez
nous. J'ai reçu, à ce sujet, pendant mon séjour à Moscou, des
renseignements de nature à intéresser ceux de mes compatriotes

qui iraient s'établir en Russie. Les loyers des maisons sont le triple des nôtres, les gages des serviteurs que nous payons de 20 à 50 francs par mois, s'élèvent de 20 à 50 roubles. Le pain, la viande, le beurre y sont plus chers qu'à Londres. Récemment un commerçant de Moscou avait envoyé à Londres quelques sacs de fleur de farine de la meilleure qualité : il les a vendus moins cher qu'il ne les eût vendus actuellement en Russie. Voici du reste les prix des différents blés qui ont été vendus, en barque, le 13 juillet, sur les bords de la Moskva : la farine et le seigle, 6 r. 15 c. à 6 r. 60 c. (fr. 24,60 à 26,40) le *koul* (sac de nattes pesant 300 livres). Aux petits détaillants, au marché, le prix était fait à 7 roubles (28 francs). Le gruau de sarrasin de qualité inférieure : 11-12 roubles ; qualité moyenne : 12-13 r.; qualité supérieure : 14 roubles le koul. L'avoine ordinaire : 4 r. 15 c. à 4 r. 35 c.; qualité moyenne : 4 r. 50 c.; arêtes enlevées : jusqu'à 5 roubles. Le froment de Morchansk : 13 r. avec atermoiement de payement ; celui de Yelane (gouvernement de Saratoff) : 14 roubles le koul, argent comptant ; le millet : 12-14 roubles le koul de 8 mesures. La hausse continuait. Il est vrai de dire que c'est là une cherté exceptionnelle qu'on peut attribuer à un grand nombre de causes : la grande sécheresse, la pauvreté des récoltes, les appréhensions résultant de la question des paysans, la décrue des eaux qui a empêché les caravanes de blés d'arriver à destination, le manque d'approvisionnements en magasin et la demande considérable des pays étrangers. Des renseignements nombreux et exacts ayant été donnés par nos consuls sur la hausse des céréales, je n'ai pas à m'en occuper davantage. Je tenais uniquement à constater que la vie animale n'est point à si bon marché en Russie qu'on le prétend d'ordinaire.

Pour compléter ce que j'ai dit à ce sujet, j'engage le lecteur à consulter la traduction de l'article d'un économiste russe distingué, M. Tarassenko-Otreschkoff, qui s'est beaucoup occupé des *causes de la cherté* en Russie (1).

Les principaux ports marchands de la Russie sont, sur la mer Baltique : Saint-Pétersbourg, Cronstadt, Narva, Revel, Habsal, Riga, Arensbourg, Pernau, Libau, Windau ; sur la mer Blanche : Arkhangel, Onéga ; sur la mer Caspienne : Astrakhan, Bakou ; sur la mer Noire et la mer d'Azof : Akermann, Odessa, Kerson, Eupatoria, Théodosie, Kertch, Redout-Kalé, Anapa, Berdiansk, Marioupoul et Taganrog ; sur la mer d'Okhotsk : Okhotsk.

Les principales places du commerce extérieur de la Russie sont, outre les ports que je viens d'indiquer, pour la Chine et les villes de Sibérie : Moscou et Nijni-Novgorod ; pour la Perse, Tiflis ; pour la Boukharie, Orenbourg ; pour l'Autriche, Kief, Kamenetz, Podolskoi et Khichenef ; pour la Prusse, Mitau, Vilna, Minsk et les villes de la Pologne ; pour la Suède, les villes de la Finlande.

Moscou est la première ville industrielle et commerciale de la Russie ; Saint-Pétersbourg vient immédiatement après.

Pour le commerce maritime, les trois premières villes sont : Saint-Pétersbourg, Riga et Odessa ; elles ont les ports les plus achalandés, et font le commerce d'importation et d'exportation avec tous les pays du monde.

Voici, de 1857, époque où le régime douanier russe a été définitivement étendu à la Pologne et alors que les recettes pour ce pays étaient de 2.276.090 roubles argent, et pour la

(1) Voir à l'Appendice.

Russie de 33.522.491 roubles, le chiffre du revenu douanier pendant les années 1858 et 1859 :

En 1858, les recettes ont été de 33,659,312 roubles.
En 1859, elles ont été de 34,238,187 roubles.

Cette somme de 34,238,187 roubles argent est ainsi répartie :

Droits de douane : importations et exportations.   31,638,616
Perception en faveur du commerce extérieur
et des chemins de fer.   1,081,931
Accise sur le sel en Crimée 680.574
Pour l'amortissement de l'emprunt relatif à la
construction du pont Nicolas et du quai de Wa-
silii Ostrow.   290,537
Pour dépôts de marchandises et loyer de ma-
gasins   288,769
Impositions au profit des villes   176,687
Impositions au profit du lycée d'Odessa . .   81,073
                                        —————————
                                        34,238,187

ce qui donne en plus, sur 1858, 578,875 roubles argent (1).

Il est à remarquer que c'est sous l'influence des réductions du nouveau tarif douanier de l'année 1857 que, malgré la crise financière et commerciale, les recettes ont été aussi élevées. En 1855, époque de la guerre, le revenu douanier a été de 18,473,103 roubles; en 1859 il était presque doublé.

(1) Voyez à l'appendice l'excellent rapport de M. Max, vice-consul attaché au département des affaires étrangères.

Certes, il y a en ce moment un trop-plein de marchandises, un excédant considérable d'importations sur les exportations, mais cela ne tient nullement à la réduction du tarif, ainsi que je l'ai entendu dire par quelques partisans russes du système prohibitif.

La crise financière et industrielle, la grave question des paysans, sont pour beaucoup dans les résultats de ces dix-huit derniers mois. Les esprits sont inquiets dans toute la Russie, beaucoup y craignent un 89 ; j'espère pourtant que la transformation actuelle sera pacifique, que d'ici à deux ans les affaires auront repris leur cours régulier et progressif, et que la question du crédit aura obtenu une solution définitive. Il est bon toutefois d'être prudent dans ses transactions commerciales à cette époque. Il faut une main puissante pour résister à l'orage qui gronde ; il y a tout lieu de croire que l'empereur Alexandre, ayant eu assez d'énergie pour accomplir un acte qu'on croyait impossible avant cinquante ans, en aura assez pour résister au flot qui monte.

Les intérêts lésés viennent se briser contre les bienfaits et les forces morales du progrès !

« Nous devons, dit M. G. de Molinari, à l'extrême obligeance d'un haut fonctionnaire qui a contribué pour sa bonne part à faire sortir la Russie de l'ornière du régime prohibitif, la note intéressante qu'on va lire sur les réformes douanières et leurs résultats.

« Le tarif douanier de la Russie, pour les frontières d'Europe, a été éminemment prohibitif depuis 1822 jusqu'à 1850. Grâce à ces prohibitions, certaines industries, telles que : filature de coton, impression sur coton, produits chimiques, sucre de betterave, prirent, il est vrai, un assez grand essor. Pendant le même laps de temps, il y a des progrès à constater dans la fabrication des draps ; mais il faut observer que ces progrès ne sont pas le fait de la prohibition, mais bien des circonstances locales, éminemment favorables au développement de cette branche des manufactures, surtout l'abondance et le bon marché relatif de la matière première, les laines, qui constituent une branche importante de l'industrie agricole en Russie ; on est parvenu également à fabriquer tant bien que mal quelques tissus de soie et des articles de modes en coton, en laine et mélangés à l'instar de ceux de France. Mais pendant que tout cela marchait, ou avait l'air de marcher, les industries vraiment nationales qui n'ont jamais eu besoin de protection ont périclité. Il y a eu absence de progrès, ou même décadence marquée, dans les fabrications de tissus de lin et de chanvre, des cuirs, des suifs, des savons ; — l'industrie du fer, protégée pendant cette période (et jusqu'en 1857) par une prohibition absolue à l'entrée de tout fer étranger, est restée stationnaire. La meunerie, l'extraction des huiles végétales, la distillation des grains n'ont obtenu que peu ou point de perfectionnement. En parallèle à cet état de choses, le commerce interlope de contrebande prenait tous les jours des dimensions plus grandes, grâce à une frontière sèche, immense, peu habitée, et par conséquent insuffisamment gardée.

» En 1850, le gouvernement comprit la nécessité de changer de système et soumit à un premier remaniement le tarif européen. Ce remaniement a été du reste provoqué par la réunion douanière de la Russie et de la Pologne, qui date de cette époque. Une grande partie des prohibitions furent alors remplacées par des droits à l'entrée, certaines taxes furent abaissées ; mais ce premier essai n'eut que peu d'influence sensible, à cause du chiffre des droits, beaucoup trop élevé. Le tarif de 1857 constitue une véritable réforme douanière pour la Russie : par la modération des taxes, il se rapproche de celui de Prusse, et se trouve être beaucoup plus libéral que les tarifs belge et français. Il se distingue surtout par une baisse sensible des droits qui pesaient à l'entrée sur les articles de luxe et ceux de la consommation moyenne. Par suite, depuis 1857, dans l'industrie russe se manifeste une tendance très-prononcée vers l'abandon des fabrications coûteuses d'articles de modes et de luxe, qui ne s'appuyait que sur la prohibition. Les droits sur les cotons filés ayant été également abaissés, la spéculation se porte moins sur les filatures de coton, et commence à se tourner vers la filature du lin et le traitement des matières animales, trop négligés naguère. La prohibition du fer a également été abolie et remplacée par des droits, qui ont encore subi une nouvelle diminution en 1859, sans toutefois porter aucune atteinte aux usines de l'Oural. Au contraire, l'attention des maîtres de forges russes commence à s'éveiller et à se porter vers le perfectionnement de leurs exploitations. Il est à constater également que le nouveau régime douanier contribue tous les jours à diminuer la contrebande, qui ne se porte plus que sur quelques articles de peu de valeur, servant à la consommation locale des provinces limitrophes. Le principal article de contrebande pour le moment est le thé ; mais l'ukase impérial qui admet l'importation du thé par mer et par la frontière sèche d'Europe vient de paraître, et il faut espérer que cela sera le coup de grâce pour le commerce clandestin, qui n'a que trop fleuri en Russie à l'ombre du système prohibitif. »

Le tableau suivant donnera une idée du mouvement du commerce de la Russie avec les pays étrangers ; il a rapport à la moyenne de la période triennale de 1856-1858, les documents relatifs à la période 1859-1861 n'ayant point encore paru.

COMMERCE EUROPÉEN.

	Importations.	Exportations.	Totaux.
Angleterre	33,934,549	67,462,796	101,397,545
Prusse	26,972,913	17,396,024	44,368,937
France	8,751,840	15,798,753	24,550,593
Pays-Bas	7,718,569	8,639,822	16,358,191
Turquie d'Europe	7,298,824	7,877,148	15,175,972
Autriche	7,820,057	6,949,309	14,769,366
Villes Hanséatiques	10,136,788	3,726,967	13,863,755
États-Unis d'Amérique	7,023,359	2,130,343	9,153,702
Suède et Norwége	1,683,148	3,188,167	4,871,315

	Importations.	Exportations.	Totaux.
Danemark	1,009,315	3,776,746	4,776,061
Belgique	1,047,420	2,530,792	3,578,412
Italie : Deux-Siciles	3,307,578	77,596	3,385,174
— Sardaigne	395,143	2,236,659	2,629,802
Espagne	1,741,566	189,990	1,931,556
Italie : Toscane	205,830	1,549,853	1,755,683
Portugal	485,997	544,086	1,030,083
Grèce et Iles-Ioniennes	552,291	296,955	849,246
Indes orientales	242,006	---	242,006
Autres pays	1,323,772	1,187,640	2,511,412
	121,648,775	145,559,646	267,208,421

La valeur moyenne est exprimée en roubles d'argent.

COMMERCE ASIATIQUE.

	Importations.	Exportations.	Totaux.
Chine	7,146,128	6,011,347	13,157,475
Steppes des Kirghiz	3,655,409	2,503,602	6,159,011
Perse	4,111,804	1,060,343	5,112,147
Boukhara	1,280,703	541,955	1,822,658
Turquie d'Asie.	544,397	889,655	1,434,052
Taschkend	825,844	518,609	1,344,453
Khiva	174,275	17,506	191,781
Autres pays (1)	1,252,754	—	1,252,754
	18,991,314	11,483,017	30,474,331

Cela donne un total de 297,682,752 roubles argent ainsi répartis :

    A l'importation . . . . . 140,640,089 roubles.

    A l'exportation 157,042,663   —

(1) Cette somme représente la valeur des marchandises européennes importées dans les provinces transcaucasiennes.

Voici les principaux articles d'importation pour la même période, pour le commerce de la Russie d'Europe et le port de Saint-Pétersbourg en particulier :

Produits alimentaires.

		Russie d'Europe.	Saint-Pétersbourg.
Sucre brut	Pouds.	1,275,759	1,154,232
— raffiné	—	137,646	8,952
Café	—	292,440	203,122
Boissons : rhum, arack et eau-de-vie :	Roubles	563,733	302,034
Vins	—	7,601,183	4,128,690
Porter	—	533,753	211,161
Epiceries.	Roubles	644,959	274,084
Poisson	—	2,549,887	788,745
Sel.	Pouds	7,608,976	605,156
Tabac.	—	162,934	68,977
Fruits de table	Roubles	3,987,886	1,527,821
Substances médicinales	—	909,926	604,543
		26,269,082	9,874,526

Matières premières, produits bruts et machines :

		Russie d'Europe.	Saint-Pétersbourg.
Coton brut	Pouds	3,232,692	1,950,024
— filé	—	234,655	53,959
Soie	—	8,355	3,760
Laine.	—	108,686	30,638
Substances colorantes : indigo	—	47,330	38,846
Cochenille	—	9,449	7,032
Garance	—	53,919	46,689
Sandal	—	663,610	521,741
Autres	Roubles	2,162,242	1,629,738
Drogueries	—	3,307,274	2,489,219

Huile d'olive	Pouds	617.930	417.919
Métaux : plomb	—	405.780	320.006
Étain et autres métaux	Roubles	1.398,177	1.103.827
Machines et modèles	—	5.866.403	4.272.709
Houille		1.556.187	1,053,055
Pierres gemmes et précieuses et			
pierres fines	—	1.093.514	495.351
Bois de menuiserie et d'ébénisterie	—	201.435	89.648
Pelleteries		1,477,673	459.245

Articles fabriqués.

Cotonnades	Roubles	4.016.966	1.230.821
Tissus de lin	—	1.911.262	335.424
Soieries		6,024.988	1,911.306
Tissus de laine	—	3,199,823	1,292,336
Métaux ouvrés		3.366,260	1.582,495
Horlogerie		1.350.567	595.912
Marchandises diverses	—	11.188,460	4.517,171
Totaux.	Roubles	121.648.734	68,121,277

Pour le commerce d'exportation, nous trouvons :

Céréales : froment	Tchetwerts	3.526.059	434,755
Seigle	—	1.402.815	507.582
Orge		671.619	17,936
Avoine		1.542.355	600,029
Maïs		504,197	»
Pois		45,186	589
Farine		314,772	180,425
Autres céréales diverses	Roubles	174,859	11,246
Lin	Pouds	4.316,859	795.893

Étoupes de lin	—	788,875	246,681
Chanvre	—	3,046,482	1,465,047
Étoupes de chanvre . . .	—	172,525	19,616
Fils de chanvre.	—	222,499	157,475
Graines de lin	Tchetwerts	1,529,039	363,478
— de chanvre . . .	—	49,920	23
Huiles de graines	Pouds	209,317	143,008
Suif de bœuf et de mouton .	—	3,695,505	2,821,972
Graisses de baleine . . .	—	87,682	34,120
Laines	Pouds	856,415	127,249
Crins et queues de cheval. .	—	47,553	23,593
Soies de porc	—	84,926	69,728
Peaux brutes	—	292,660	75,055
— préparées (youftes) .	—	25,112	20,518
Autres peaux	Roubles	103,878	13,060
Pelleteries.	—	1,262,201	796,249
Peaux de lièvre.	Pouds	16,638	4,366
Colle de poisson.	—	3,143	2,893
Plumes à écrire . . .	—	6,450	3,564
— et duvet de lit . .	—	62,104	37,610
Bois de construction . . .	Roubles	5,563,599	932,852
Potasse	Pouds	565,365	515,781
Goudron.	Barriques	109,945	722
Nattes d'écorces et sacs de nattes.	Pièces	1,563,949	197,515
Fer	Pouds	676,313	497,399
Cuivre	—	120,988	112,914
Câbles et cordages. . . .	—	443,334	329,727
Toiles : à voiles, ravendouks et dites de Flandre . . .	Pièces	38,524	31,221
Toiles de ménage	Arschines	5,185,194	4,852,014
Autres articles	Roubles	8,973,466	2,770,206
Totaux.		145,559,646	48,410,613

L'importance de Saint-Pétersbourg est donc pour la moitié dans le total des importations et le tiers dans celui des exportations de la Russie d'Europe.

L'article principal des exportations de la Russie d'Europe consiste en céréales, en voici la répartition pendant la période qui nous occupe :

Valeurs en roubles.

Par le port de Saint-Pétersbourg	10,766,061
— Riga	1,627,027
Par tous les ports de la Baltique.	1,595,929
Par le port d'Arkhangel	2,545,193
— d'Odessa	14,666,292
Par les autres ports du Midi.	15,910,803
Par la Vistule et le Niémen	3,388,352
Par tous les autres ports de la terre	2,326,953
	52,826,670

Le commerce, pendant l'année 1859, présente les résultats suivants (1).

EXPORTATION (marchandises).

Valeur en roubles argent.

Par les frontières d'Europe.	149,395,963
— — d'Asie	12,994,777
En destination pour la Finlande	3,273,932
	165,664,672

Ce qui donne sur 1858 une augmentation de 14,489,025 r.

IMPORTATION (marchandises).

Par les frontières d'Europe.	136,186,914
— — d'Asie	21,404,286
— — de Finlande	1,742,966
	159,334,166

(1) D'après les archives prussiennes du commerce n° 11. 1831. reproduit dans l'*Almanach de Gotha* pour 1862.

Ce qui donne sur 1858 une augmentation de 9,950,216.

Il a été exporté en 1858 : 30,797,601 roubles argent d'*or et argent monnayés*; en 1859 : 28,658,493 roubles argent (ainsi il y a eu une diminution de : 2,139,108 roubles argent); il a été importé en 1858 : 6,565,479 roubles argent, en 1859 : 2,848,355 roubles argent (donc différence en faveur de 1858 : 3,717,124).

Nous trouvons ainsi, pour la valeur totale de 1859 :

> Exportation   194,323,165
> Importation   182,182,521

D'après le journal de la Bourse du 8 février dernier, la valeur, pour le commerce de Saint-Pétersbourg, accuse à l'exportation une somme de 52,854,021 roubles argent, et à l'importation une somme de 101,772,183 roubles argent.

NAVIGATION (1). Tandis qu'en 1857 : 8,838, et en 1858 : 8,941 bâtiments marchands sont entrés dans les ports russes, leur nombre s'est élevé en 1859 à 10,713.—Les nations qui ont pris la plus grande part à cette navigation sont : l'Angleterre avec 2,071 navires; la Russie avec 1,576 navires; la Turquie avec 1,021 navires; la Hollande avec 781 navires; la Suède avec 707 navires, et la Belgique 581, dont 189 à l'entrée et 392 à la sortie.

La *marine marchande* comptait en 1859 : 1,416 navires d'une capacité de 172,605 tonneaux, et montés par 10,000 à 11,000 matelots.

Le nombre des vapeurs qui circulaient dans les eaux du continent montait en 1860 à 358, dont 185 appartenaient à des compagnies, 170 à des particuliers, et 3 au ministère de la

(1) Almanach de Gotha de 1862.

marine ; 215 vapeurs naviguaient sur le Volga et sur ses confluents ; nous voyons, en relatant la foire de Nijni-Novgorod et en parlant des voies de communication de la Russie, qu'on évaluait le nombre total des navires qui naviguaient sur ce grand fleuve à au moins 900 remorqueurs, etc., tout compris.

Le tableau des importations et des exportations constate que les pays qui font le plus d'échanges avec la Russie, sont : l'Angleterre, la Prusse, la France, les Pays-Bas, la Turquie d'Europe, l'Autriche, les villes hanséatiques et les États-Unis ; voyons maintenant en quels articles consiste notre commerce international avec ce pays.

D'après le rapport officiel du 11 novembre 1861, nous trouvons pour l'année 1860, à l'importation (commerce spécial) 28,427,493 francs ; à l'exportation, 6,327,529 francs, ce qui dénote un accroissement considérable dans nos rapports commerciaux.

La Russie nous a fourni (1860) les articles suivants :

Bois de construction non sciés	52.610 mètres cubes.
— sciés.	5,236 —
	Soit un total de 57,846 mètres cubes
Bois d'ébénisterie et divers	30,518 kilogrammes.
Cendres gravelées ; potasse	207,545 —
Cuivre brut	36,736 kilogrammes
Drilles et chiffons	7,239
Drogueries	17,742 —
Filaments végétaux non spécifiés . . .	5,090,714 —
Graines oléagineuses et de lin à semer . .	30,591.342 —
Grains : froment.	5,837,834 —
— seigle	18,642,775
— autres et farines, etc.	8,912,975
Soit pour les grains un total de	33,393.584 -

Graisses	289,740	—
Laines en masses	371,924	—
Peaux brutes	5,930	—
Tabacs non fabriqués, en feuilles	1,612	—

Sur ces divers articles la douane belge a perçu la somme de 409,621 francs.

Nous exportons vers l'empire russe (commerce général) :

Bois de teinture.	13,421 kilogrammes.
Boissons distillées : eau-de-vie	40 hectolitres.
Céruse ou blanc de plomb	45,296 kilogrammes
Charbon de terre	239 tonneaux.
Chicorée ; racines vertes et sechées. . . .	115,222 kilogrammes.
Cuivre battu, étiré et laminé	2,263
Fer battu, étiré, etc., et ouvrages de fer . .	1,535,932
Fils de coton.	2,051
— de lin et de chanvre	3,842
Graisses	437,581
Livres.	2,607
Machines et mécaniques	3,230,847
Métaux, minéraux et terres non spécifiés . .	16,584
Ouvrages de terre ; briques et tuiles . . .	1,822,200 pièces.
Plomb.	10,137 kilogrammes.
Résines et bitumes	69,930
Tabacs fabriqués	1,557
Tapis et tapisseries.	370
Teintures et couleurs non tarifées	65,272
Tissus de laine	1,907
Tissus de lin et de chanvre	3,433
Zinc laminé	87,946

D'après les mêmes documents officiels. les chiffres du *commerce général* sont :

	1859.	1860
Importations en Belgique	22,783,000	27,345,000

Exportations de Belgique 12,360,000 8,962,000
Valeurs permanentes et importations en Bel-
    gique 27,559,000 33,284,000
Exportations en Belgique, valeurs variables . 9,922,000 7,457,000

Le marché russe offre à nos produits un débouché considérable, et nous ne devons rien négliger pour étendre nos relations
avec un pays tout disposé à les établir sur un pied amical et
progressif.

FOIRES.

Dans un pays où les voies de communication laissent encore
beaucoup à désirer, où, bien loin de rencontrer à chaque étappe,
comme en Belgique, des villages abondamment approvisionnés,
il arrive qu'on parcoure cent et jusqu'à trois cents lieues avant
de découvrir les objets de consommation journalière, il est aisé
de comprendre de quelle utilité sont les foires et combien y est
grande l'affluence des visiteurs. Là se réunissent les représentants des cent peuplades composant le vaste empire moscovite, et
dont les territoires sont trop distants les uns des autres pour
permettre entre elles des relations actives et suivies. Aussi les
foires russes offrent-elles une animation qui ne se rencontre
ailleurs en Europe qu'à Leipzig et à Francfort. Le nombre en est
immense. Les principales se tiennent à Nijni-Novgorod, à Irbit,
à Riga, à Jekatherinebourg, à Kief, à Rostof, à Simbirsk, à Romna,
à Soumy, à Koursk, à Parsk, à Taganrog, à Voronèje, à Ar-
kangel, à Kharkof, à Poltava, etc., etc. Je m'occuperai spécialement de celle de Nijni-Novgorod à laquelle j'ai assisté
dans le but de rechercher, par moi-même, les avantages
que trouveraient le commerce et l'industrie belges à s'y faire
représenter. Je dois à M. O. Vander Elst, un compatriote qui

m'a reçu en ami et m'a offert une hospitalité précieuse, d'avoir pu apprécier exactement les transactions et la physionomie de ces marchés.

La ville de Nijni-Novgorod (*basse-nouvelle-ville*, par opposition à l'ancienne Novgorod Veliki ou Novgorod la Grande), est située sur la rive droite du Volga, au confluent de ce fleuve et de l'Oka, à 440 kilomètres E. de Moscou, à 800 kilomètres E. S. E. de Saint-Pétersbourg, au 56° 19' 40″ de latitude nord et 41° 40' 30″ de longitude est. Elle est bâtie sur un plateau mesurant 133 mètres d'élévation au-dessus du niveau des eaux du Volga et sillonné dans l'enceinte de la ville, de ravins profonds à parois inclinées que l'on désigne en russe sous le nom d'*orrague*. Vue de la rive gauche de l'Oka, cette enceinte, appelée la *ville haute*, remplie de jardins et de monuments : palais, hôpitaux, églises, mosquées, casernes, bâtis en grand nombre et en amphithéâtre, dans le goût oriental, présente un panorama saisissant d'originalité et de grandeur.

Pierre le Grand avait eu l'idée d'en faire la capitale de son empire avant d'aller bâtir Saint-Pétersbourg sur le sol plat et marécageux de la Néva; on peut juger par là de l'importance qu'il attachait à la position de Nijni-Novgorod, devenue plus favorable encore depuis que des canaux et d'autres voies de communication dont j'aurai l'occasion de parler plus loin, la relient à la capitale et aux diverses frontières de l'empire.

La foire de Nijni, instituée en 1524 pour faciliter les relations de la Russie avec l'Orient, fut établie d'abord près de Vassil, au confluent du Soura et du Volga ; plus tard ce marché temporaire fut transféré à Makarief, et ce ne fut qu'après l'incendie qui en dévora le bazar qu'il fut définitivement fixé à Nijni-Novgorod, en l'année 1817.

D'après le règlement qui s'y rapporte, la foire commence chaque année le 17 29 juillet et se termine le 25 août (six septembre). A cette date, on retire le drapeau qui flotte pendant sa durée au créneau supérieur des palais du gouvernement. Pour arriver de Nijni-la-Ville à Nijni-Bazar, il faut passer l'Oka sur un pont, jeté en juin sur la rivière et démonté en octobre. Pendant le reste de l'année, la traversée se fait en bateau, en barque, et en hiver en traîneau.

Le champ de foire est situé entre l'Oka et le Volga, sur la pointe formée par ces cours d'eau et touche au village de *Kounavina*. La vaste étendue est tout entière occupée par des magasins construits en maçonnerie et en bois, la plupart sur un terrain exhaussé de dix à vingt pieds et solidifié au moyen de soixante-dix mille piles. Ces bâtiments, au nombre de plus de trois mille, ont la façade généralement peinte en jaune, en rouge ou en vert, et deux étages : le premier occupé par la boutique du marchand, le second par les magasins donnant sur une rue et par l'habitation donnant sur la rue parallèle. Ils sont disposés de manière à former toutes rues rectangulaires, bordées de galeries couvertes, semblables aux portiques italiens, et présentant dans leur ensemble l'effet d'un damier. Celles de ces rues qui ne sont pas planchéiées sont couvertes d'une boue dans laquelle les chevaux entrent parfois jusqu'à trois pieds de profondeur. L'enceinte du bazar est bordée de canaux: au centre se trouve le palais du gouverneur et des diverses administrations qui viennent s'y installer pendant la foire, contenant également des salles de bal, de théâtre, de concert, des bazars, des locaux pour expositions des produits industriels des gouvernements voisins. J'ai regretté de n'y point rencontrer les fabricats belges; si nos industriels voulaient profiter des dispositions bienveillantes du gouvernement russe pour y établir un bazar, ils se créeraient, par ce moyen, des débouchés très-productifs.

Le bazar est divisé en soixante sections ou quartiers attribués chacun à un genre différent de négoce. Le plus curieux est la ligne chinoise *Kistaiskia linia*, réunion de magasins construits par les Chinois dans le style de leur pays. D'un effet assez pittoresque, ornés de pagodes et de décorations orientales, ils servent au commerce des thés, objet des principales transactions de la foire. Le commerce s'y fait cependant sur une petite échelle.

Les grandes affaires se traitent dans les nombreux restaurants ou *traktirs*, ou en plein air sur la plage appelée *Quai de Sibérie*, intéressante annexe de Nijni-Bazar formée de milliers de huttes, où se trouvent pêle-mêle marchandises, chariots, charrettes, hommes et bêtes. C'est au milieu de ce tohu-bohu que les marchands, à peine abrités par d'ignobles boutiques, et respirant pendant près d'un mois des miasmes pestilentiels, traitent pour des chiffres fabuleux d'affaires ; pour n'en citer qu'un exemple, les Chinois y débitent pour 28 à 30 millions de francs de thés. En y comprenant ces huttes, on évalue le nombre total des boutiques à dix mille.

Pour compléter cet aperçu de l'aspect de la foire, il me reste à parler des vaisseaux qui couvrent l'Oka et le Volga et de la vie qu'on mène à Nijni-Bazar.

C'est un spectacle curieux que cette forêt de mâts s'étendant sur une longueur d'une lieue, et réunissant tout ce que l'art nautique offre de plus bizarre, de plus naïf et de plus grandiose : ici de longues et larges embarcations, là de grands bateaux tout couverts de sculptures, d'arabesques, de dessins aux couleurs variées, surmontés de longs mâts formés d'arbres admirablement joints les uns aux autres et plus gros au sommet qu'à la base ;

plus loin un bateau des régions septentrionales aux formes hardies heurte sa proue contre un gros bâtiment de la Kama ou de la mer Caspienne, et de petites galiotes nommées *Beloserki* fuient devant un vapeur sorti des ateliers de la Société Cockerill, qui passe bruyamment avec une admirable précision à travers l'étroit chenal laissé pour le départ et l'arrivée entre des centaines d'embarcations.

Ce contraste saisissant de l'ignorance primitive et routinière et des progrès modernes se retrouve encore dans la manière dont se remorquent les bateaux chargés de marchandises. Les *bourlaki* ou bateaux remorqueurs russes, précurseurs des pyroscaphes modernes, méritent que je cite ici la description parfaite qu'en fait M. Le Hardy de Beaulieu, dans le tome 1ᵉʳ de la *Revue trimestrielle de* 1861 (janvier).

« Qu'on se figure, dit-il, l'arche de Noé, telle qu'elle est représentée dans les anciennes Bibles; un immense bateau ponté de 80 à 100 mètres de long sur 15 à 16 de large et 6 ou 7 de haut, y compris le double pont; le tout surmonté de pavillons ou maisonnettes de formes chinoises, avec toits peints ou dorés, clochettes et autres appendices. Sur le pont supérieur sont enroulés d'immenses câbles en chanvre de 10 à 12 centimètres de diamètre et de 800 à 1,000 mètres de longueur. Sur l'avant du navire sont suspendus des ancres proportionnées à ces dimensions. Entre ces deux ponts se trouve un manége auquel sont attachés de 20 à 40 et quelquefois 48 chevaux, suivant l'effort à vaincre. Les écuries ou plutôt les crèches sont rangées le long du bordage à jour qui entoure l'entre-pont; 60, 80 chevaux et quelquefois plus encore y trouvent place (1). L'équipage se compose de 50 à 100 hommes.

(1) J'en ai vu un qui avait 130 chevaux.

» On devine par cette description comment agit cette machine à remorquer.

» Au moyen de petits bateaux, on va jeter l'ancre à 800 ou 1000 mètres en amont; le câble est enroulé autour d'un cabestan que le manége met en mouvement, et fait avancer le bateau auquel sont amarrés toute une flotte de chalands de toutes dimensions.

» On comprend que ce système de locomotion ne soit pas très-rapide, aussi ne calcule-t-on guère que sur une marche de 6 à 7 verstes ou kilomètres par jour. Il faut environ trois mois, par ce moyen, pour que les chalands chargés des fers, des thés, des peaux et autres produits de la Sibérie puissent arriver à Nijni-Novgorod. »

Les bateaux à vapeur ont, il est vrai, détrôné cet antique et original remorqueur du Volga; il y a huit ans, on n'en voyait sur ce fleuve que sept ou huit; on les compte aujourd'hui par centaines, ce qui donne une idée de l'accroissement énorme des transactions dans l'intérieur de la Russie. Cette transformation est due, en grande partie, à la Société du *Samolet;* c'est son in-génieur en chef, M. Cadot, neveu de M. Cadot, chef de la division des domaines au département des finances de notre pays, qui a établi, sur le Volga, le premier bateau à vapeur, le *Strella;* depuis il en a construit trente-deux, sortis des ateliers de la Société Cockerill. L'empereur Alexandre II a décoré M. Pastor, direc-teur de cette Société, et M. Cadot, pour les services réels et im-portants rendus à la Russie. Nous avons le droit d'être fiers de voir nos compatriotes (1) élever ainsi le nom belge dans l'estime des nations lointaines.

Grâce à la Société du Samolet, des services réguliers de navi-gation ont été établis entre Tver, Rubinsky, Nijni-Novgorod,

____

(1) M. Pastor a obtenu dernièrement la grande naturalisation.

Cazan, Perm et Astrakhan, parcours qui comprend trois mille verstes. Précédemment il fallait plusieurs mois pour aller d'Astrakhan à Nijni-Novgorod, aujourd'hui on va de Tver à Nijni-Novgorod en cinq jours, de Nijni à Cazan en vingt-quatre heures, de Cazan à Astrakhan en une semaine, de Cazan à Perm en six ou sept jours.

Les navires prennent de 14 à 42 pouces seulement.

Ainsi Nijni-Novgorod se trouve en communication, par le Volga, avec la mer Caspienne, la Perse, le Caucase, et, au moyen d'un chemin de fer de 70 verstes qui part de la ville de Tzarizinne, avec la mer d'Azof où nous trouvons encore des bateaux de Seraing. Par la ligne de Perm, Nijni est reliée à tout le nord de l'Europe et de l'Asie, la Sibérie, la Chine et l'Amour. J'ai déjà indiqué les voies de communication avec la mer Baltique et la mer Blanche.

Nijni-Novgorod, pendant la foire surtout, ne connait ni le confort ni la propreté; ses trois hôtels, je dois ceci à la vérité, regorgent de vermine et sont fort mal tenus. Cette circonstance a ajouté au charme de l'hospitalité que m'a offerte M. Vander Elst. Comme tous les voyageurs n'auront pas la bonne fortune de rencontrer un ami, je recommande à ceux qui tiennent à manger et à boire sans dégoût, de se munir de provisions de bouche et d'un *progebetz*, petit coffret contenant les objets nécessaires pour le thé et le service de table; ils réaliseront également, grâce à cette précaution, une notable économie. Ce n'est pas qu'il manque à Nijni de restaurants et de traktirs; non, on y dine à 25 copecks, on y dine à dix, à quinze roubles. Mais il faut être Oriental pour supporter cette cuisine à l'huile.

Tout ce qui fait le charme de nos foires et de nos kermesses se trouve réuni, pendant le mois d'août, dans le vaste champ de Nijni-Bazar : ménageries, marionnettes, carrousels, théâtres, saltimbanques, et, ce que nous n'avons pas, un grand nombre de tsiganes, de vraies tsiganes et des bohémiens. On y voit même un vaste quartier, nommé la *Kounavina*, où la sensualité voluptueuse de l'Orient est alliée aux raffinements des lupanars européens, où des marchands passent les heures de répit que leur laissent les affaires.

Tous les peuples de l'Europe et de l'Asie sont représentés à la foire de Nijni. Le Chinois y apporte son thé, transporté par Kiakhta ; le Sibérien, ses pelleteries et ses fourrures de martre-zibeline, de renards, d'écureuils gris, de loutre de mer, etc., ses pierres précieuses et ses minerais ; le Persan, ses parfums, ses châles et ses tapis ; le Boukharien, ses cotons écrus et filés, ses châles, ses ceintures de soie, ses robes de chambre, ses cotonnades appelées *bakhta*, ses pierres précieuses, principalement ses turquoises ; le Tartare criméen, ses mousselines ; l'Arménien, le Géorgien, leurs fruits, leurs soies écrues et leurs pelleteries ; le Cosaque de l'Ukraine, ses cuirs, et le Cosaque d'Aktebo, son caviar ; le Kalmouck, ses chevaux, l'Indien, ses cachemires, ses laines ; enfin la Russie y envoie tous ses produits ; la France, ses articles de toilette, ses soieries ; l'Allemagne, son orfévrerie ; l'Angleterre, ses cotonnades ; la Suisse, son horlogerie ; la Belgique... son indifférence.

C'est une véritable tour de Babel ; on y parle toutes les langues, on y porte tous les costumes, on y connaît toutes les religions, toutes les sectes.

Tel est, en résumé, le tableau que présente la plus célèbre foire de l'Europe où se traite, chaque année, au milieu de la boue et de la pestilence, pour quatre cents millions de francs d'affaires, en l'espace d'un mois.

Occupons-nous maintenant de Nijni au point de vue de l'industrie et du commerce.

Le chemin de fer de Nijni à Moscou, entrepris par MM. Vander Elst frères et Koning, de Bruxelles, et dont l'exploitation commencera l'année prochaine, aura nécessairement pour résultat d'accroître, au détriment de Nijni, l'activité commerciale de Moscou. Déjà, depuis quelques années, beaucoup de marchands détaillants se rendent dans cette dernière ville pour faire leurs achats de cotonnades, de soieries, de draps, etc., et ces transactions ont même pris un tel développement qu'on a l'habitude d'appeler cette période d'affaires la seconde foire de Nijni-Novgorod. Cependant Nijni conservera toujours l'importance qu'elle doit à sa situation exceptionnelle au confluent de deux fleuves, au centre des marchés européens et asiatiques. C'est là que continueront à se réunir les négociants de l'Asie qui ne peuvent entretenir des relations suivies avec l'Europe, mais qui ne voudront pas évidemment augmenter les frais de déplacement et de transport en se rendant à Moscou. C'est donc là que s'effectueront, comme par le passé, les grandes transactions, l'échange des produits européens et des produits asiatiques. Nijni et Irbit resteront, pour l'Asie, les seuls grands marchés européens et l'on dira toujours, suivant une expression populaire en Russie, qu'ils sont les thermomètres du commerce de l'Europe avec l'Asie. Et, ce commerce devenant de jour en jour plus important, du nombre d'affaires qui s'y traiteront dépendra bientôt l'activité manufacturière de toute l'année. Aujourd'hui même, on ne considère la foire comme bonne ou mauvaise qu'en raison des résultats plus ou moins satisfaisants qu'a offerts la vente des marchandises destinées à l'Asie orientale.

Ce qui m'a le plus frappé à Nijni, c'est l'absence presque complète d'établissements industriels. Je n'y ai remarqué que quelques fabriques de cotonnettes, de cordages, de cuirs, des brasseries et un petit nombre d'usines, dont une dirigée par un Liégeois. Point de moulins à farine, point d'huilerie, point de scieries à vapeur : aucun de ces mille établissements que la situation heureuse de Nijni et l'affluence d'étrangers qu'attire la foire feraient incontestablement prospérer. Chacun reconnaît les inconvénients et les frais qu'occasionne le provisoire de chaque année, mais personne ne peut détruire la cause du mal, faute d'initiative et de connaissances spéciales. C'est donc un pays nouveau, ouvert à l'exploitation. Avec un esprit entreprenant et pratique, on est certain d'y faire fortune. On m'objectera le voisinage du centre industriel de la Russie, du gouvernement de Moscou? — Mais à Moscou même, il y a encore énormément à faire. Outre qu'un marché de 70 millions d'hommes n'est point un petit marché, l'émancipation des paysans, en déplaçant la richesse, créera de nouveaux et considérables besoins. Toute industrie bien dirigée, peut faire, avec avantage, la concurrence aux établissements russes, même aux industries nationales. Si la main-d'œuvre est chère, les matières premières sont à bas prix et ne coûtent souvent que les frais d'extraction. Encore ces frais seraient-ils considérablement réduits, si les ouvriers étaient habiles et expérimentés. Pour ne citer qu'un exemple des économies réalisables, prenons une industrie fort simple, la briqueterie : on trouve la terre à brique presque partout dans le gouvernement de Nijni-Novgorod. Eh bien, le mille de briques se paye jusqu'à 20 et 25 roubles. La Grande Société des chemins de fer russes a payé 18 roubles le mille de briques qui n'auraient pas coûté huit roubles, j'en ai l'entière conviction, si elles avaient été fabriquées par des briquetiers de notre pays. Les verreries et les cristalleries que j'ai vues à la foire sont aussi mauvaises que chères; les faïences sont grossières, les porcelaines, cotées à des prix fabuleux, n'ont, à part celles de la manufacture impériale, ni élégance, ni solidité : elles sont tachées et difformes. Pour toutes ces industries et pour bien d'autres, Nijni offre d'immenses ressources. Ainsi la tannerie y trouverait un marché à peaux considérable, du tan en abondance dans le gouvernement même. Aux scieries, les forêts offriraient un aliment continuel : des sapins de 0^m40 de diamètre sur 15^m de longueur, qui se vendent en Belgique de 100 à 125 francs, ne coûtent sur place que 3 r. 50 c. à 4 roubles. Le lin et le chanvre y sont également à bas prix. Les papeteries trouveraient à se fournir aux nombreux bateaux chargés de chiffons qui, chaque année, arrivent par le Volga. Une grande maison d'expédition serait également bien placée à Nijni, le camionnage entre la ville, la foire et la gare du chemin de fer, etc., etc., lui procurerait des bénéfices énormes. Enfin, dans le monde entier, nulle localité n'est plus heureusement placée, n'offre des ressources plus grandes que Nijni pour l'exploitation de fonderies et d'ateliers de construction. La création de semblables établissements serait une entreprise d'autant plus sérieuse que les machines russes laissent beaucoup à désirer et que le transport des machines anglaises, allemandes, suédoises et belges, sur un aussi long parcours, est très-onéreux. En outre, les usines russes ont une façon de traiter les affaires peu encourageante, qui restreint considérablement et empêche d'augmenter le nombre de leurs opérations. Avant d'exécuter une commande, elles exigent la moitié du prix stipulé et les marchandises ne sont livrées qu'après parfait payement.

Il est à ma connaissance qu'elles ont agi ainsi même à l'égard de la Grande Compagnie des chemins de fer russes.

Quant aux matières premières et au combustible, ces avantages sont plus considérables que partout ailleurs. Il y avait à la foire pour près de 40,000,000 de francs de fer, de cuivre, et si le bois venait à manquer, il suffirait d'entreprendre l'exploitation des mines de houille de l'Oural sur une plus vaste échelle. Voici ce que dit, à ce sujet, M. Antipoff, ingénieur des mines en Russie : « Malgré l'abondance des bois dans les contrées du N. E. de la Russie, on en a tant détruit aux environs des exploitations des mines, que plusieurs usines de l'Oural commencent à s'en ressentir, et si l'on ne considère la cherté croissante du combustible dans les gouvernements situés sur la Kama et le Volga, on comprendra l'importance du développement de l'exploitation de la houille dans l'Oural.

» Des couches de houille se trouvent sur les deux versants de l'Oural, mais la veine la plus sûre est située sur le versant occidental, dans le gouvernement de Perm, entre la Kama et l'Oural, dans les districts de Tscherdyne, Sohkamsk, Perm et Komigour, et dans les terres des propriétaires Vsévolojeski, Lizareff, Galitzine, Butera, Strogonoff. Sur le versant oriental, il y a une couche de houille à 90 verstes de Catherinebourg ; c'est la première exploitation de ce combustible dans l'Oural ; elle a été commencée en 1847 par l'administration des mines ; dans les dernières années, elle a fourni environ 100,000 pouds (le poud = 16 kilog. 38) par an ; mais cette houille est d'une qualité inférieure à celle du versant occidental.

» Pour déterminer avec exactitude la position géologique de l'Oural, l'administration des mines y a expédié cette année M. Pander, notre célèbre paléontologue. Il vient de terminer ce voyage et ses explorations ont constaté que le versant occidental de l'Oural, dans le gouvernement de Perm, présente beaucoup de données favorables au développement de l'industrie houillère les couches sont traversées par les petites rivières Vichera, Yaïva, Rosva et Tchoussovaïa, sur lesquelles il faudrait commencer l'exploitation afin d'en profiter, faute d'autres moyens plus commodes de communication, pour le transport de la houille jusqu'à la Kama et au delà.

« Jusqu'à présent, l'exploitation se borne à l'extraction d'environ 200,000 pouds par an chez MM. Vsévolojeski, auxquels appartient l'honneur d'avoir fondé dans l'Oural la première usine travaillant avec sa propre houille. Les excellentes couches de Lazareff ne donnent que quelques milliers de pouds de houille, employés au chauffage de la machine à vapeur. Les autres couches ne sont pas exploitées.

» En Belgique et en Angleterre, il existe des centaines de houillères dont chacune fournit plus de 200,000 pouds par quinzaine de jours, tandis que chez nous ce chiffre représente la production annuelle d'une surface de quelques milliers de verstes carrées. On ne s'explique pas cette apathie dans une affaire qui peut produire dans l'industrie locale une immense révolution et sans doute donner aux terres une plus value considérable.

» Des compagnies privées ont plus d'une fois offert d'employer leurs capitaux à la fondation de l'industrie houillère ; mais quelques-uns des propriétaires ont opposé un refus net, d'autres ont fait des conditions inacceptables. Qu'est-ce qui les empêche de commencer l'affaire eux-mêmes s'ils ne veulent pas en confier le soin à des mains étrangères ? Le débit de la houille n'est point douteux. La fabrication des métaux au moyen de la houille, en ferait baisser le prix, d'autant plus que les lieux et même les gisements de houille abondent en excellents minerais de fer à peine entamés. Il n'y a pas de doute que de nouvelles usines surgiraient dans les lieux d'exploitation des houillères. Mais ce ne sont pas les usines seules qui achèteraient la houille; les bateaux à vapeur de la Kama et du Volga en ont également besoin; elles trouveraient même un important emploi pour le chauffage des habitations et des fabriques, car les prix du bois de chauffage, dans les gouvernements situés sur la Kama et le Volga, s'élèvent d'année en année. »

Ce qui empêche l'exploitation de ces mines de houille, un des propriétaires me l'a expliqué : c'est l'absence de spécialités au courant de l'exploitation. Je lui ai dit qu'il en trouverait assez dans notre pays. Reste à savoir si l'apathie de notre classe houillère ne sera pas aussi un obstacle, et si des Anglais plus courageux ne s'empareront pas de cette affaire si pleine de promesses.

Outre les gisements de l'Oural, on trouverait à exploiter les bassins houillers dans le gouvernement de Moscou et des mines très-étendues et fort riches sur le Donetz et sur le Don. Du reste, même en faisant venir des houilles belges, on ferait encore une spéculation aussi utile que lucrative. Il est vraiment regrettable qu'un bassin houiller comme celui de Mons, qui a produit, en 1860, 7,506,720 tonneaux n'en ait exporté que 729 ! Le total des exportations, à part celles pour la France et les Pays-Bas, n'était en 1859 que de 8,928 tonneaux. Ce chiffre démontre combien certaines industries ont encore besoin d'être stimulées, et combien leur fait défaut cet esprit d'entreprise qui fait la force de nos concurrents d'Angleterre.

La question ainsi résolue au point de vue du combustible, il me reste à parler des matières premières. M. Jourdier a publié à ce sujet un article fort intéressant pour notre industrie métallurgique auquel j'emprunte le passage suivant à l'appui de ma thèse.

Quand nous avons vu pour la première fois, à la fameuse foire de Nijni-Novgorod, les immenses quantités de fer qui s'y trouvaient, nous avons été véritablement étonné et de la quantité elle-même et des formes variées sous lesquelles elles sont présentées à la consommation, et surtout de leur qualité hors ligne qui, suivant nous, peut très-bien être comparée aux fers de Suède.

Il est vrai que presque tous les fers russes sont traités au bois ou au charbon de bois ; ils conviennent tous à la fabrication de l'acier. Malheureusement ceux de l'Oural sont trop doux pour les rails des chemins de fer : pour servir à cet usage ils devraient être aciérés.

Le minerai de formation carbonifère se trouve dans un grand nombre de localités, et il y a des endroits où il est si bon que, dans le gouvernement de Riazan, par exemple, grâce aux soins et au talent d'un Français, M. Jules Souty, il a été possible d'établir une fabrique d'aiguilles qui suffit actuellement à une grande partie de la consommation du pays. Cette fabrique appartenait encore, à l'époque de notre passage dans ces localités, à M. Poltaratzki, le fils du célèbre agronome de ce nom, et le père du jeune Poltaratzki, qui cherche à marcher en ce moment sur les traces de son grand-père.

Le minerai dont il s'agit ici, et qui se trouve plus particulièrement dans les environs de Moscou, de Salomovo, d'Orel de Krapivna, de Kalouga, de Toula et de Flavino, contient de 50 à 55 % de fonte, et il est très-abondant dans le pays. Il repose en général sur du sable, et se trouve principalement dans les fameux terrains noirs dits *tchernozème*, sous de l'argile ferrugineuse dure qui forme son toit de couche, des argiles rouges à rayons et des argiles schisteuses.

L'extraction ne revient guère qu'à 2 fr. 50 c. la tonne. Les droits sur les terres de la Couronne étant de 61 centimes, le prix de revient n'est pas élevé, comme on voit, mais les transports sont chers.

Sur les terres des particuliers les droits sont élevés, et sont de 3 fr. 34 c. la tonne.

Le minerai de formation permienne est abondant aux environs de Mouron de Michega, de Vouiska et de Karatcharova. Il est situé sous des terrains d'alluvion. D'après M. Sabatier, il renferme 51 80 °/₀ de fer grillé ; il rend 45 °/₀ de fonte.

Le minerai de la région du Donetz, dont le gisement est le même que celui de l'Entre-Sambre-et-Meuse donne de 48 à 50 °/₀ de fonte. On le trouve à Gorodistche, Gocoudarev-Bouczack, Petrova-Milost, et vers la presqu'île de Kertch. Il est à l'état d'hydroxyde en géodes.

Un minerai de formation crétacée est assez abondant aux environs d'Irzionne et Bolchaïa-Kamenka et de Svieti-Gorsk ; il donne de 55 à 60 °/₀ de fonte. M. Leplay l'a reconnu à Zacatinoë.

Des minerais de la formation jurassique existent en Crimée, près de Théodosie et de Soudak ; ils rendent de 35 à 66 °/₀ de fonte. M. Guillemin a suivi pendant plus de 40 kilomètres les affleurements de marne qui recouvrent ces immenses richesses.

Des minerais de la formation tertiaire se rencontrent dans les presqu'îles de Kertch et de Taman, ainsi qu'aux environs de Kanrouich-Bourowne, dans la falaise de Tipkrak et d'Ak-Manaï, près d'Arobat.

Les minerais les plus connus et ceux qui ont été le plus exploités jusqu'à ce jour, sont ceux de l'Oural, qui rendent 68 °/₀ de fonte, qui s'exploitent à ciel ouvert et qui se grillent par tas de 8.000 à 16,000 tonnes !

Les gisements de l'Oural sont estimés inépuisables.

Eh bien, avec toutes ces richesses plus ou moins en voie d'exploitation, et celles qui ne sont encore que connues, la Russie marche tellement à pas de géant qu'elle est obligée d'acheter des fers à l'étranger, en Angleterre notamment.

Cependant il n'y aurait que l'embarras du choix pour ceux qui seraient en mesure d'établir de nouvelles usines à fer. D'après M. Guillemin, qui a parcouru le pays un peu avant nous, voici quels sont les points sur lesquels il y aurait le plus à faire suivant lui :

Dans les arrondissements de Krapvina. Odœv, Toula. Venef et Sché-

glonskoë, on peut produire de la fonte à 51 fr. la tonne, le bois étant compté à 1 fr. 33 c. le mètre cube.

Dans les environs de Mourony, avec du bois payé 1 fr. 17 c. le mètre cube, on peut produire la fonte à 61 fr. la tonne.

A Soudogda et à Kosmademiansk il y aurait aussi beaucoup à faire. Mais c'est dans la Lithuanie surtout que le bois et le minerai se trouvent le plus en abondance et le plus avantageusement à portée l'un de l'autre. Le bois étant sans valeur par là et le minerai très-abondant, on a déjà pu livrer à Ekaterinoslav, par le Dniéper, des fontes à 41 fr. 50 c. la tonne.

Dans le bassin du Donetz, ce que le capital et l'intelligence pourraient faire, c'est quelque chose de fabuleux, puisque la fonte a déjà pu y être produite à 12 fr. la tonne et même à 7 fr., à cause des gisements houillers et notamment de l'anthracite. Il faut noter que pendant un siècle on pourra exploiter, *à ciel ouvert*, ce minerai donnant de 40 à 50 %, et qui peut être comparé au Fraire et au Morialmé de l'Entre-Sambre-et-Meuse.

C'est donc avec beaucoup de raison que le gouvernement russe fait établir une usine dans cette contrée privilégiée, près de Petrova-Milost Ce bon exemple ne peut manquer de porter ses fruits en attirant le travail indigène ou étranger.

M. Guillemin, qui a fait sur place des études très-approfondies, estime qu'on pourra, quand on voudra, produire par là de bonnes fontes d'affinage et de moulage aux mêmes prix qu'en Ecosse.

La castine abonde, l'argile réfractaire se trouve dans toutes les formations cristallines des terrains que traverse le Dniéper, et tous les transports sont faciles dès à présent et ils seront bien plus avantageux quand le réseau ferré sera fini.

Suivant lui, dès que l'industrie aura compris les avantages qui peuvent lui être faits là, elle pourra y établir des rails à bien meilleur marché qu'ils ne reviennent en Angleterre et en Belgique. De cette partie si remarquable de ses études, M. Guillemin conclut : que c'est dans le fond de la Russie que le fer se paye actuellement le plus cher, et que c'est là qu'on peut le produire à meilleur marché.

Nous appelons donc de tous nos vœux les intelligences et les capitaux vers les immenses forces improductives de la Russie, dans l'espérance qu'à leur tour elles ne deviendront jamais des forces destructives pour les voisins.

Je le répète, Nijni est la terre promise de l'industrie contemporaine russe. Le moment est propice, en Russie, aux grandes entreprises. Bientôt, grâce à l'émancipation des serfs, des milliers de bras seront inoccupés, le chômage diminuera par la même cause, le travail sera organisé. Les marchés de l'Asie, ceux même de la Chine, sont ouverts à la Russie.

D'après le traité additionnel conclu, à la suite des derniers événements de Pékin, entre le Céleste empire et l'empire moscovite, un traité qui consacre la cession à la Russie du littoral maritime de la Mandchourie, les Russes pourront visiter les places de commerce intérieures de la Chine situées sur le trajet de Kiakhta à Pékin. Ils auront le droit de commercer avec les marchands de cette capitale et participeront à tous les avantages accordés aux alliés. Ainsi, ils pourront librement trafiquer sur tous les cours d'eau de la frontière, visiter les foires d'Ouronga et de cette célèbre ville de Katschgar, d'où nul explorateur n'est encore revenu vivant, établir des factoreries et des consulats partout où ils le jugeront convenable. Ce traité est considéré comme si avantageux aux intérêts du commerce que le général Ignatieff, qui avait conduit les négociations avec le prince Kong, a été l'objet, à son retour, des ovations les plus enthousiastes de la part des cercles politiques et commerciaux de l'empire.

Cette année déjà, des négociants ont parcouru la Mongolie, et la création d'une factorerie à Urga, capitale de cette province, est décidée. Il est question aussi d'établir des représentants à Kalounga, le centre principal d'où sont expédiés les convois de thés par la douane de Kiakhta, au lac Baïkal. Un arrêté impérial du 24 juillet 1861 transfère ce poste de douane à Irkoutsk. En voici la teneur :

« 1° La douane de Kiakhta sera transférée à Irkoutsk, et la douane d'Irkoutsk commencera à fonctionner à partir du 1er octobre de cette année; ensuite de quoi la douane de Kiakhta, après avoir réglé les droits sur les marchandises chinoises, cessera de fonctionner.

» 2° Ceux des employés de la douane de Kiakhta qui ne feront pas partie de la douane d'Irkoutsk formeront une commission temporaire en attendant la formation d'une trésorerie permanente dans la ville de Troïtz Kosavsk.

» Le département du commerce intérieur, en portant ces dispositions à la connaissance du public, croit devoir ajouter que la conservation et la libération des marchandises qui se trouvent dans le Gostinoï-Dvor de Kiakhta, servent de caution pour les droits de douanes atermoyés, demeureront à la charge et responsabilité des anciens marchands faisant le commerce de Kiakhta, sous l'inspection du gouvernement de cette ville. »

Que les Belges se mettent donc en mesure de profiter de ces circonstances favorables avant que les Anglais se soient rendus maîtres de la place. La sympathie de la Russie, qui nous est acquise, double nos chances de succès. Dans une assemblée de la Grande Compagnie des chemins de fer russes, le directeur a répété à différentes reprises que c'étaient les Belges qui avaient rendu le plus de services à la Société; les Belges, a-t-il dit, joignent à la probité l'activité et l'intelligence. Que de telles paroles nous stimulent et nous encouragent! Que cette pléiade de jeunes gens distingués qui sortent chaque année de l'école des mines de Liége répondent à l'appel de M. Jourdier et aillent offrir à la Russie le contingent de leurs capacités et de leurs connaissances, qui ont déjà participé si largement à tous les grands travaux exécutés en Europe. Suivons l'exemple de nos compatriotes Sadoine, Bataille, Cadot, Van Vreckom, Charlier, Mansbach, Koning, Vander Elst et tant d'autres ingénieurs qui, en se créant une position honorable et lucrative, ont servi les intérêts du pays.

Ceux de mes lecteurs qui voudraient obtenir des renseignements locaux plus circonstanciés peuvent en toute confiance faire appel à l'obligeance désintéressée de M. Vander Elst, dont le séjour à Nijni se prolongera encore un an ou deux. J'ai eu l'occasion de me convaincre qu'il est toujours prêt à mettre ses connaissances et son expérience au service du commerce et de l'industrie de notre pays. Je puis en dire autant de M. Cadot, ingénieur du Samolet dont la résidence est à Tver.

J'arrive enfin à la foire proprement dite. Elle comprend trois branches principales : 1° les produits de l'industrie russe ; 2° les importations d'Europe ; 3° les importations de l'Asie et spécialement de la Sibérie, de la Chine et de la Perse.

Parmi les produits russes, j'ai remarqué : des métaux bruts et ouvrés, surtout du fer et du cuivre, des pelleteries, des peaux brutes, des cuirs et quantité d'objets fabriqués en cuir; les produits manufacturés en lin et en chanvre, des papiers et articles de bureau, des papiers de tenture, des chiffons ; de la porcelaine, de la faïence, des poteries et de la verrerie, des tissus de toutes sortes : cotonnades, lainages, draps, soieries, châles, tapis, nankins, bas, damas, brocarts, toiles, voiles à navires; des poissons ; des céréales, des victuailles, épiceries et drogueries; des boissons, vins de Crimée, de Kisliar et du Don; des pierres précieuses de toutes espèces : une quantité innombrable d'articles religieux d'église et d'enseignement : livres, cartes géographiques, images et gravures, dont les sujets sont souvent aussi peu propres à former le goût artistique que le sens moral du peuple russe. Enfin une quantité d'objets divers de l'industrie, de luxe et à bon marché.

Parmi les marchandises importées de l'Europe, j'ai vu des manufactures en laine, en soie et en demi-soie, des tissus de lin et de chanvre, des cotonnades; des vins, denrées coloniales et épiceries; des articles de toilette de Paris et de Berlin; de la bijouterie allemande, de l'horlogerie suisse, surtout l'horlogerie ordinaire : les montres dites chinoises et américaines, des instruments d'optique et de chirurgie, des produits chimiques, pharmaceutiques et alimentaires.

Les produits asiatiques que j'y ai surtout remarqués sont les pelleteries, les fourrures, les pierres précieuses et les minerais de Sibérie; les parfums, les châles, les étoffes et les tapis de la Perse; les thés, les porcelaines, les joujoux et les soieries de la Chine; les cotons écrus et filés, les châles, les ceintures de soie et brocart, les robes de chambre, les étoffes de coton appelées bakhta, les turquoises et les pierres précieuses de la Boukharie; les étoffes de mousseline de la Tartarie; les fruits, les pelleteries, les soieries écrues, les étoffes de la Géorgie; les mêmes articles des Arméniens; le caviar des Cosaques; les chevaux des Sibériens et des Kalmoucks, des Tchouvaches, des Tchérémisses et des Kirghises.

Passons maintenant la vente en revue :

Les affaires commencent régulièrement par le thé importé de la Chine par la voie de Kiakhta. Les marchands qui s'occupent de ce commerce sont en même temps les principaux acheteurs des produits de l'industrie manufacturière, les acheteurs presque exclusifs de ces grandes quantités d'étoffes destinées surtout aux marchés de la Chine, et qui forment la majeure partie des tissus fabriqués en Russie. On conçoit dès lors quelle influence doivent exercer sur la vente les conjonctures plus ou moins favorables à ces marchands et le plus ou moins d'empressement qu'ils mettent à se fournir d'articles d'exportation.

Malgré les craintes résultant de la marche qu'a suivie depuis deux ans le mouvement général du commerce et la stagnation de l'industrie, malgré l'annonce de récoltes médiocres et de la prochaine suppression des droits prohibitifs (1), malgré, dis-je, toutes les prévisions défavorables, les affaires ont été, en général, assez bonnes ; les thés se sont vendus de 3 à 12 roubles de hausse par caisse ; deux raisons principales ont constitué cette hausse : premièrement le manque de marchandises en magasin jusqu'au 1ᵉʳ avril 1862, époque de la libre entrée dont je viens de parler, en second lieu l'entente des marchands de thé de Kiakhta à l'effet de ne pas vendre au-dessous d'un prix convenu, à peine d'une amende de quinze roubles par caisse. Au moment de mon départ 53,000 caisses étaient inscrites et l'on en avait déjà vendu 33,000 ou 34,000 ; celles qu'on ne vend pas sont laissées en magasin jusqu'au mois de novembre. Les caisses se sont vendues en gros, en moyenne, de 116 à 150 roubles. On vend à la foire de Nijni-Novgorod du thé dit de caravane, en gros, de 110 à 300 roubles le poud de 40 livres russes (de 409 grammes) soit 440 à 1,200 francs les 32 livres et une fraction.

Les thés principaux qui s'y vendent sont, dans les thés noirs, le Sansinsky, le thé de famille et le rouge ; dans les thés de fleurs, les familles Tysinsky, Mayoukou et Chilounga ; dans les

____

(1) Jusqu'à ce jour, c'était la Compagnie russe-américaine qui seule avait le droit d'importer le thé de Canton par les ports russes.

thés de fleurs Liansine, l'ordinaire, le parfumé, le Chilounga et Mayoukou et le Nanjine ; dans les thés jaunes, le Sian-Pe, l'emballage chinois, le Sian-Pchiane, le Liansine ; dans les thés verts, ceux de perle.

Outre les 53,000 caisses ou *tsibiks* inscrites, il y avait plusieurs milliers de caisses de thé en briques destinées à l'usage des peuples nomades du midi de la Russie.

La vente des thés est donc très-satisfaisante ; voyons ce qui en est des autres produits présentés à la foire.

Les cotonnades, qui avaient souffert extraordinairement l'année dernière par suite de la concurrence de l'Angleterre sur les marchés de la Chine, ont haussé de 15 °/₀ sur les prix précédents ; l'importation du coton a été supérieure cette année, mais la marchandise est entre mains fermes. Le coton de Boukharie, un peu inférieur au coton de Madras, non nettoyé, dit sawgin, qui se vend ordinairement 6 roubles, s'est vendu 8 roubles le poud.

Les tissus de laine, particulièrement les draps, les mérinos ont été beaucoup moins favorisés, la production a ralenti faute de débouchés ; le marché asiatique a failli être fermé à l'industrie drapière russe, à cause de la mauvaise foi de quelques fabricants qui avaient fait des envois frauduleux, en réalisant des bénéfices considérables ; cette industrie reprendra son cours ordinaire aussitôt que la crise aura cessé.

Les laines, par contre, dont le marché n'est pas très-important à Nijni, par le motif que les foires de Poltava et de Karkoff, de Troïtzki et d'Ekatherinebourg sont réservées à ce commerce, se sont bien soutenues ; les laines en suint s'y vendaient de 7 à 10 roubles le poud de 16.38 kilogrammes ou 40 livres russes, les laines lavées à dos 13 à 18 roubles et les laines lavées à fond de 25 à 30 roubles.

Il y avait des poils de chameau et de chèvre qui pourraient être très-utiles à notre industrie drapière nationale ; le poil de chèvre est extrêmement doux et soyeux, il se vend de 24 à 27 roubles le poud, on en fait de ces tissus nommés duvet-cachemire ou poils de chèvre. La récolte de ces poils de chèvre en Perse, en Boukharie et dans la province de Cachemire est assez intéressante ; les chèvres restent à l'état sauvage dans les steppes immenses de ces pays, elles muent comme les oiseaux et les insulaires ramassent le poil qu'ils vendent à des marchands. C'est avec cette laine que les Indiens font de ces magnifiques cachemires, et certes nous pourrions l'utiliser dans notre pays. Les poils de chameau importés de la Boukharie par caravane, qui ne coûtaient pas plus de 3 1/2 roubles le poud, conviendraient à la fabrication des étoffes pour manteaux, burnous, etc.

Les articles de laine montent en moyenne à 25,000,000 de fr.

Les produits manufacturés de lin et de chanvre, les toiles se sont assez bien écoulées.

Les soieries ont été soutenues ; les soies sont importées par caravanes de la Boukharie, de la Géorgie et de la Perse, jusqu'à Samara d'où elles sont dirigées sur Nijni-Novgorod ; les soies de la Perse se sont bien vendues dans les prix de 180 à 225 roubles, celles de la Boukharie à 125 roubles.

Les étoffes expédiées à la foire par les principales fabriques du gouvernement de Moscou offraient, sous plus d'un rapport, des preuves remarquables du développement progressif de cette branche d'industrie. On m'a dit que, bien qu'on se serve encore, dans beaucoup de fabriques, pour la trame, de soie importée de la Géorgie, inférieure aux soies italiennes, boukhariennes et persanes, on remarque des améliorations très-sensibles dans la qualité des étoffes ; les couleurs surtout sont, paraît-il, plus durables et les dessins d'un assez bon goût.

La France avait moins importé de soieries cette année, de même que l'année précédente.

Le commerce des fourrures, des pelleteries et des peaux a lieu d'être très-satisfait ; les pelleteries se sont particulièrement bien vendues, sans reste et au comptant. Les fourrures de luxe ont été pourtant moins recherchées ; il restait, à mon départ, un stock encore assez considérable de peaux, mais la vente en était à peu près assurée. Les cuirs ouvrés s'écoulent toujours facilement.

Quant au commerce des métaux, le cuivre s'est soutenu, le *Paschtkoff* s'est vendu 11 1/4 à 11 1/2 roubles, et le *Demidoff* à 11 roubles ; le fer a baissé de 20 à 30 °/₀ sur les prix de l'année dernière, surtout la tôle qui y était en grande abondance.

La baisse progressive que l'on remarque dans les prix du fer devient très-onéreuse pour les propriétaires de mines. Les avis sont partagés sur les causes auxquelles il faut attribuer cette dépréciation du fer ; d'un côté, on soutient que c'est un excès d'activité dans la production qui aurait en quelque sorte devancé la consommation, offrant toujours un excédant sur le total que peuvent absorber les marchés de l'intérieur et l'exportation à l'étranger ; ce serait cet excédant qui ferait baisser les prix, parce que les propriétaires cherchent à le placer à quelque condition que ce soit. Les propriétaires d'usines, au contraire, se plaignent de ce que si peu de négociants s'occupent des achats et des ventes du fer en gros ; ils prétendent que cette branche importante du commerce est devenue le monopole d'un nombre très-limité de maisons, qui peuvent aisément se concerter pour réduire les prix au taux qui leur convient. Mais il paraît évident que ni l'une

ni l'autre de ces causes ne peut exercer une influence bien sensible sur l'état de ce marché ; il se pourrait bien qu'une autre
circonstance eût, à cet égard, bien plus d'importance.

L'espoir de réaliser en peu de temps des bénéfices considérables a engagé, depuis quelques années, un certain nombre d'entrepreneurs à s'occuper de l'exploitation des mines avec un capital
insuffisant comparativement à l'étendue des travaux projetés. De
pareils propriétaires d'usines sont forcés de vendre à tout prix,
afin de se procurer, à de certaines époques de l'année, les fonds
qu'exige la continuation des travaux : ces sortes d'opérations
doivent nuire beaucoup à la marche des affaires, auxquelles fait
également tort la position des usines privilégiées.

Parmi les différentes espèces de métaux exposées à la foire de
Nijni, j'ai remarqué des fers en barres de 1 rouble à 1 rouble
60 copecks le poud ; des fers en feuille de 3 à 4 roubles ; des
fers de chaudière à 3 et 4 roubles, des gros clous à 3 roubles
et 3 roubles 50 copecks, des petits clous de 3 à 6 roubles le
poud. Les tôles, comme je l'ai dit plus haut, quoique très-bien
fabriquées, se sont vendues à 30 % de baisse.

Les objets manufacturés en fer et en acier comprenaient tous
les articles de la serrurerie, de la quincaillerie, de l'armurerie,
de la coutellerie, etc., des outils de tous genres, des limes,
enfin ceux qui concernent la tréfilerie, tels que fils de fer, gril-
lages, cages, élastiques, tissus métalliques, plumes, hameçons,
aiguilles, épingles, etc.; le fil de fer coûte, en moyenne de
1 rouble 80 copecks à 2 roubles 20 copecks le poud.

Les ressorts de voiture sont surtout remarquables par la solidité et même par une certaine élégance, ce qui ne distingue pas
toujours les produits russes.

Quant au cuivre, tout ce que l'on peut en faire d'instruments, de machines, d'ustensiles s'y trouvait représenté : outils, articles de quincaillerie, boucles, garnitures de rampes, glands, poulies, clous, fils de cuivre, cadenas, la chaudronnerie et surtout des chandeliers d'église et des samovars. Le *samovar* russe, que chaque ménage, petit ou grand, possède, est une bouilloire en cuivre, quelquefois en argent ou en melchior, traversée au centre par un tube vertical surmonté d'une cheminée ; ce tube sert à contenir du charbon de bois vulgairement appelé « charbon de boulanger ; » au bas de la bouilloire se trouve un petit robinet ; divers accessoires complètent cet ustensile de ménage des plus utiles. Il y en avait des quantités immenses ; le prix moyen d'un samovar de cuivre est de 15 roubles (60 francs).

Les bronzes étaient aussi représentés à la foire ; les articles de M. Ropra, un Français établi à Saint-Pétersbourg, prouvent quel point de perfection l'art du bronzier a atteint de nos jours ; les produits étaient même trop beaux et trop artistiques pour une foire.

J'ai remarqué enfin des quantités de cloches, timbres et grelots de toutes dimensions ; les cloches, dont on fait un débit immense en Russie, sont fondues à Nijni-Novgorod, à Jaroslaff, à Kostrama, à Toula ; celles de Valdaï ont la vogue.

L'argenterie niellée de Toula, les brunissages d'argent de Vehki-Oustioug, des objets en or, en argent, en zinc, en étain, en platine, des instruments aratoires très-primitifs, des instruments de précision complètent la série des métaux ouvrés, à laquelle il faut ajouter encore la bijouterie, l'orfévrerie et la joaillerie qui étalaient à la foire leurs brillantes et nombreuses variétés d'articles. Ceux de Moscou et d'Allemagne y dominaient ; l'orfévrerie en argent trouve ordinairement le plus grand nombre d'acheteurs ; la joaillerie a été peu favorisée cette année.

L'horlogerie occupait une galerie complète : on débitait facilement ce qui se fait de plus ordinaire dans les montagnes des cantons de Neufchâtel et de Berne ; j'y ai vu vendre de cette détestable horlogerie de pacotille qui commence à infester le marché belge ; les pièces dites chinoises, les savonnettes en argent s'y sont écoulées rapidement.

Dans le grand bazar se trouvent les mille petits objets fabriqués avec les richesses minérales de la Russie, telles que malachite, cristal de roche, lapis-lazuli, diamants, émeraudes, grenat, topaze, cornalines, agate, onyx, chrysolithes, enfin quantité d'objets en pierres précieuses et fines, des boîtes, des vases, des cachets de iaschura, de radonis, etc., etc., des améthystes, de jolis ouvrages en marbre, jaspe, granit, serpentine, albâtre, amiante, porphyre, etc., etc., etc.

J'ai rapporté une petite collection des divers minerais de Sibérie, dont un grand nombre trouveraient, je crois, un emploi fructueux dans notre industrie ; les objets en malachite ont actuellement une consommation considérable, il s'en expédie énormément en France et en Angleterre.

J'ai constaté plus haut l'infériorité des porcelaines, des faïences et des poteries en terre cuite de la Russie, il en est de même des miroirs, de la verrerie et de la cristallerie : ces articles ont néanmoins trouvé un débit de près de 4 millions de francs, à des prix de 200 % plus élevés qu'en Belgique : les faïences, poteries, porcelaines, verres, glaces et cristaux de notre pays sont renommés, nous les produisons à bon marché : pourquoi ne point chercher là un débouché presque assuré par l'intermédiaire de maisons moscovites?

Nos exportations de ces produits vers le marché russe sont presque nulles, et cependant les divers fabricats qu'on y expédie s'y écoulent parfaitement; qu'on y fasse de nouveaux essais, je suis convaincu qu'ils réussiront également.

J'ai vu à la foire quelques belles mosaïques, de beaux marbres, plâtres, des miroirs parfaits, dont beaucoup sortent de la fabrique de Saint-Pétersbourg de M. Van Campenhout, un de nos compatriotes qui habite cette ville depuis dix ans.

Je note, en passant, les produits industriels obtenus par la préparation des débris d'animaux, tels que : chandelles, bougies, gélatine, tout ce qui concerne les cuirs, les articles de pêche, ce qui a rapport à la brosserie, à la sellerie, et emploie les os, la corne, l'ivoire, l'écaille, etc., tous produits qui viennent des 500 localités de la Russie où l'on s'occupe spécialement de chacune de ces trois branches d'industrie ; les salpêtres, les savons, les substances tinctoriales, les produits chimiques et pharmaceutiques et tous ceux du commerce d'alimentation trouvent un écoulement d'autant plus considérable pendant la foire de Nijni-Novgorod que beaucoup de peuplades nomades viennent y faire, comme je l'ai dit, leurs provisions annuelles.

Les poissons secs et salés, le caviar et la colle de poisson, les vins récoltés en Russie, les eaux-de-vie, l'hydromel, la bière, les sucres et d'autres marchandises font l'objet d'un commerce spécial fort actif.

Les industries qui travaillent le bois envoient aussi beaucoup de leurs produits à la foire ; je ne m'occupe point des bateaux que l'on vend sur l'Oka et le Volga et de tout ce qui concerne les constructions maritimes, parce que cela fait l'objet d'un commerce séparé ; tout ce qui concerne la vannerie, la menuiserie, l'ébénisterie, la sculpture, la boissellerie s'y vendait très-bien ; j'y ai vu des sabots habilement confectionnés, des douves de tonneaux, surtout des jantes de roues faites supérieurement d'une seule pièce, à des prix avantageux pour le consommateur.

La fabrication des orgues, pianos, accordéons, qui fait aussi partie de l'industrie des bois, n'a trouvé que peu d'écoulement; il en est de même de la carrosserie; celle-ci offrait, en vérité, un grand nombre d'équipages, de drojkis et de chariots; la carrosserie russe a atteint un degré de perfection remarquable; ce n'est point qu'elle surpasse la carrosserie belge, que les beaux produits de la maison Jones de Bruxelles ont fait si favorablement apprécier à l'étranger, mais elle se distingue par la solidité; j'ai vu à Saint-Pétersbourg des phaétons, des coupés, des coureuses américaines, des chars-à-bancs, des calèches, des équipages de luxe et de voyage très-bien faits, cependant je suis persuadé que nous lutterions avec avantage, même sur le marché russe. Les droits d'entrée sont, pour les équipages à ressorts à quatre roues, de 100 roubles; pour ceux à ressorts de toutes sortes à deux roues, 50 roubles; pour voitures et véhicules de toutes sortes, sans ressorts, à quatre ou deux roues, de même que les petites voitures ou calèches à bras et à ressorts, de 10 roubles, dans l'empire de Russie et dans le royaume de Pologne; dans les ports de la mer Noire et des provinces caucasiennes les prix sont de 50, 20 et 5 roubles. Voici en moyenne ce que coûtent les voitures d'un débit courant et ce qu'on les vend à Nijni : la voiture, 800 roubles; la calèche, 600 roubles; le cabriolet et le phaéton, 300 roubles : le drojki, 250 roubles, et le cabriolet, 80 roubles.

Le commerce des bois n'a pas été très-actif, toutefois les bois de chauffage ou à brûler, les douves et les pièces de fond pour les tonneaux se sont bien placées. En revanche les nombreux ustensiles de ménage en bois ont trouvé cette année un débit plus considérable résultant sans doute de la nécessité où vont se trouver les paysans affranchis de subvenir eux-mêmes à leurs besoins.

La branche la plus importante et la plus curieuse de l'industrie des bois en Russie est certainement la fabrication des nattes et autres objets en écorce de tilleul, dont il se débite des millions de pièces à la foire de Nijni-Novgorod. Elle est tellement intéressante que je ne puis laisser de la faire connaître en détail d'après les renseignements que m'a fournis un employé du ministère des domaines de l'empire :

Dans les principaux ports de mer de la Russie, surtout à Arkhangel, à Saint-Pétersbourg et à Riga, on voit souvent, parmi les navires qui font voile vers l'Angleterre, ou pour les ports de l'Allemagne, de la péninsule scandinave, et même pour l'Amérique, des bâtiments dont la cargaison se compose en grande partie de nattes de tille, c'est-à-dire faites d'écorce de tilleul. On est étonné de voir embarquer ces nattes par milliers, et lorsqu'on s'aperçoit que sur presque toutes les barques qui descendent la Néva, la Dvina septentrionale et la Dvina occidentale jusqu'aux villes situées à l'embouchure de ces fleuves, les denrées qu'elles apportent de l'intérieur sont de plus couvertes de nattes semblables, pour les garantir de la pluie; lorsqu'on se rappelle enfin qu'une quantité très-considérable de ces nattes est en outre exportée annuellement, soit par le Niemen et les affluents du Prégel aux villes maritimes de la Prusse, soit par terre en Autriche et dans le reste de l'Allemagne; lorsqu'on essaye de calculer le nombre de tilleuls qu'ils faut abattre annuellement pour produire une si énorme quantité de nattes, on a peine à se figurer l'étendue des bois où l'on peut renouveler de pareilles coupes pendant une longue suite d'années. Et cependant ce commerce continue déjà depuis des siècles avec la même activité, sans que les nattes en soient devenues jusqu'à présent ni plus rares, ni même plus chères qu'elles n'étaient autrefois. Il y a même plus, quelque considérable que soit ce commerce d'exportation, quelque étonnant qu'il puisse paraître, il n'en est pas moins certain que les quantités de nattes expédiées à l'étranger paraissent presque insignifiantes comparativement à celles qui sont chaque année consommées dans l'intérieur. Il faut avoir parcouru le pays, il faut avoir vu les habitations des paysans, les bazars des petites villes, la foire de Nijni-Novgorod et les barques sur les fleuves, pour se faire une juste idée de cette variété d'usages auxquels l'écorce de tilleul et les nattes qu'on en fabrique sont employées en Russie par les classes inférieures. Les farines et toutes les denrées de cette nature qu'une partie de l'empire expédie à l'autre, sont transportées sans exception dans des sacs de nattes ; les caisses qui servent à emballer les marchandises sont de même enveloppées de nattes ; les charrettes des paysans en sont doublées ; si elles ont une capote, cette capote est encore couverte de nattes ; les cribles à vanner le blé sont faits d'écorce de tilleul ; les voituriers de roulage, dont on rencontre dans toutes les saisons les longues caravanes sur toutes les routes de l'intérieur, sont munis entre autres d'une espèce de filets en cordes de tille, qui servent à y lier le foin. Sur les barques qui sillonnent les rivières et les canaux on se sert presque exclusivement de câbles et de cordes du même genre, et on y voit jusqu'à des voiles en tissu de tille. Dans une très-grande partie de la Russie, même la chaussure du peuple est faite d'écorce de tilleul ; dans plusieurs provinces les toits des maisons en sont couverts, et pour laver les planchers et les meubles.

pour s'essuyer dans les bains, on se sert encore d'une botte de tille.

Jadis, même jusqu'au quinzième siècle, l'écorce des tilleuls tenait quelquefois en Russie lieu de parchemin ; sans parler des tableaux peints sur un fond de cette nature qui se trouvent dans les églises, l'on cite jusqu'à des documents écrits sur un morceau d'écorce préparé à cet effet.

Aujourd'hui sans doute, on ne s'en sert plus pour un pareil usage ; du reste les objets faits d'écorce de tilleul sont, comme nous venons de le voir, de nos jours comme depuis des siècles, au nombre de ceux dont le peuple en Russie peut le moins se passer, dont il a besoin à chaque instant et dans toutes ses occupations. On ne lira donc pas sans intérêt les détails suivants sur le développement qu'a pris la fabrication des nattes, des cordages et des autres objets confectionnés en tille, dans les provinces où l'on s'occupe de ce genre d'industrie. Nous les devons à M. Kœppen, de l'Académie des sciences, qui a eu occasion de les recueillir sur les lieux.

C'est surtout dans une région qui embrasse les gouvernements de Viatka, de Kostroma, de Casan et de Nijni-Novgorod, s'étendant vers le nord jusqu'au district de Nikolsk, du gouvernement de Vologda, vers le midi jusqu'aux arrondissements septentrionaux des gouvernements de Tamboff, de Penza et de Simbirsk, que la population s'occupe de la fabrication en grand des divers objets en écorce de tilleul dont nous avons fait plus haut l'énumération. Il est vrai que l'on voit exercer ce genre d'industrie encore sur plusieurs autres points de l'Empire, mais sur une échelle beaucoup moins grande, de manière que le plus souvent ses produits n'y suffisent pas même à la consommation locale. Les provinces que nous venons de nommer sont les seules qui

exportent annuellement de grandes quantités de ces produits.
C'est de ces contrées que viennent ces milliers de nattes expédiées sans cesse à l'étranger ; c'est encore elles qui en fournissent au midi et au nord de l'empire, et on y voit des villages entiers dont les habitants font de l'exploitation des forêts de tilleul
leur principale ressource.

Aux mois de mai et de juin, époque de l'année à laquelle
l'écorce des arbres se détache le plus facilement du tronc, rempli alors de séve, les villages de ces contrées deviennent en
grande partie déserts. La plupart des habitants, hommes et
femmes, des familles entières, emmenant leurs enfants, se rendent alors dans les forêts pour y passer plusieurs semaines,
à une distance assez considérable de leurs demeures ; et il faut
certainement tout l'empire que l'habitude exerce sur l'homme,
pour rendre supportables les inconvénients auxquels ils se voient
exposés au fond de ces bois presque inaccessibles. La chaleur
y est étouffante à cette époque ; d'innombrables essaims d'insec-
tes poursuivent sans cesse l'homme qui ose y pénétrer, et sou-
vént il faut s'enfoncer jusqu'à la ceinture dans l'eau stagnante
des marais pour arriver jusqu'à un tilleul.

Personne cependant ne se plaint de ces souffrances, parce
qu'on les regarde comme inévitables, et qu'on sait d'avance
qu'il faudra les subir ; pourvu qu'on rapporte au village une
bonne provision d'écorce de tilleul ! cette idée occupe exclusivement toute la famille. Ce n'est pas sans raison qu'ils regardent
le succès d'une pareille expédition comme incertain, leur travail
n'étant pas toujours également bien récompensé ; telle année,
lorsque le temps est sec et la température modérée, il devient
presque impossible de détacher l'écorce du tronc ; il faut des
pluies et un temps chaud pour que le travail puisse avancer

sans trop de difficulté, et quelquefois, après un hiver plus rigoureux que d'ordinaire, un état propice de l'atmosphère ne suffit pas même pour le rendre facile.

Sans couper tout à fait le tilleul, de peur qu'il ne dessèche trop promptement, on y fait, à quelques pieds de terre, une entaille assez profonde pour le renverser; si le tronc de l'arbre a 1 1 2 archine ou plus de circonférence, l'écorce de l'extrémité inférieure, plus forte que le reste, est destinée aux toitures; on a soin dès lors de conserver dans toute son épaisseur le *liber*, c'est-à-dire l'enveloppe qui se trouve entre l'écorce extérieure et le bois, sans séparer l'une de l'autre les différentes pellicules dont elle se compose. Après avoir enlevé, moyennant un instrument tranchant, l'écorce extérieure, il suffit d'échauffer, en l'étendant au-dessus d'un feu modéré, cette seconde enveloppe de l'arbre dont nous venons de parler, pour lui faire perdre la forme de tube creux qu'elle tend naturellement à reprendre.

Afin de rendre tout à fait planes ces pans d'écorce, qui doivent avoir 2 1 4 à 3 archines de long sur 1 1 4 à 2 de large, pour pouvoir être vendus comme écorce propre aux toitures, on les tient de plus pressés sous un poids pendant quelque temps. Cent pièces d'écorce ainsi préparées se vendent d'ordinaire au prix de 32 à 40 rbls. ass. Quant à l'écorce de toute la partie supérieure du tronc, divisée en fraction de 6 arch. de long, et à l'écorce des branches, on en fait une espèce de faisceau que l'on met à rouir, soit dans quelque ruisseau voisin, soit dans un étang creusé à cet effet. Ces paquets y restent plongés jusqu'à l'époque des premières gelées, c'est-à-dire jusqu'au mois de septembre ou d'octobre, et l'on remarque que la tille rouie dans l'eau vive se distingue généralement par sa blancheur de celle qui a subi l'action d'une eau stagnante. Retirés des étangs ou des ruisseaux

à l'approche de l'hiver, ces faisceaux d'écorce, déposés provi-
soirement sur des tréteaux, sont transportés au village dès que
le traînage est établi. On a soin de chauffer une petite chau-
mière destinée exclusivement à cet usage, et dans laquelle
l'écorce est tantôt suspendue au plafond, tantôt étalée sur le
plancher, de manière à y maintenir une température très-
élevée; à mesure que l'action de la chaleur en fait découler ou
évaporer l'eau dont elle s'est imbibée, on peut séparer l'une de
l'autre les différentes pellicules dont se compose l'enveloppe
intérieure de l'arbre, et diviser chacune en un certain nombre
de rubans minces et déliés.

Un tilleul de première qualité dont le tronc a une hauteur
de 6 sagènes peut en fournir jusqu'à 3 pouds 17 livres, et même,
en y comprenant les plus jeunes, on croit pouvoir évaluer, dans
le gouvernement de Kostroma, à 2 pouds 17 1 4 livres le chiffre
moyen de la quantité de tille que produit chaque pied d'arbre.

Le métier qui sert à tisser des nattes de ces rubans est
extrêmement simple; ce n'est qu'un châssis quadrangulaire,
sur lequel les rubans formant la chaîne sont tendus à travers
un peigne de tisserand, et on y fait passer la trame au moyen
d'une grande navette.

Selon l'usage auquel on les destine, les nattes sont plus ou
moins grandes et fortes; il y en a de si légères, que le poids
d'une centaine ne s'élève guère à plus de 8 pouds, tandis
qu'un nombre égal de nattes les plus épaisses, tissues de rubans
de tille tordus, telles qu'en fabriquent les Tchérémisses des
environs de Viatka et les habitants du gouvernement de Casan,
ne pèse pas moins de 20 pouds. Ces nattes, chères en raison de
leur solidité, se vendent à la foire de Nijni-Novgorod au prix de
90 roubles assignation le cent. Quant à celles dont on se sert

pour en faire des sacs à blé et à farine, etc., tissues de rubans lisses, mais plus serrées que les nattes ordinaires, longues de 2 1 2, larges de 1 10 16 archines, évaluées à 36 ou 40 roubles assignation, elles pèsent jusqu'à 18 pouds le cent.

Voici maintenant quelles sont à peu près les quantités et la valeur des objets de cette nature que produisent annuellement les provinces où cette industrie a pris le plus de développement. Le gouvernement de Viatka est le plus remarquable sous ce rapport; d'après les renseignements fournis par les marchands qui s'occupent de ce commerce, les nattes, les sacs, etc., confectionnés chaque année dans les seuls districts de Yarensk, Ourjoum, Malmouisch, Yélabouga, Sarapoul, Glazof et Nolinsk, peuvent être évalués aux chiffres suivants :

Nattes en rubans de tille tordus . . .	250,000 pièces.
Nattes ordinaires de différentes qualités.	800.000 »
Sacs à blé et à farine	2,300.000 »
Bardeaux à toiture	500,000 »
Rubans de tille non ouvrés	350,000 pouds.

exportés pour la plupart dans le gouvernement de Vologda et aux bords de la Dvina septentrionale d'un côté, de l'autre, par la voie de la Viatka, de la Kama et du Volga, aux gouvernements de Saratoff et d'Astrakhan, aux contrées qu'arrose le Don, et aux villes situées sur les rives de la mer d'Azof, ou bien du côté d'amont à Rybinsk, point devenu si important comme centre du commerce intérieur.

Les quatre autres districts du gouvernement de Viatka qui ne sont pas compris dans ce calcul en exportent également de grandes quantités surtout par terre, dans le gouvernement de Casan ; de sorte qu'en y comprenant les objets de ce genre consommés sur les lieux, les forêts de ce gouvernement doivent produire près de 6,000,000 de nattes, etc., dans le courant d'une année, sans compter quatre à cinq cent mille pouds de tille que l'on expédie non ouvrée dans les provinces avoisinantes.

Le gouvernement de Kostroma en exporte également des quantités très-considérables, et dans les districts de Vetlouga et de Varnavine, la fabrication des objets confectionnés en écorce est même devenue la principale ressource de la population. La petite ville de Vetlouga est l'entrepôt de ce commerce ; en hiver on y voit arriver chaque semaine, le jour du marché, plus de mille traîneaux de paysans chargés de nattes, et d'après les registres officiels des autorités locales, le nombre de nattes qu'on y a vendu, depuis le 5 décembre jusqu'au 25 mars, s'est élevé à 2,000,076, expédiées en partie pour Rybinsk, en partie pour Nijni-Novgorod. On en exporte en outre de grandes quantités par terre directement des villages où elles sont confectionnées aux contrées limitrophes, et la fabrication des cordages en tille n'est pas non plus sans importance dans cette province. Enfin, dans le district de Kineschma, se trouve un bourg considérable, celui de Séménovskoe, dont les habitants, ainsi que ceux des villages voisins, s'occupent presque exclusivement de la fabrication de ces sandales en écorce de tilleul, chaussure habituelle du peuple dans plusieurs provinces, et chaque jour de marché on y voit mettre en vente jusqu'à 100,000 paires de ces sandales.

Dans le gouvernement de Casan il n'y a guère que le district de Tsarévokokchaïsk où l'industrie dont nous parlons ait acquis quelque importance ; mais en revanche ce seul district expédie dans le courant de l'hiver jusqu'à 3,600 traineaux chargés de nattes au chef-lieu de la province, sans compter des objets de cette nature pour une valeur très-considérable, exportés de plusieurs villages situés sur les bords du Volga ; et de plus, il existe trois fabriques de cordages en tille dans la ville de Casan même.

Le gouvernement de Nijni-Novgorod, où l'on fabrique de même des cordages de cette espèce en grandes quantités, expédie des nattes et des sacs de nattes, tant à Rybinsk et dans les provinces du nord, que dans la Petite-Russie, et à Morschansk, petite ville du gouvernement de Tamboff, entrepôt très-remarquable du commerce des céréales. Également active dans le district de Nikolsk, du gouvernement de Vologda, et dans plusieurs parties des gouvernements de Tamboff, de Simbirsk et de Penza, qui expédient les produits de leurs forêts aux provinces du midi, ce genre d'industrie s'est même étendu sur plusieurs contrées limitrophes, où les tilleuls sont plus rares, et qui sont par conséquent obligés de tirer la matière première de cette partie de l'empire dont nous venons de parler.

C'est ainsi que le gouvernement de Yaroslaff exporte annuellement à Rybinsk des nattes confectionnées de tille venant des immenses forêts des districts limitrophes du gouvernement de Kostroma. Même dans les gouvernements de Vladimir et de Tver, on voit encore dans quelques villages les paysans tisser des nattes, filer des cordes, et tresser des sandales d'écorce de tilleul, mais en quantités moins considérables, de manière que ces provinces ne sauraient en exporter.

D'après les renseignements que les autorités locales, et plusieurs marchands domiciliés dans les provinces dont il est ici question, ont communiqués à M. Kœppen, le nombre des nattes

confectionnées chaque année dans ces contrées, en y comprenant celles dont on fait sur les lieux des sacs à blé et à farine,
peut être évalué :

Dans le gouvernement de Viatka. . à 6,000,000 de pièces.
   d° de Kostroma. . . . . . » 4,000,000 »
   d° de Casan. . . . . . . » 1,000,000 »
   d° de Nijni-Novgorod au moins . » 1,000,000 »
   d° de Vologda, Tamboff, Simbirsk
      Penza. . . . . . . » 2,000,000 »
           Total. 14,000,000 pièces.

dont environ 3 1/2 millions sont exportées à l'étranger et le reste
consommées dans le pays. Ces nattes représentent une valeur
d'environ sept millions de roubles assignation, ou deux millions
de roubles argent, chiffre auquel il faut encore ajouter un
million de roubles argent, valeur approximative des bardeaux
pour toitures, cordages, sandales, et autres objets d'écorce : de
sorte que le produit annuel des forêts de tilleul dans ces provinces présente au moins un total de trois millions de roubles
argent.

Quant au nombre de tilleuls nécessaires chaque année pour
fournir une si énorme quantité de ces objets, il ne saurait être
au-dessous de 700,000, ni au-dessus d'un million de pieds
d'arbre. Ce chiffre pourrait paraître effrayant; mais à quoi ser-
viraient ces tilleuls si l'administration voulait prohiber la fabrication des nattes d'écorce, ou du moins la restreindre? Ils pour-
riraient au fond des forêts dans ces contrées encore en partie
mal habitées, sans qu'on ait pu en tirer aucun parti. Il ne peut
donc être question que de surveiller l'exploitation des fo-

rêts, de la régulariser et de la diriger de manière qu'elle ne puisse devenir destructive ; l'on sait que l'administration des forêts impériales a fait toutes les dispositions convenables pour assurer la conservation de ces bois. En raison de l'augmentation future de la population, il serait à désirer sans doute que l'on pût limiter successivement l'usage si varié des objets en écorce de tilleul ; introduire dans toutes les provinces celui des sacs en tissus de lin ou de chanvre, ainsi que celui de quelque autre chaussure, et abolir enfin les toits couverts de bardeaux. Dès à présent quelques mesures ont été prises à cet effet. Il y aurait encore différents articles à nommer dans l'industrie et le commerce des bois qui sont à la foire, mais ces détails m'entraîneraient trop loin, je me contenterai de citer une rangée de boutiques qui ne contenaient que des coffres garnis en fer et en fer-blanc que les peuples asiatiques achètent en grandes quantités pour emballer leurs achats ; j'en ai acheté un au prix de 5 roubles pour serrer mes effets et j'ai pu en apprécier toute la solidité. Ils ont ordinairement de 4 à 5 pieds de long sur 1 1/2 à 2 1/2 de large, et se vendent, en moyenne, de 3 à 7 roubles ; on en avait vendu au moins sept à huit mille.

Somme toute, la vente du commerce et de l'industrie des bois a été satisfaisante.

Il en a été de même de celle du commerce des denrées coloniales qui a bien marché, les vins ont été calmes, cependant les vins de France furent favorisés ; il est à remarquer qu'ils n'en portent souvent que l'étiquette et sont fabriqués, en partie, dans le pays ; ceux du Don, du Caucase, de Kisliar et le petit champagne de Soudak ont maintenu leurs prix antérieurs.

Les céréales ont été apportées en quantités insuffisantes

pour faire face aux nombreuses demandes, aussi se sont-elles
vendues en hausse dans des conditions fort avantageuses pour
les producteurs, il en a été de même pour les farines.

Les Sibériens et les Kalmoucks, les Tchouvaches et les Tchérémisses ont vendu, à des prix raisonnables, une grande partie
des chevaux qu'ils avaient amenés à la foire. Ces chevaux sont
petits, ordinairement noirs, trapus, au poil hérissé, ils sont
très-beaux avec leur longue crinière, leurs formes musculeuses,
leur œil vif et sanglant, et peuvent faire jusqu'à 30 kilomètres à
l'heure sans s'arrêter. J'ai eu l'occassion d'en voir une centaine
sur les travaux du chemin de fer entrepris par MM. Vander
Elst; quoique petits de taille, ils me paraissaient soutenir
assez bien les fatigues; il s'en vend de tous prix, depuis 30 roubles et au-dessus.

Le commerce de détail a été généralement médiocre, il y avait
moins d'acheteurs que les années précédentes et on se plaignait
du manque d'argent. Les petits marchands ne peuvent pas réaliser de grands bénéfices à la foire de Nijni-Novgorod, outre que
leurs frais sont énormes, ils n'y viennent ordinairement qu'avec
des marchandises de rebut; nos industriels désireux de faire le
commerce avec de bons et solides produits, fabriqués dans le
goût demandé, y réaliseraient certainement de fort beaux bénéfices, même en faisant le détail par l'intermédiaire d'une des
nombreuses maisons de Moscou ou de Saint-Pétersbourg qui s'y
rendent annuellement.

Il me reste, pour terminer ce long aperçu de la foire de Nijni-
Novgorod, à parler du commerce d'argent, du crédit.

Plusieurs banques privées fonctionnent à Nijni; la banque de
l'État a établi une section aux foires de Nijni, de Poltava, de
Rybinsk et d'Irbit; elle a mis, l'année dernière, une somme de

500.000 roubles à la disposition de chacune de ces sections temporaires.

L'agio sur l'or était de 8 à 10 °/₀, sur l'argent, il a monté jusqu'à 12 °/₀; j'ai dû payer pour la monnaie divisionnaire un agio de 9 °/₀.

La crise financière, au point de vue industriel et commercial, semblait se calmer lors de mon séjour en Russie, et ce calme avait produit des résultats inattendus à la foire de Nijni-Novgorod, qui, comme je l'ai dit, est considérée par les négociants comme très-satisfaisante.

On y parlait beaucoup de la rupture de la balance commerciale provenant de l'augmentation constante de l'émission du papier-monnaie, et de l'exportation des métaux précieux, avec la diminution des exportations de marchandises russes vers l'étranger coïncidant avec l'accroissement de l'importation des marchandises étrangères.

J'ai eu l'occasion de discuter ce sujet avec quelques messieurs du haut commerce russe et de l'industrie; tous soutiennent qu'il y a eu une émission trop forte de papier-monnaie et qu'on a eu tort de faire des stocks de numéraire au profit de l'étranger; les libéraux indiquent la liberté commerciale et industrielle illimitée comme unique moyen de relever le crédit russe, et demandent avant tout, cependant, une prompte liquidation du papier-monnaie; les protectionnistes et certains intéressés veulent un tarif douanier plus sévère, des droits d'entrée élevés, enfin ces mille moyens caducs de l'ancienne école.

Les forces productives de la Russie sont assez grandes pour relever la situation financière; je suis convaincu qu'elle se relèvera, et que ces terreurs de révolution et de banqueroutes se dissiperont devant la constante activité que le ministre des finances actuel apporte dans toutes les réformes qu'il entreprend dans ce but.

« Il nous faudrait un Frère! me disait-on dans un salon de Saint-Pétersbourg, au milieu d'une discussion sur la crise monétaire qui sévit dans le pays. Qu'il vienne nous trouver puisqu'il vous a quittés? » « Nous en avons trop besoin, ai-je répondu, et il est trop patriote pour ne pas le savoir. M. Kniajevitch possède, en grande partie, les qualités de notre ministre, qu'il ait son énergie et il triomphera. »

En résumé, malgré les prévisions fâcheuses qui avaient été manifestées au commencement de la foire, les affaires se sont assez bien terminées.

Les rentrées de l'année dernière se sont généralement effectuées et il n'y a eu aucune suspension de payement sérieuse.

A la vérité la stagnation générale des affaires et la pénurie du numéraire a réagi d'une manière sensible sur quelques articles, surtout ceux de luxe, les fers et les aciers ; l'Orient, qui achetait beaucoup d'objets de luxe, commence à restreindre ses demandes et dirige de préférence son attention vers les objets d'utilité et à bon marché. Mais, à ces exceptions près, les marchands en gros sont très-contents du résultat de leurs opérations, et s'il faut s'en rapporter au dicton populaire qui dit que la foire de Nijni-Novgorod est le thermomètre du mouvement commercial, la saison d'hiver commençait sous les meilleurs auspices.

Je reproduis ici le compte rendu de la foire de Nijni-Novgorod de l'année 1860 (1).

____

(1) Ce compte rendu a été envoyé au ministre des affaires étrangères par le ministre du roi à Saint-Pétersbourg, M. le vicomte de Jonghe d'Ardoye.

LA FOIRE DE NIJNI-NOVGOROD EN 1860.

Sous ce titre a paru, dans le journal *L'Industrie*, un article de M. Sera-
phini, qui contient un relevé complet et détaillé du mouvement des affaires
à la foire de Nijni-Novgorod. Dans l'impossibilité de le reproduire *in ex-
tenso*, avec tous ses détails, quelque précieux qu'ils soient au point de vue
statistique, nous croyons néanmoins qu'il ne sera pas sans intérêt, pour
ceux de nos lecteurs russes et étrangers qui suivent la marche du commerce et de l'industrie, de leur en faire connaître la substance.

La foire de Nijni-Novgorod est un des événements les plus considérables
dans la vie industrielle et commerciale de la Russie. Longtemps à l'avance,
chacun s'étudie à prévoir quelle en sera l'issue, et il ne faut pas s'en étonner, car à cette issue se rattache directement ou indirectement celle de
toutes les affaires commerciales de l'année.

Mais jamais peut-être cette préoccupation universelle n'avait été si vive-
ment excitée qu'aujourd'hui, parce que jamais la situation générale des
affaires n'avait donné à la foire de Nijni-Novgorod une si grande importance.

La stagnation du commerce pendant cette année, la situation de nos manufactures, leur activité téméraire et que rien ne justifiait pendant la campagne de 1860, les capitaux prodigués dans des entreprises formées par
actions, dont la plupart n'offraient aucune chance de succès et n'ont pas
tardé à crouler en entraînant dans leur ruine ces mêmes capitaux qu'elles
dérobaient à une industrie utile et productive; la rareté de l'argent sur les
marchés, par suite la restriction du crédit; et, pour mettre le comble aux
difficultés de la situation, la masse des marchandises qui, n'ayant pas trouvé
un écoulement suffisant aux différentes foires du commencement de l'année,
venaient encombrer celle de Nijni; toutes ces circonstances, jointes à plusieurs autres encore, pesaient lourdement sur la classe industrielle, et
faisaient porter tous les regards sur la foire de Nijni-Novgorod comme sur
la seule ressource qui pût faire entrevoir un dénouement consolant. On

attendait ce dénouement avec anxiété, mais avec peu d'espoir, parce que les circonstances défavorables ne pouvaient échapper aux moins clairvoyants.

La question est décidée. Dans quelles proportions a-t-elle justifié les espérances de quelques-uns et les craintes du plus grand nombre? C'est ce que l'auteur de cette notice explique en mettant sous les yeux de ses lecteurs la situation du commerce pour chaque espèce de marchandises, qu'il détaille ensuite article par article pour en déduire des données précises sur l'état des affaires à Nijni-Novgorod en 1860.

Indépendamment des sources officielles, il a basé son travail sur des renseignements particuliers et sur des documents consignés dans différentes publications périodiques pendant la durée de la foire.

Avant de passer aux particularités de ce commerce, l'auteur expose dans un tableau général la quantité des marchandises de chaque espèce, tant apportées que vendues à la foire de 1860, en mettant en regard les chiffres de cette année avec les chiffres correspondants de l'année dernière.

Nous en indiquons les totaux :

I. *En produits nationaux.*

	Apportés.	Vendus.
1859	76,627,200	72,086,200
1860	76,221,300	69,233,500
Différence. . .	405,900	2,852,700

II. *En produits étrangers.*

Produits européens.

1859	14,017,500	12,187,300
1860	12,857,800	11,072,500
Différence. . .	1,159,700	1,114,800

Produits asiatiques.

1859	12,628,500	11,896,700
1860	13,521,900	13,271,400
Différence. . .	893,400	1,374,700
Total général, 1859 .	103,273,200	96,170,200
» 1860 .	102,601,000	93,577,400
Différence. . .	672,200	2,592,800

Il avait été apporté, en produits manufacturés de coton provenant des fabriques russes, pour une somme de 17,201,800 roubles; il en a été vendu pour 14,380,400 roubles, c'est-à-dire pour 66,900 de moins qu'en 1859, quoiqu'on en eût apporté pour 2,000,900 roubles de plus cette année. Les quantités effrayantes de produits fabriqués et qui n'avaient point trouvé de placement pendant le courant de l'année, ensuite l'état languissant du commerce pendant les foires du printemps, avaient eu pour résultat de faire amener à Nijni-Novgorod une si grande masse de marchandises.

Mais les espérances des vendeurs ont été déçues; malgré l'affluence considérable de gens qui ont visité la foire, il s'en est trouvé peu en réalité qui fussent venus avec l'intention et les moyens d'acheter. Beaucoup de marchands n'avaient pas écoulé leurs produits aux foires précédentes; beaucoup étaient arrivés les mains vides, dans l'espérance de faire quelques spéculations; enfin, un grand nombre des acheteurs ordinaires ne se sont pas présentés, ayant encore des lettres de change qu'ils n'avaient pas pu acquitter : aussi le commerce a langui, et la sixième partie des marchandises est restée sans être vendue. De plus, la disproportion entre l'offre et la demande, et la présence d'une foule de petits fabricants sans capitaux, forcés de livrer leurs marchandises à tous prix, ont amené une telle baisse, que la plupart ont été vendues de 12 à 20 % au-dessous des prix de l'année dernière. Le bruit s'est même répandu qu'un fabricant des plus connus avait baissé ses prix de 40 %, et quoiqu'on ne puisse garantir l'exactitude de cette assertion, elle est de nature à faire comprendre combien les prix étaient tombés. Ajoutons à cela que

presque toutes les marchandises vendues l'ont été à de longs termes
de 6, de 12, même de 24 mois. Une autre circonstance défavorable était
encore que les cotons filés avaient baissé de prix dans les derniers temps,
en sorte que les marchands, s'attendant à une diminution sur les prix des
cotons fabriqués, mettaient d'autant plus de prudence dans leurs achats,
se bornant aux tissus les moins chers et dont l'usage est presque indispensable. Néanmoins la principale cause qui a entravé la vente non-seulement des produits en coton, mais de toutes les autres marchandises, était
e manque général et absolu d'argent qui pesait sur le monde commercial. Il en résultait que beaucoup de débiteurs ne payaient point leurs
dettes, et que les créanciers devaient leur accorder des délais.

Les petits fabricants de cotonnades, déjà rudement éprouvés l'année
dernière, ont eu particulièrement à souffrir. Ils ne pouvaient vendre à
crédit : il leur fallait de toute nécessité de l'argent comptant, car ils devaient acquitter, à la foire même, les dettes contractées pour leurs matériaux achetés à crédit. L'industrie de la filature, qui réalise ordinairement
de grands bénéfices à la foire, n'a pas été plus heureuse. Les qualités recon-
nues comme les plus solides à la teinture, provenant des fabriques d'Iva-
novo et de Voznessensk, sont celles qui se sont le mieux soutenues; les
qualités médiocres ont eu peu de débit; les acheteurs exigeaient la solidité
des couleurs et des tissus, ainsi que le choix des dessins. En général, la
vente des produits en coton a été très-peu animée, de même que celle de
tous les produits manufacturés.

Les prix des laines, aux foires de Troïtsky et d'Ekatherinoslaff, s'étaient
élevés de 8 à 10 et à 15 p. c.; néanmoins ceux des draps, et en général
des laines manufacturées, n'ont point augmenté, et quelques qualités ont
même subi une diminution, quoique la quantité de ces produits apportés
à la foire fût à peu près la même que celle de l'année passée : en 1859,
elle représentait 7,867,500 roubles; en 1860, 7,883,000 roubles, seulement 16,500 roubles de plus. Quoique ce commerce n'ait pas été très-
actif et se soit fait également avec beaucoup de crédit, il a été plus avantageux que celui du coton.

La vente a été assez importante, avec un excédant de 1/14 de marchandises non vendues; elle a dépassé de 67,100 roubles le chiffre de l'année

précédente : en 1859, 7,263,200 roubles ; en 1860, 7,330,300 roubles. Les articles qui ont été le plus demandés et le mieux vendus sont les produits manufacturés tout en laine, et, après ceux-ci, les objets en laine et coton, laine et soie, etc.

Les produits manufacturés en lin et en chanvre, y compris le papier, les chiffons, les papiers de tenture, etc., ont été, pour la quantité de marchandises apportées et vendues, à peu près dans les mêmes conditions que l'année dernière : en 1859, apporté à la foire pour 2,860,500 roubles, vendu pour 2,762,300 ; en 1860, apporté pour 2,766,700 francs, vendu pour 2,679,800. Plusieurs articles, et précisément ceux qui avaient été apportés en plus grande quantité, tels que la toile forte, la toile dite de Flandre, le ravendouk, les chiffons et le papier, ont été entièrement vendus. Les prix de l'année dernière se sont maintenus sur ces objets, et sur le papier à écrire ils ont même haussé de 1 à 8 %. Les chiffons, quoiqu'il en ait été apporté une quantité presque double de celle de l'année passée, ont été vendus avec un grand avantage, grâce à une forte demande de l'étranger, à laquelle nous avons même été loin de pouvoir satisfaire.

Le commerce des soieries, surtout dans des qualités supérieures, s'est bien soutenu, ce qu'il faut surtout attribuer à ce qu'il y a eu peu de concurrence de l'étranger sur ces produits ; les étoffes demie-soie et les tissus mêlés de laine se sont vendus plus faiblement. D'après des renseignements particuliers, néanmoins, les articles de mode et de luxe ont été peu demandés, et nos principaux marchands en gros n'ont pas vu leurs acheteurs ordinaires. Il est vrai que les prix de l'année dernière se sont maintenus sur les articles en soie et demi-soie, et que l'écoulement en a été assez considérable ; mais la plus grande partie de ce qui avait été apporté s'est vendue à crédit.

Du reste il y a eu augmentation sur l'année dernière : en 1859, apporté pour 4,869,700, et en 1860 pour 4,946,000 ; différence en plus pour cette année, 76,300 ; en 1859, vendu pour 4,254,100 roubles, en 1860 pour 4,478,200 roubles ; différence en plus 224,100 roubles.

Le commerce des fourrures est un de ceux qui ont eu des résultats assez satisfaisants à la foire actuelle. Au commencement, à la vérité, il s'annonçait d'une manière peu favorable, quelques articles s'écoulaient lentement à bas prix et même à perte; mais dans la suite les affaires se sont ranimées, la vente est devenue rapide et avantageuse, et il s'est trouvé en somme une augmentation importante sur l'année dernière : en 1859, apporté pour 4,939,700 roubles, en 1860 pour 5,707,300 ; différence en plus, 767,600 roubles ; en 1859, vendu pour 4,529,200 roubles, en 1860 pour 5,368,700 roubles, différence en plus 839,500 roubles. Du reste, l'augmentation sur les marchandises de ce genre apportées à la foire a eu lieu sur les fourrures non préparées ; pour celles préparées à Pétersbourg, Yaroslaff, Kalouga, Moscou, Casan et Astrakhan, la quantité est restée à peu près la même qu'en 1860. Néanmoins, malgré la situation avantageuse de cette branche de commerce en comparaison des autres, elle a subi également une baisse de prix sensible, qui, sur les fourrures préparées, est allée de 15 à 25 % et même, sur les renards, jusqu'à 30 %. Très-peu d'espèces se sont vendues aux prix de l'année dernière ou un peu au-dessus, tels que les putois noirs, qui, grâce à de forts achats pour l'étranger, ont haussé de 10 %. En général il y a eu peu de demandes pour les fourrures de grand prix ; les qualités inférieures, objets de nécessité et non de luxe, sont celles qui se sont le mieux écoulées.

Le commerce des peaux et objets manufacturés en peau s'est effectué à peu près dans les mêmes conditions de quantité et de prix que l'année dernière, sauf une diminution de 1 à 25 % sur les peaux de cheval et de buffle : en 1859, apporté pour 2,856,000 roubles, en 1860 pour 2,890,000 roubles ; différence en plus, 34,000 roubles ; en 1859, vendu pour 2,780,800 roubles : en 1860, pour 2,841,800 roubles, différence en plus 61,000 roubles.

Le commerce des métaux et objets manufacturés en métal (non compris les métaux précieux dont il sera fait mention à part) s'est effectué assez lentement, les acheteurs étant arrivés tard ; du reste, les producteurs ont vendu en entier toute la quantité de fer et de cuivre apportée à la foire.

Il avait été apporté de fer et d'acier, tant brut que manufacturé, pour 9 millions 875,250 roubles. On sait que le fer ainsi que les autres métaux se vendent à la foire de seconde main par des gens qui en font un objet de spéculation et qui envoient leurs demandes huit ou neuf mois à l'avance.

D'après ces demandes, les producteurs peuvent en général juger du chiffre de celles qui seront faites à la foire. Cette année elles s'étaient élevées presque à un chiffre double de celui de l'année passée, on pouvait donc espérer que les prix monteraient, espérance qui ne s'est pas réalisée.

Les producteurs en effet ont vendu tout ce qu'ils avaient apporté, mais une partie assez considérable est restée entre les mains de ceux qui l'achètent pour le revendre, et les prix en général ont baissé, à l'exception du fer en barres et surtout de la tôle, qui a présenté une augmentation de 20 % par suite des demandes de l'étranger. La fonte, qui avait été apportée presque en quantité double de celle de l'année dernière (pour 216,550 roubles) a trouvé peu d'écoulement et a subi une dépréciation qui a été jusqu'à 50 % et au delà. Il a été apporté du cuivre et des objets manufacturés en cuivre un tiers de moins qu'en 1859, et néanmoins les prix sont restés les mêmes. Ce qui s'est le mieux vendu, ce sont les objets manufacturés en cuivre et notamment les samovars (bouilloires russes pour le thé).

Il a été apporté des faïences, porcelaines, verres, glaces et cristaux pour 924,000 roubles, 37,600 roubles de plus qu'en 1859, et vendu pour 800,500, seulement 10,000 roubles de plus. En somme ces articles se sont assez bien vendus; les principaux achats ont été effectués pour la contrée Transcaucasienne. Les prix de l'année dernière se sont maintenus sur les verres, à l'exception des verres de Bohême, sur lesquels ils ont baissé de 20 %.

Il a été apporté beaucoup moins de céréales que pendant les années précédentes. Par suite de cette circonstance, et sous l'influence d'une récolte insuffisante de grains du printemps dans plusieurs localités, les prix se sont élevés sur l'orge de 4 %, et sur les blés du printemps de 10 à 20 % en comparaison de 1859.

Il a été apporté du sel une fois et demie plus qu'en 1859; il en est résulté que les prix ont baissé de 4 à 6 %, et, malgré cette baisse, un quart de la quantité apportée à la foire n'a pas été vendu.

En réunissant les céréales, grains, farines et gruaux, et le sel, on trouve le résultat suivant : apporté en 1859 pour 8,389,000 roubles, en 1860 pour 5,470,300 ; différence en moins pour cette année, 2,918,600 : vendu en 1859 pour 7,575,400, en 1860 pour 4,270,300 : différence en moins 3,305,100 roubles.

Il n'a été apporté du poisson que pour 1,500,000 roubles, 431,100 roubles de moins qu'en 1859. Dans cette somme, le poisson vivant, pour la consommation sur les lieux mêmes pendant la durée de la foire, figure pour 50,000 roubles ; malgré cette forte diminution de quantité, les prix ont généralement baissé. Comme toujours, la quantité apportée a été entièrement vendue.

Les *vins de Kisliar, du Don, de Crimée*, les *eaux-de-vie* et autres boissons se trouvaient à la foire pour 259,400 roubles de plus que l'année passée ; il en avait été apporté pour 1,495,300 roubles. Le vin de Kisliar en particulier y était dans une proportion presque double relativement à celle de 1859, ce qui a entraîné une diminution de prix toujours croissante, et qui, à la fin de la foire, allait jusqu'à 50 °/₀ ; malgré cela, un quart est resté sans être vendu. Les autres boissons, qui avaient été apportées dans la même quantité que l'année dernière, se sont écoulées aux mêmes prix que par le passé.

Il a été apporté pour 2,450,000 roubles de *sucre*, 55,000 roubles de moins qu'en 1859.

En terminant ce qui a rapport au commerce russe à la foire de Nijni-Novgorod, il nous reste à ajouter qu'on a apporté pour 224,000 roubles de livres, de cartes géographiques, d'estampes et d'images ; dans ce nombre figurent les livres d'église de *vieille impression* (1) pour 20,000 roubles, les images pour 75,000, les livres ordinaires, cartes et estampes, pour 139,000.

(1) On sait que sous le règne du tzar Alexis Mikhailowi'ch, le patriarche Nikon fit faire la révision des livres saints, qui avait été tentée sans succès par son prédécesseur. On établit, en les collationnant avec les originaux, les textes altérés dans la suite des siècles par des copistes ignorants. Cette révision donna naissance à une secte qui subsiste jusqu'à présent. Elle se compose de gens qui n'admettent pas les corrections et ne reconnaissent comme orthodoxes que les vieux textes avec les fautes qu'ils contiennent. Ces sectaires sont désignés sous le nom de *roskolniks* ou schismatiques, et de *starovery* ou vieux croyants. Ils recherchent naturellement les livres de *vieille impression*, c'est-à-dire antérieure à la révision.

Pour faire connaître à nos lecteurs un objet si intéressant sous le rapport du développement intellectuel du peuple, nous ne jugeons pas inutile de citer quelques fragments d'une lettre insérée dans la *Gazette de Moscou* : « Il s'est ouvert ici 21 magasins ou boutiques de librairie : 18 de Moscou, 2 de Pétersbourg, et 1 de Nijni-Novgorod ; de ce nombre, 13 grands établissements et 8 petits : les premiers sont dans la ligne appelée ligne de la librairie, près de la ligne des modes, sur la chaussée : on y peut trouver les meilleures et les plus nouvelles productions de notre littérature. Les autres sont sur le pont de la foire ou dans différents endroits, abrités sous des auvents à l'entrée des galeries souterraines. C'est là qu'on trouve en abondance toutes les productions les plus plates de la littérature russe et la littérature française traduite, « la marchandise qui se débite le mieux, » au dire des vendeurs.

Les principaux marchands qui s'occupent de ce commerce à la foire sont Konoukhine, Smirdine fils et Svechnikoff ; il faut y ajouter Loghinoff et Kholmouchine : les trois premiers seulement font un commerce régulier de librairie, les deux derniers revendent par l'intermédiaire de bouquinistes.

Ils achètent à Pétersbourg et à Moscou, et souvent au poids, de vieux livres qui traînent sur les étalages des revendeurs, et ils les mettent ici en vente à bas prix. Voilà pourquoi les gens du peuple courent à ces boutiques, où pour 50 c. on leur livre *Govak ou la Bataille des Russes contre les Kabardiens,* et autres œuvres de la même valeur ; et ils n'ont garde d'aller dans les bons magasins où on leur vendrait des livres utiles. C'est que pour 50 c. on n'a pas grand'chose ; les livres sont encore chers pour le peuple Le mouvement général de ce commerce a été de 60,000 roubles, ainsi répartis : ouvrages littéraires 26,500 roubles, livres d'église 23,500 r., livres populaires 5,000 roubles, tableaux et estampes 5,000 roubles ; dans cette somme ne sont pas compris les livres *de vieille impression,* qui sont achetés principalement par les roskolniks ou schismatiques.

Le débit le plus abondant est celui de ce qu'on appelle la *littérature sur papier gris* de Moscou : cette dénomination en fait assez comprendre la nature ; ensuite viennent les livres d'études. Les principaux acheteurs sont les Sibériens, les libraires des gouvernements voisins et les habitants des provinces éloignées. Il ne se trouve presque pas d'ouvrages étrangers. Nous ferons ici une observation, c'est qu'en 1845 il fut apporté à la foire pour 46,000 roubles de livres, et il en fut vendu pour 29,000 roubles: ainsi il a fallu quinze ans pour que le chiffre de ce commerce fût doublé.

En *marchandises étrangères*, tant de l'Europe que de denrées coloniales, il a été apporté pour 14,017,500 roubles en 1859, et en 1860 pour 12,857,800 ; différence en moins pour cette année 1,159,700 ; en 1859 il en avait été vendu pour 12,187,300 roubles, en 1860 pour 11,072,500 r., différence en moins 1,114,800. La situation peu satisfaisante de la foire s'est fait sentir également pour les marchandises étrangères, qui, à l'exception d'un petit nombre d'articles, se sont mal vendues malgré l'abaissement des prix.

Il a été apporté des *produits manufacturés étrangers en coton* pour 1,389,800 roubles ; ils se sont écoulés passablement : il en est resté pour 158,000 roubles.

Les affaires ont marché encore mieux pour les *objets manufacturés étrangers en laine ;* il en a été apporté et vendu plus que l'année dernière, et les prix n'ont pas été désavantageux : il en a été apporté pour 539,200 roubles, il en est resté pour 95,700 roubles.

Les *produits manufacturés étrangers en laine et en chanvre,* qui avaient été apportés en quantité un peu moindre que l'année passée, ne se sont pas mal vendus, de même que les précédents: il s'en trouvait à la foire pour 1,573,500 roubles, il en est resté pour 286,000 roubles.

Les *produits manufacturés étrangers en soie et demi-soie* ont été beaucoup moins favorisés, quoiqu'il n'en fût arrivé que le tiers de ce qui se trouvait à la foire l'année dernière. Le commerce de détail a particulièrement été en souffrance. Indépendamment du manque d'argent, qui était général, un mauvais temps prolongé y a contribué ainsi que le choléra, en empêchant plusieurs acheteurs de se rendre à la foire, et en engageant ceux qui y étaient présents à hâter leur départ. Il n'a été apporté que pour 709,000 r. de ces articles, et, sur cette faible quantité, il en est resté pour 197,200 r. c'est-à-dire plus du quart.

Il en a été de même de la quincaillerie, des cosmétiques et de quelques autres objets qui servent à la parure, objets qui appartiennent à la vente de détail : il en a été apporté pour 1,834,900 roubles, il en est resté pour 287,500.

Le commerce des *vins étrangers* s'est effectué à peu près dans les mêmes conditions de quantité et de prix que l'année dernière, sauf une diminution de prix de 2 à 3 °/₀ sur le champagne; il a été apporté des vins et autres boissons pour 1.712.000 roubles, il en est resté pour 248,700 roubles.

En produits chimiques, substances pharmaceutiques et couleurs, en y joignant les quatre mendiants et les fruits, fruits confits, etc., la quantité apportée était de 4,677,500 roubles, un peu plus que l'année dernière; il en est resté pour 503.600. Quoique les produits chimiques se trouvassent à la foire en forte quantité, ils se sont bien vendus : les prix se sont soutenus et même élevés sur quelques articles, ce qu'il faut attribuer au développement de nos fabriques de coton et de laine, qui consomment la plus grande partie de ces produits. Cependant, là aussi le manque d'argent a fait sentir son influence ; la plupart des marchés se sont conclus à crédit et avec des termes de 12 à 24 mois. Ce commerce, comme toujours, a commencé après le 25 juillet et s'est terminé un peu plus tôt qu'à l'ordinaire, vers le 25 d'août.

Pour compléter cet aperçu sur le commerce étranger, il nous reste à parler de quelques marchandises qui ne sont pas comprises dans les catégories précédentes. L'horlogerie, avec les instruments qui y appartiennent, figurait à la foire de cette année pour 350,000 roubles ; les objets manufacturés et instruments en acier pour 25.000, les dents de morse pour 27,000, les bouchons pour 18,000. Ces différents objets n'ont pas offert de changement sensible en comparaison avec les chiffres de l'année 1859.

Le *thé*, comme on le sait, est du petit nombre des objets qui donnent le mouvement à Nijni-Novgorod et influent sur le dénoûment de toutes les transactions; en sorte que, par la manière dont ces objets s'écoulent, on peut juger en général de la marche des affaires à la foire.

Néanmoins, si l'on avait calculé ainsi cette année, on aurait été conduit à des résultats fort éloignés de la réalité. Le commerce du thé s'est effectué dans des conditions très-favorables, et, on peut le dire, d'une manière tout à fait inattendue. La quantité des différents thés apportés à la foire était de 70,000 balles.

Au commencement, comme nous l'avons dit, on comptait peu sur une issue favorable des affaires pour cette denrée; on disait que les marchands s'empresseraient de livrer leurs anciennes réserves à crédit, et avec toutes les concessions possibles; qu'il avait été proposé d'établir les prix sur les thés de famille, qui formaient la principale quantité, à raison de 100 roubles la caisse; que 10,000 caisses de thé en fleur s'étaient vendues à 130 roubles, c'est-à-dire à 15 roubles au-dessous du prix de l'année dernière pour cette qualité.

Dans la suite, il s'est trouvé qu'en effet les prix avaient un peu fléchi sur les thés en fleur, inférieurs, du reste, en qualité à ceux de l'année dernière; mais, sur les thés noirs, il y a eu au contraire une augmentation de prix de 2 à 5 roubles par caisse. Les prix comparatifs ont été établis, pour cette année, dans la proportion suivante :

Prix par caisse.

	1860.	1859.
	ROUBLES.	ROUBLES.
Lian-sin . . . . de 180 à 260		300
Thé en fleur 1re qualité. . .	170	200
— 2e — . . .	155	170
— 3e — . . .	140	de 150 à 155
Poloutorny Khounmy . .	140	135
— de famille . . .	127	125
— de San-sin . . .	113	de 105 à 140

Le thé en briques ordinaire s'est vendu 2 roubles le poud plus cher, et celui de qualité inférieure 1 rouble meilleur marché. Néanmoins les dernières ventes de première main se sont effectuées un peu au-dessous des prix indiqués ici. La vente s'est faite à douze mois de terme, avec rabais de 7 % pour les affaires faites au comptant. Prenant en considération ce terme de douze mois fixé pour cette année, au lieu de celui de neuf mois qui existait pour l'année dernière, on trouve que les thés noirs se sont vendus aux mêmes prix qu'en 1859

Les principales affaires se sont faites vers le 10 août et ont été plus animées que l'année dernière : les marchands de Kiakhta ont bien vendu, et il leur est resté très-peu : ceux qui trafiquent de première main n'ont eu qu'un reste de 7.000 caisses, qui ont été expédiées à Moscou.

Ainsi le commerce de première main a été assez bien partagé ; quant à celui de seconde main, il s'est fait à des prix désavantageux. La plus grande partie du thé en feuilles a été achetée à Moscou, le thé en briques de première qualité a été acheté, comme par le passé, par un marchand de Casan, à 42 roubles la balle en argent comptant, et revendu ensuite avec bénéfice aux Arméniens, qui se livrent principalement à ce commerce. Il résulte des documents, tant particuliers qu'officiels, que les marchands de Khiva n'ont acheté à la foire et commandé à Moscou que pour 4,000,000 de roubles en draps, peluche, fourrures à bas prix, telles que pattes de renard, etc., corail, loutres, peaux de lynx et autres.

En général, on remarque dans ces derniers temps que la demande de marchandises pour le commerce d'échange de Kiakhta diminue. Ils ont acheté beaucoup de monnaies d'argent en pièces françaises de 5 francs, au prix de 23 roubles 60 à 23 roubles 75 la livre poids. Pour terminer leurs affaires à la foire, ils ont fait escompter chez les banquiers particuliers une partie des lettres de change qu'ils avaient reçues en payement pour leur thé, et ont payé 7 °/₀ d'escompte.

Les marchands boukhares et ceux de Khiva ont apporté à la foire pour 306,000 roubles de plus qu'en 1859 ; ils ont apporté et vendu pour 779,000 roubles. Les marchandises de Perse, de Géorgie et d'Arménie ont été apportées pour une valeur de 3,132,900 roubles, c'est-à-dire 565,400 roubles de plus que l'année dernière ; il en a été vendu pour 2,882,400 roubles.

Le commerce de ces articles, qui n'étaient point entrés dans les catégories que nous avons énoncées, a été comme les autres faible et languissant : les Persans ont particulièrement souffert ; les principaux produits apportés de l'Orient ont trouvé peu de débit, et ceux qui avaient été préparés pour l'exportation dans ces contrées se sont vendus très-favorablement.

Les marchands orientaux n'ayant pas placé leurs denrées, se sont arrêtés dans leurs achats, et les objets fabriqués dans le goût asiatique, surtout ceux d'un prix élevé, tels que le drap d'or et d'argent et les étoffes de soie, qui trouvaient autrefois un placement assuré à la foire, ont été peu vendus.

Les marchands de l'Asie se sont bornés à l'achat des objets nécessaires et à bas prix; ils ont emporté la plus grande partie de leur bénéfice en monnaie d'or, que, du reste, ils ont toujours recherchée, même aux foires précédentes.

Une autre branche des affaires commerciales qui n'a pas présenté une situation brillante, c'est le crédit. Quoique plusieurs marchands des villes n'aient pas fait honneur à leurs engagements antérieurs, et qu'un certain nombre n'aient payé que 75 %, néanmoins le crédit n'a pas diminué. En présence d'une faible demande et d'un manque général d'argent, les fabricants, pour faciliter l'écoulement de leurs produits et régler leurs affaires, ont été obligés de donner leurs marchandises à crédit et à des termes éloignés, et pour ainsi dire fabuleux, ayant en vue de faire escompter une partie de leurs titres à la Banque pour se procurer de l'argent comptant, et de changer les autres chez des banquiers particuliers ou de les passer à leurs créanciers pour faire face à leurs propres obligations.

En général le crédit, qui à la foire de Nijni-Novgorod va toujours en augmentant depuis plusieurs années, a atteint en 1860 des proportions énormes. On pourrait être porté à y voir un symptôme d'augmentation de confiance, qui indiquerait un développement du commerce lui-même; mais on se tromperait fort dans le cas actuel : ce crédit exagéré n'est point un phénomène normal ; il est créé par des circonstances défavorables et temporaires, parce qu'il offre le seul moyen de régler les affaires à tout prix, et il ne prouve autre chose que la gêne produite par la disproportion entre l'offre et la demande.

D'après le témoignage général, le comptoir temporaire de la Banque de commerce a beaucoup contribué à faciliter les affaires à la foire pendant cette année. Les demandes d'argent étaient si considérables, que le comptoir avait à peine le temps d'y suffire. Il a délivré contre des lettres de

change 5,928,766 roubles 94 c., 1,688,051 roubles 15 c., de plus qu'en 1859.
Chez les banquiers particuliers, par suite de l'insuffisance des capitaux, l'escompte a été fort élevé.

La disette du numéraire métallique était extrême; l'or, à la vérité, s'est vendu, pendant toute la durée de la foire, à raison de 5 roubles 55 c. pour la demi-impériale, c'est-à-dire 10 c. de moins que l'année dernière ; mais l'argent a monté au commencement à 6, et même à la fin jusqu'à 9 c. par rouble ; tandis que l'année dernière la prime était de 5 c. Il y avait à la foire de la petite monnaie à l'ancien titre, et on supposait qu'elle serait beaucoup demandée ; les changeurs, en conséquence, l'achetaient avec une prime de 4 °/₀ espérant de réaliser d'énormes bénéfices sur cet objet : mais leurs espérances ne se sont pas réalisées. Les thalers se vendaient à 23 roubles 25 c. la livre poids, 10 °/₀ au-dessus de leur valeur réelle. D'après les documents officiels, il a été changé pendant la durée de la foire, en monnaie d'or et d'argent, pour 550.000 roubles, 50,000 roubles de plus que l'année passée.

La vente du pain, des aliments, du fourrage, et le bénéfice de différents établissements de commerce et autres à la foire, se sont montés à 1.927,400 roubles, 287,400 roubles de plus qu'en 1859.

Ainsi tout le *mouvement d'argent de la foire*, en y comprenant le change des monnaies, le prix des objets de consommation, les bénéfices des auberges, etc., s'est monté, d'après les documents officiels, à 104 millions 610 mille roubles, c'est-à-dire 590,000 roubles de moins que l'année dernière. Ajoutons pour compléter que les *loyers des emplacements* à la foire ont été cette année de 180,209 roubles 80 c., 4,011 roubles 60 c. de plus qu'en 1859.

Quelle est la conclusion de cet aperçu, et quel jugement devons-nous porter sur les affaires de cette année à la foire de Nijni-Novgorod? Pour répondre à cette question, nous récapitulerons rapidement les observations que nous avons mises sous les yeux de nos lecteurs.

Les *produits en coton des manufactures russes*, apportés en grande quantité, se sont mal vendus à des prix tout à fait désavantageux, à crédit, et il en est resté la sixième partie.

Ceux en *laine*, malgré le renchérissement des matières premières, n'ont obtenu que les prix de l'année passée; ils ont été vendus en général mieux que les produits en coton, surtout les tissus demi-laine.

On en peut dire autant à peu près des *produits en laine et en chanvre*, à l'exception du papier à écrire et des chiffons qui se sont vendus mieux et plus cher que l'année passée.

Les affaires sur les *soieries* ont été fort lourdes; les tissus en soie se sont encore vendus d'une manière supportable; les tissus en soie mêlée, fort mal; le tout aux prix de l'année dernière, mais à crédit.

Les *fourrures* ont obtenu un écoulement rapide et avantageux, et sont du petit nombre des heureuses exceptions que nous offre la dernière foire, quoique les prix aient aussi diminué, particulièrement sur les fourrures les plus chères.

Pour les *peaux*, point de changement, quant aux prix et à la quantité, en comparaison avec l'année 1859, sauf une diminution de prix pour les peaux de cheval et de buffle. Parmi les métaux d'une valeur peu élevée, le *fer* a été bien vendu de première main, médiocrement de seconde main, avec abaissement de prix sur quelques qualités. La *fonte* est tombée de moitié. Le *cuivre* n'a obtenu que les prix de l'année passée, quoique la quantité apportée ait été réduite au tiers

L'écoulement des *porcelaines, faïences, verres et cristaux* a été assez satisfaisant: les prix ont été ceux de l'année précédente, sauf une baisse de 20 p. c. sur les verres de Bohème. Les céréales diverses ont été apportées en moindre quantité; les prix se sont élevés sur le seigle de 4 p. c., sur les blés du printemps de 20 p. c. Le sel a été apporté en plus grande quantité que l'année dernière; il s'est mal vendu, avec une diminution de prix de 4 à 6 p. c. Il en a été de même du poisson.

Les *vins de production russe* ont été apportés en quantité un peu plus grande. Du reste, cela est arrivé seulement pour les vins de Kisliar, qui en conséquence sont tombés de prix, et néanmoins un quart est resté sans être vendu.

Le cas a été à peu près le même pour les sucres, qui ont été apportés en beaucoup plus grande quantité; ils sont tombés de prix de 8 à 10 p. c., et ont été vendus à crédit avec des termes de 12 mois. Les *produits forestiers*, qui en général renchérissent constamment, se sont mal vendus;

les principaux articles ont baissé de prix, les matériaux de construction de 20 à 40 p. c., la potasse et la charrée de 4 à 6 p. c., le chêne de 25 à 60 p. c.; la tille seule s'est bien vendue et avec avantage. Les autres *produits, tant du règne végétal que du règne animal*, se sont vendus les uns mieux, les autres plus mal : les soies de porc sont tombées de 5 à 15 p. c., les huiles végétales ont monté de 10 à 20 p. c., et en somme ces articles sont restés dans les mêmes conditions à peu près que l'année dernière.

Les *articles de mode*, ainsi que la quincaillerie, les cosmétiques et les parfumeries, se sont mal vendus, quoique l'écoulement en ait été plus fort qu'on ne l'aurait cru, mais à crédit, bien entendu, et avec abaissement des prix.

Les *marchandises étrangères de l'Europe*, généralement parlant, ne se sont pas avantageusement vendues, chose d'autant plus remarquable qu'elles avaient été apportées en moindre quantité que l'année dernière. Cette diminution était particulièrement sensible sur les soieries, qui se sont trouvées le plus en souffrance, et dont un quart est resté sans être vendu malgré l'abaissement des prix.

Les objets en *coton, laine, lin et chanvre*, dont les quantités apportées étaient à peu près les mêmes que l'année dernière, se sont vendus mieux que les soieries, mais à crédit et avec abaissement des prix. Les objets *de mode*, quincaillerie, cosmétiques, etc., ont eu le sort de tout ce qui appartient au commerce de détail, et se sont peu et mal vendus.

Les *vins étrangers* se sont maintenus dans les mêmes conditions que l'année dernière, sauf une baisse légère sur le champagne.

Les *marchandises coloniales* ont été apportées en quantité un peu plus forte; néanmoins les prix se sont soutenus et même élevés sur quelques articles; mais elles se sont vendues à crédit et avec des termes de 12 à 24 mois.

Le commerce des *thés* a été plus favorable qu'on ne l'aurait attendu : les thés noirs, qui forment l'article principal, ont monté de prix; les thés en fleur, qui se sont trouvés d'une qualité un peu inférieure, ont subi une légère diminution, ainsi que le thé en briques; mais quoique le commerce de seconde main n'ait pas été aussi favorisé que celui de première main, cette branche occupe une place brillante dans le tableau un peu sombre de la foire de 1860.

Pour les *marchandises de l'Orient*, c'est tout le contraire : peu de demande, vente pénible et avec abaissement de prix, ce qui a conduit les marchands à restreindre leurs achats et à emporter en or et en argent ce qu'ils avaient réalisé; voilà en deux mots le résumé des affaires avec l'Orient.

L'or et l'argent ont haussé de valeur, comme on devait s'y attendre.

Il s'en faut de beaucoup qu'il ait été fait honneur à tous les engagements de l'année passée, et cette circonstance pouvait entraîner les plus grands désastres; la crainte de ces malheurs a conduit à accorder des délais, et en même temps la rareté de l'argent comptant a nécessité de nouveaux crédits qui ont atteint d'énormes proportions. La banque de commerce a beaucoup facilité les arrangements à l'amiable entre les créanciers et les débiteurs.

Les différents établissements de commerce pour la consommation à la foire même, ainsi que les ouvriers qui y sont occupés, ont gagné un peu plus que l'année dernière, ce qui indique une plus grande affluence.

En effet, elle a été considérable : ce qui avait fait d'abord concevoir des espérances; mais, après avoir commencé plus tôt qu'à l'ordinaire, la foire, sous l'influence de la rareté de l'argent, de chaleurs insupportables bientôt suivies de pluies torrentielles, et enfin du choléra, a été languissante.

Le moment le plus animé a été vers le 25 août, lorsque le choléra commençant à sévir avec violence, chacun se hâtait d'expédier ses affaires au plus vite pour pouvoir partir sans retard. A cette époque s'est terminé le commerce en gros; le commerce de détail a trafué tant bien que mal jusqu'au 3 septembre.

Après tout ce que nous avons exposé, il est évident que la foire de 1860, bien que dans le total des affaires elle ne présente pas une différence considérable en comparaison de la précédente, doit être comptée au nombre des moins avantageuses, et qu'on n'en doit pas attribuer la cause à la foire même, où l'affluence de ceux qui l'ont visitée et la quantité des marchandises qui s'y trouvaient étaient bien suffisantes, mais en général à la situation de notre commerce, à la récolte médiocre de l'année précédente, à l'abaissement des prix sur quelques matières premières, à la fabrication excessive et inconsidérée de plusieurs produits manufacturés en vue de la foire, à la rareté de l'argent, au développement anomal du crédit, enfin à une réunion de circonstances qui peuvent se résumer en un mot : à une crise commerciale.

Des gens experts dans la matière assurent que les affaires ont encore été moins défavorables qu'on n'aurait pu le craindre, et qu'il faut remercier Dieu qu'elles n'aient pas été plus mal.

FOIRE DE NIJNI-NOVGOROD EN 1861. — Voici maintenant quelques détails sur la célèbre *Jarmarka* de Nijégorod ou foire de Nijni-Novgorod en 1861; la *Gazette de la Bourse* donne, sous forme d'annexe, un aperçu du revirement des opérations commerciales qui se sont effectuées à la foire de Nijni-Novgorod de cette année; cet aperçu a été élaboré par M. Elaroff, courtier de la cour à Moscou et doyen des courtiers à la foire. D'après ce document, il aurait été apporté des marchandises pour environ 95,097,617 roubles; mais il faut croire que ce chiffre représente seulement les revirements constatés à la bourse, car plusieurs articles de commerce qui se trouvaient sur le champ de foire ne figurent point dans les comptes présentés par cet aperçu. Il est resté des marchandises non vendues pour environ 10 millions, somme dans laquelle les thés à eux seuls figurent pour 4 millions, et comme étant restés pour compte des marchands de Kiakhta; viennent ensuite le cuivre en barres, les drogueries, les zibelines de qualités supérieures, les objets en pierreries et en argent, la garance de Derbent, etc. Les détaillants d'objets manufacturés n'ont pas fait en général de très-bonnes affaires à la foire. Les marchands de Kiakhta ont acheté fort peu.

Les thés avaient été apportés en quantité d'environ 61,000

caisses, dont d'abord 18,000 ont été vendues aux prix de l'année passée, pour 9,241,500 roubles, avec payement à douze mois de terme; ensuite on a vendu environ 9,000 caisses, en cédant de 2 et demi à 3 et 4 roubles par caisse; les 25,000 caisses restant ont été envoyées par les marchands de Kiakhta à Moscou. Les négociants qui étaient venus de l'intérieur à la foire n'ont pas acheté toute leur provision de l'année, sachant qu'il y aurait en octobre une réduction considérable des droits sur ce produit, et qu'en avril l'importation des thés de Canton serait permise en Russie.

Les fers (4,200,000 pouds) ont été vendus en totalité; les sucres raffinés et de betteraves (320,000 pouds) ont été aussi placés presque en entier.

Les Persans avaient apporté des marchandises pour 906,338 roubles, et n'ont acheté que pour 250,338 roubles; pour le reste, ils ont pris du numéraire. Les marchands de Boukhara et de Khiva ont apporté pour 1,307,300 roubles et ont acheté seulement pour le tiers de cette somme, emportant la différence également en monnaie russe et française.

Il y avait pour environ 3 millions de pelleteries, qui se sont bien vendues, surtout les qualités moyennes; il est resté des zibelines foncées non vendues pour 140,000 roubles.

Les cotonnades russes figuraient à la foire pour 11 1/2 millions et se sont bien vendues; les étoffes de laine, pour 3 millions; les soieries, pour 3 millions; les draps, pour 5 millions, également bien vendus; mais il a été demandé peu de draps pour Kiakhta.

Les soieries, demi-soieries et articles de mode étrangers, qui figuraient à la foire pour 4 millions, se sont assez bien écoulés.

Il y avait pour 1 million de tabac, et les affaires étaient très-bonnes sur cet article; les vins étrangers (pour **1,900,000** roubles) n'allaient pas mal non plus.

Malgré l'insuccès de la vente de quelques articles, on n'a pas entendu trop de plaintes au sujet des payements. Les lettres de change revêtues de bonnes signatures, à 12 mois de terme, on été escomptées à 8 et 8 1 2 % au plus; il y avait à la foire moins de numéraire que l'année passée; la demi-impériale était à 5 roubles 75 copeks; pour les roubles d'argent, on payait 11 à 12 roubles par mille pièces; les changeurs prenaient 3 % pour l'échange de la petite monnaie d'argent, et, après la clôture du comptoir de la Banque de l'État, ce genre d'opérations a monté jusqu'à 6 et 7 %. Les pièces d'argent françaises de 5 francs se vendaient à 24 roubles la livre. Ce sont particulièrement les Boukhares et les Persans qui ont acheté ce numéraire.

Foire d'Irbit. — J'ai fait remarquer, en parlant des principales foires établies en Russie, que c'est la foire d'Irbit, dans le gouvernement de Perm, qui occupe, en raison de son importance, la première place après celle de Nijni-Novgorod.

Ce marché périodique a même pris depuis quelques années une telle extension, que je crois devoir mettre sous les yeux de mes lecteurs quelques renseignements sur son origine et l'activité progressive des échanges qui s'opèrent en ce lieu, détails puisés aux sources officielles.

D'après des notices éparses, il paraîtrait que des relations de commerce s'étaient établies entre plusieurs villes de la Russie d'Europe et les habitants de la Sibérie bien avant l'époque à laquelle ce pays fut conquis par Yermak et les guerriers qui l'avaient suivi. On sait combien Novgorod-la-Grande était riche et puissante au moyen âge, quelle activité et quelle importance

vaient ses relations commerciales avec la ligue hanséatique ; on
ait que l'exportation des belles fourrures venant des régions
boisées du Nord, si recherchées alors en Europe, était au nombre des branches de son commerce qui enrichissaient le plus
cette orgueilleuse cité. Sans aucun doute, ces pelleteries venaient en grande partie des contrées les plus septentrionales de
la Russie d'Europe, des forêts presque inhabitées des gouvernements d'Olonetz et d'Archangel. Kargopol était alors dans ces
contrées un important entrepôt de commerce ; c'est de là que
Novgorod tirait surtout ces peaux de petit-gris, ce *vair* regardé
alors comme une des fourrures les plus précieuses, et qui,
devenu un émail héraldique, aussi bien que l'hermine, figure
encore comme tel dans les armoiries des familles nobles les
plus anciennes et les plus illustres de l'Allemagne, de la France
et de l'Angleterre.

Mais d'autres pelleteries, les peaux de martre zibeline, si
estimées, si fréquemment employées dans l'ornement des cottes
d'armes des chevaliers, que la couleur noire leur doit probablement son nom héraldique de *sable* (*sobol* russe ; *zobel*, allemand) ; ces pelleteries ne pouvaient venir que des contrées
situées au delà de la chaîne de l'Oural. Il est impossible de
constater jusqu'où ces relations commerciales ont pu étendre
leur influence au delà de ces monts, ou de quelle manière elles
ont pu être organisées ; mais elles ont existé.

Quel qu'en ait été le développement, elles ont dû nécessairement devenir plus importantes, lorsque, peut-être après une
période de stagnation partielle, les souverains de Moscou
eurent été reconnus pour maîtres des vastes pays entre l'Altaï
et la mer Glaciale ; elles devaient redoubler d'activité à mesure
que des expéditions militaires, poussées jusqu'aux rives de

l'Irtisch supérieur, ouvrant un nouveau champ à l'entreprise, contribuaient à donner une juste idée de l'immense étendue de ces contrées.

Dans les premiers temps, après la conquête de la Sibérie, les marchands russes qui s'occupaient de ce commerce prenaient pour s'y rendre la route en remontant la Kama jusqu'à Solekamsk, et de là ils traversaient la chaîne de l'Oural jusqu'à Bérézoff, où ils trouvaient à échanger les produits de leur pays contre les pelleteries que leur offraient les peuplades de chasseurs errant sur les bords de l'Obi.

En 1597, on fit la découverte d'une route qui offrait le double avantage d'être moins pénible et beaucoup plus courte. Les Russes ne tardèrent pas à lui donner la préférence, et commencèrent à se rendre à Tobolsk, en suivant le cours de la Toura, affluent de l'Obi, qui prend sa source au pied des monts Ourals. La ville d'Ivanovitch fut fondée sur cette route par ordre du tsar Féodor Ivanovitch, dès l'année suivante. Une douane y fut établie en 1606, et les droits auxquels seraient assujetties tant les marchandises venant de l'Europe que celles qu'on y exportait de la Sibérie, furent fixés à 10 °/₀ de la valeur.

Dans les premiers temps, les denrées, transportées par eau sur l'Oba, le Volga et la Kama jusqu'à Solikamsk, et de là par terre à Verkhotourié, étaient en ce lieu chargées de nouveau sur des barques qui descendaient par la Toura et le Tobol jusqu'à la capitale de la Sibérie. Malgré la durée considérable d'un pareil voyage, résultant de ce qu'il fallait, en allant aussi bien qu'en revenant, remonter contre le courant une partie de ces voies navigables, ce chemin était préférable à tout autre tant que le pays environnant restait presque inhabité et que le voyageur ne pouvait espérer d'y trouver nulle part un gîte, un toit hospitalier. Mais ces solitudes se peuplèrent peu à peu, le gouvernement y établit des étapes ; la fertilité du sol y attira des colons ; quelques villes russes s'élevèrent sur les ruines des forteresses tatares, enfin la découverte des riches mines de fer qui se trouvent au pied des monts Ourals du côté de la Sibérie provoqua la fondation d'un certain nombre d'usines. Les courses rapides que le *traînage* permet de faire en hiver furent dès lors jugées par nos marchands plus avantageuses que les voyages par eau, et la route qui conduit de Verkhotourié par Irbit, Tourinsk et Tumène à Tobolsk, devint la principale voie de communication entre la Russie d'Europe et ses colonies asiatiques.

Les habitants de Tourinsk et de Tumène s'empressaient d'acheter, des marchands qui passaient, tout ce qu'ils apportaient de denrées européennes ; l'approvisionnement de marchandises, dont les voyageurs avaient chargé leurs traîneaux pour cette expédition, était le plus souvent épuisé avant qu'ils fussent parvenus à Tobolsk ; ils poussaient même rarement leurs courses jusqu'à la capitale de la Sibérie, où les produits de l'Europe étaient, en raison de ces circonstances, toujours très-rares et d'une excessive cherté. Pour mettre un terme aux inconvénients qu'entraînait cet état de choses, les habitants de Tobolsk conclurent, en 1630, une espèce de convention avec les marchands moscovites ; on se donna rendez-vous à mi-chemin, choisissant pour y établir un marché périodique, ouvert depuis le 1er janvier jusqu'au 1er février, la petite ville d'Irbit, fondée à la même époque dans le gouvernement de Perm. Les environs de cette ville, située à une distance égale de Solikamsk et de Tobolsk, sont fertiles ; on était sûr d'y trouver toujours des vivres en abondance à un prix très-modéré, et le voisinage des usines de Roudna, en activité depuis 1628, offrait un avantage de plus; les habitants de la Sibérie pouvaient être sûrs de trouver à la foire, outre les produits de l'Europe, les ustensiles en fer dont ils pouvaient avoir besoin, puisqu'il était facile de les y transporter de ces usines.

Telle étant l'origine de la foire d'Irbit, le développement progressif des échanges qui s'opèrent en ce lieu, devenu le principal entrepôt du commerce de la Sibérie, mérite d'autant plus de fixer l'attention, qu'il offre en quelque sorte la mesure des progrès que la civilisation et l'industrie ont faits dans ce vaste pays.

Dans les commencements les affaires s'y bornaient à l'échange des belles fourrures venant des régions septentrionales de la Sibérie contre une modique quantité de toiles grossières et d'ustensiles en fer. Puis, les relations de la Russie avec la Chine ayant été réglées en 1727 par un traité de commerce, les marchands établis à Kiakhta commencèrent à fréquenter la foire d'Irbit pour y vendre une partie de thé et des cotonnades dont ils avaient fait l'acquisition sur la frontière, et bientôt leurs affaires en ce lieu eurent acquis tant d'importance, qu'on jugea nécessaire de changer l'époque de l'ouverture de la foire, afin que les transports venant de Kiakhta pussent traverser le lac Baïkal dans la saison pendant laquelle ce passage présente le moins de difficultés. C'est du 15 février au 15 mars qu'elle est tenue maintenant.

La douane de Verkhotourié fut, dans l'intérêt du commerce intérieur, supprimée en 1753, et vers la même époque une nouvelle route, établie entre Perm, Catherinebourg et Irbit, rendit les communications plus faciles et plus commodes.

Depuis lors, les progrès devinrent plus rapides, grâce sur-

tout à l'importance toujours croissante des mines et des usines
de l'Oural et de l'Altaï. Un grand nombre d'ingénieurs et d'employés venus d'Europe, établis au pied de ces montagnes,
venaient chercher à Irbit une quantité d'objets que l'habitude
de la vie européenne leur avait rendus nécessaires, et jusque
des objets de luxe, et c'est ainsi que le débit des étoffes de
laine, de soie et de coton, produits des fabriques de Moscou,
de Schouïa et des gouvernements de Cazan et de Kostroma est
devenu de nos jours la branche la plus importante du commerce
d'Irbit. Les marchands de Moscou y apportent de plus les produits de l'Europe occidentale et des régions des tropiques, du
sucre, du café, des vins de France et une quantité considérable
d'épiceries et de drogueries, notamment du bois de sandal à
l'usage des tanneries organisées en Sibérie et qui sert à la teinture des cuirs destinés à être exportés en Chine. Le commerce
des pelleteries est toujours très-actif à Irbit, comme dans les
commencements et plus même qu'à la foire de Nijni-Novgorod.
Les usines de l'Oural y expédient du fer, du cuivre, et des
objets fabriqués en métal, et de plus les marchands expédient à
Irbit une quantité de tabac importé de l'Ukraine, pour le
revendre ensuite aux nomades chasseurs sur les rives de l'Obi
et du Yénisseï. La vente du suif, du miel et du beurre, produits
des environs de la ville, forme même un objet assez considérable, le suif acheté en ce lieu étant en partie expédié à
l'étranger par la voie de Saint-Pétersbourg et d'Arkhangel.

Si nous nous transportons aux années 1835 et 1836, nous
voyons déjà une très-grande activité régner à la foire d'Irbit.
devenue dès lors la seconde de l'empire.

Les *marchandises russes* apportées à ces foires sont des soieries; fabricats en laine; cotonnades; fabricats de laine et de chanvre; papiers; galons d'or et d'argent, ceintures d'officiers, épaulettes, brocards; chapeaux; modes; tabacs; montres d'or et d'argent; porcelaines, faïences, verres et cristaux; objets confectionnés en métal, désigné en Sibérie sous le nom d'argent polonais; bougies de cire et de stéarine; cuirs ouvrés et objets en cuirs; argenterie, objets ouvrés en or; cuivre et objets fabriqués en cuivre; fer et objets fabriqués en fer; ustensiles en fer de fonte; quincaillerie; images pour les églises, livres, gravures; instruments de musique; pelleteries; épiceries et drogueries; vins du midi de la Russie et autres marchandises produit de l'industrie domestique des paysans ou confectionnées dans les ateliers des artisans, telles que chandelles de suif, savon ordinaire, pelisses en peau de mouton, ustensiles en bois, nattes et objets en écorce de tilleul, miel, beurre, cire, etc., etc., etc.

Les *marchandises étrangères* mises en vente sont les cotonnades, tissus de laine, café, sucre, indigo et bois de sandal, vins étrangers, liqueurs, épiceries, drogueries, etc., etc.

Puis viennent les marchandises des différents peuples de l'Asie qui figurent aussi à la foire de Nijni, mais qui ne font point l'objet d'un commerce très-actif, les marchandises de la Chine sont assez fortement représentées, et sont principalement des thés, des soieries, des jouets, des fleurs artificielles et de la porcelaine. En 1835 il y avait pour 7,982,859 roubles à la foire; en 1840 et il y en avait déjà pour 12,232,286; en 1844 pour 17,023,730; enfin, en 1859, le total des marchandises mises en vente était de 44,789,100 roubles et celui des marchandises vendues de 42,628,200 roubles.

On voit quels progrès immenses cette foire a faits : de 31,931,436 francs nous la voyons élever son chiffre d'affaires à 179,156,400 francs !

Une grande activité règne dans la petite ville d'Irbit pendant l'époque de la foire; près de cent mille étrangers la fréquentent.

Grâce à cette activité, Irbit est devenue une ville régulière et jolie quoique petite, et les nouveaux bâtiments dont elle s'agrandit chaque année attestent assez la prospérité croissante de ses habitants.

Les progrès que fait la Sibérie sont remarquables. Je dois à M. Édouard Cattley, un des premiers négociants et industriels de Saint-Pétersbourg, des détails très-intéressants sur ce pays qu'il a parcouru et étudié, et qui surprendraient ceux qui n'ont pas suivi toutes les phases qu'ont traversées ces contrées ; nous nous figurons ce pays si laid, il est cependant très-supportable et mes compatriotes s'étonneront d'apprendre qu'il peut y avoir en Sibérie une foire pareille, un tel concours d'individus et une civilisation relativement si avancée.

Je n'aurais pas assez d'un volume s'il me fallait décrire toutes les foires de la Russie ; elles sont, comme je l'ai dit, très-nombreuses : tous les gouvernements en ont, en raison de leurs besoins et chaque année on en institue de nouvelles, ainsi la *Gazette de Kharkoff* donnant un aperçu des foires qui se tiennent dans le gouvernement du même nom, dit que le nombre s'en élève à peu près à cinq cents ! mais il n'y en a que quatre importantes, dont trois à Kharkoff, celles de l'Épiphanie, de la Trinité et de l'Intercession de la Sainte Vierge, et une à Soumny, celle de la Présentation de la Vierge. Les autres, à part quatre ou cinq plus considérables ne sont que des marchés un peu plus fréquentés que les marchés ordinaires et durant tout au plus trois ou quatre jours ; la plupart ne durent même qu'un jour, ordinairement le jour de la fête paroissiale.

A ces petites foires les habitants des environs vendent leurs produits aux acheteurs en gros et s'approvisionnent eux-mêmes des marchandises qui leur sont nécessaires. Marchands, marchandises, tentes et baraques passent d'une foire à l'autre, venant de temps en temps dans les villes pour y renouveler leurs provisions. Dans les foires de campagnes, il ne se fait point de crédit, tous les achats et les ventes ont lieu au comptant ou par échange de marchandises.

Il est de toute impossibilité de déterminer, même approximativement, la somme des revirements de toutes les foires tenues dans les campagnes, on peut cependant s'en donner une idée d'après le nombre des familles, composées, en moyenne, de six individus chacune, qui y ont fait leurs ventes et leurs achats ; en supposant que chaque famille vende pour 30 roubles et achète pour 15 roubles, au minimum, on arrivera à un calcul approximatif.

Voici, pour terminer la revue des foires, un tableau indiquant les apports et les ventes de quelques foires de la Russie ; les chiffres sont comptés en roubles argent de 4 francs.

FOIRES	ANNÉES	APPORTS	VENTES
Nijni-Novgorod en .	1859	103,273,200	96,170,200
— (1) .	1860	102,601,000	93,577,400
Irbit	1859	44,789,100	42,628,200
Koursk	—	8,307,900	5,004,700
Simbirsk	1861	4,278,600	2,417,895
Romny	1859	4,209,700	1,960,160
Kief	—	2,521,695	679,330
Kotelnick (Viakta) .	—	1,214,850	841,650
Arkhangel	—	1,002,555	849,712
Biagovestchenskoë .	—	764,930	559,510
Tokmak	—	544,490	193,357

(1) Voir à l'appendice.

Je crois inutile d'étendre ce tableau, déjà suffisant pour donner une idée des transactions des foires russes ; on peut encore noter la foire de Saint-Nicolas à Ichime, dans le gouvernement de Tobolsk qui a un roulement d'affaires de plusieurs millions de roubles, celle de Tumène etc., etc.; en Pologne, pendant l'année 1859, il a été apporté aux foires et marchés du royaume, des marchandises et divers objets pour 6,083,182 roubles et vendu pour 3,880,804 roubles. A la foire aux laines de Varsovie on en avait présenté pour 1,506,900 roubles et on en a vendu pour 975,700 roubles.

Comme complément des renseignements que j'ai donnés sur les deux principales foires dont il est question plus haut, il me reste à dire un mot du caractère des Tchouvaches, des Tchérémisses qui y viennent en grand nombre, et des Tatars qui y dominent.

Le Tatar est, dit-on, très-intelligent, zélé et honnête ; on l'emploie à tous les usages chez les marchands et les négociants ; sa fidélité est à toute épreuve, ce qui rend ses services précieux au milieu d'une foule de races habituées au vol et à la rapine. Tous les Tatars sont robustes, et se reconnaissent à leur œil noir vif et perçant, à leur tête rasée, à leur costume tout oriental. Les Tchouvaches et les Tchérémisses sont surtout employés aux travaux extérieurs, tandis qu'on confie plus volontiers les occupations intérieures aux Tatars. On ne peut se fier qu'à eux, me disait un négociant de Moscou pendant que j'étais à la foire de Nijni-Novgorod. Les Tatars sont musulmans ; ils savent l'arabe, ils l'écrivent même ; l'étude du calcul est considérée par eux comme un devoir. Le gouvernement leur laisse une plus grande liberté qu'aux autres peuplades, car il les sait honnêtes, et leur connaissance du marché asiatique, leur communauté d'origine avec les différents peuples limitrophes, les rendent très-nécessaires au commerce russe avec l'Asie.

INDUSTRIE. — Il est assez difficile d'établir des statistiques exactes en ce qui concerne l'industrie en Russie. Tout en ayant puisé aux meilleures sources, je ne puis certifier la complète exactitude de tous mes renseignements; mes chiffres seront donc nécessairement approximatifs. J'ai adopté la division suivante :

1° Le *règne animal*, comprenant toutes les industries s'exerçant au moyen des matières premières animales, telles que la laine, la soie, les graisses, etc., etc.;

2° Le *règne végétal*, comprenant toutes celles qui emploient des matières premières végétales, telles que le lin, le chanvre, le coton, la betterave, les céréales, etc., etc.;

3° Le *règne minéral*, comprenant les industries qui travaillent le fer, le cuivre et les autres métaux.

Le document complet le plus récent qu'il m'ait été possible de me procurer en Russie est précisément établi sur cette division ; mais comme il date de 1835 et que des changements prodigieux ont eu lieu depuis, nous ne pouvons nous en contenter. Néanmoins il n'est pas inutile de le rapporter ici, afin de faire voir ce qu'était déjà l'industrie dans ce grand pays il y a 25 ans.

Du règne animal :

Draps	340
Soie	150
Cachemires et étoffes nationales	10
Tapis	70
Tanneries et fabriques de maroquins	1400
Chapeaux	40
Savon, suif et chandelles	400
	2410

Du règne végétal :

Toiles à voiles et linge de table	100
Câbles et cordages	90
Coton filé et tissé, toiles peintes	400
Papeteries	75
Tabac	50
Raffineries de sucre	55
Distilleries d'eau-de-vie	6,210
Vinaigre et divers acides	50
Teinturerie	60
Potasse et soude	80
Divers autres produits	100
	7,270

Du règne minéral :

Fonderies de fer et forges	116
Fonderies de cuivre	12
Fabriques de fer et de fer-blanc et objets en acier . . .	3
Manufacture d'armes	5
Fonderies de canons	11
Orfévrerie et bijouterie	34
Fabrique de boutons	50
Verreries	150
Vitriol et autres productions chimiques	85
Porcelaine et faïence	30
Manufactures de glaces	2
Poudre à canon	18
Diverses espèces de fabrications	304
	820

Soit, en récapitulant :

2410	fabriques du règne animal.
7270	— du règne végétal.
820	— du règne minéral.
10,500	

Voyons maintenant ce que nous pouvons déduire de ce tableau pour donner des renseignements plus nouveaux, à l'aide des documents divers que j'ai entre les mains, et des renseignements qu'a bien voulu me donner M. de Boutowsky, directeur du Département des Manufactures à Saint-Pétersbourg.

La principale industrie du règne animal est celle des cuirs; les tanneries, les fabriques de maroquineries et toutes les autres fabriques qui travaillent le cuir peuvent être évaluées au nombre de 2,100; on en comptait 2,000 en 1851.

Le siége principal de ces établissements est à Cazan, qui en comptait, au mois d'août dernier, 101; outre Cazan, les lieux principaux sont Nijni-Novgorod, Vladimir, Jaroslav, Moscou, Arsanus, Mourome, Kolomna, Astrakhan, Katunka, Ouglitch, Viakta, Pskof, Torjok, Vologda et Minsk.

Les peaux de Belev, les pelisses de Romonov ont une renommée très-étendue.

Le cuir dit *de Russie* a une réputation qui n'est nullement méritée; il n'est réellement supérieur que lorsqu'il a été tanné en Allemagne ou en Angleterre. J'ai vu les mêmes objets fabriqués avec du *youfte* ou *cuir de Russie* à Berlin, vendus 200 p. c. meilleur marché qu'à Saint-Pétersbourg.

L'exportation est, en moyenne, de 175,000 pièces: presque les 4,5 sont bruts; la production annuelle est évaluée de 8 à 9 millions de peaux. L'odeur particulière qu'ont les cuirs de Russie provient de ce qu'ils sont travaillés avec des écorces de saule possédant les principes odoriférants qui ne les abandonnent point.

Il se fabrique annuellement pour plus de 30 millions de francs d'objets en cuir.

L'*industrie drapière* a son centre principal dans le gouvernement de Moscou, aux environs de Kief, de Riga, à Sarepta et à Glouchkof.

On comptait déjà en 1854 cinq cents fabriques de draps qui avaient employé 12,000,000 de kilogrammes de laine et fabriqué 3 millions de mètres de draps fins; on m'a assuré à Moscou que le nombre actuel pouvait en être évalué à environ 700, il peut y avoir exagération dans ce chiffre; en tous cas, il y en a bien 600 si l'on compte les petits établissements. Le gouvernement russe a fait des efforts constants pour développer cette industrie, il a accordé des subsides considérables, des concessions de terre pour encourager le développement de l'élève des moutons à laine fine, surtout dans la Petite-Russie, dans les contrées méridionales de l'Empire et sur les bords de la Baltique.

L'aristocratie russe s'occupe activement de cette élève, qui doit développer considérablement les richesses du pays; on cite, entre autres, la propriété de Karlovka, près de Poltava, appartenant à la tante de l'empereur, la grande-duchesse Hélène de Russie, qui possédera cette année plus de 100,000 têtes; cette propriété a une contenance de 95,000 hectares.

Le chiffre peu considérable des laines importées de l'Europe ou de l'Asie (en 1858, 150,089 pouds) prouve que les fabriques de drap n'ont plus guère besoin de rechercher hors de la Russie les matières premières, même pour confectionner les tissus de qualité supérieure, d'autant plus qu'on ne peut regarder comme importée à l'usage de nos fabriques que la laine qu'envoie l'Europe occidentale, celle qui vient des régions centrales de l'Asie, surtout des steppes qu'habitent les Khirghises, ne pouvant servir, à cause de sa qualité grossière, qu'à la fabrication du feutre.

L'industrie drapière emploie pour près d'un million de pouds (16,380,000 kilogr.) par an; elle en est arrivée au point que la

Russie n'a plus besoin d'importer les étoffes à l'usage de l'armée; elle est cependant loin d'atteindre au degré de perfection de notre fabrique de Verviers; la fabrication des draps fins ou d'une qualité moyenne a certes augmenté, mais point dans les proportions exigées pour la consommation. Les principaux débouchés de cette industrie sont en Chine, en Perse et en Turquie.

La production de la laine, en Russie, est évaluée officiellement à 62,628,800 kilogrammes pour tout l'empire.

Les gouvernements de Tauride, Bessarabie, Kherson et les parages du Don produisent les principales laines qui peuvent être utilisées dans notre pays et qui y sont expédiées principalement par Odessa.

Ils possèdent environ 3,500,000 bêtes à laine, produisant 7,650,000 kilogrammes, ainsi répartis :

450,000 mérinos, race pure, fournissant des laines en suint, environ .	54,000 pouds.
600,000 bêtes de second ordre, produisant	84,000 —
700,000 métis, donnant	95,000 —
1,750,000 bêtes, fournissant en suint . .	233,000 pouds.

La Bessarabie possède environ :

350,000 bêtes à laine fine, mérinos, métis, fournissant.	45,000 pouds.

Le gouvernement de Kherson possède :

250,000 mérinos, race pure, produisant environ.	30,000 pouds.
350,000 bêtes ordinaires d'Espagne, qui produisent	49,000 —
500,000 métis, donnant	70,000 —
1,100,000 produisant	149,000 pouds.

Toutes ces laines sont expédiées lavées, ou en suint, soit à Nicolaieff et Tyrospol, soit à l'étranger, soit aux grandes foires aux laines dont les principales sont celles de Poltava et de Kharkoff.

Je puise dans l'annuaire précité (Block et Guillaumin), un tableau qui donne, par gouvernements, le nombre des bêtes à laine fine de la Russie d'Europe :

Ekatherinoslaff.	1,237,809	Koursk	67,611
Simphéropol	982,013	Tornboff	67,586
Voronèje	947,553	Revel	64,248
Kherson.	343,858	Simbirsk	58,566
Kischmeff	774,814	Riga	50,977
Poltava	671,634	Wilna	41,316
Kharkoff.	524,439	Oufa	33,516
Itomir	140,204	Penga	32,703
Saratoff.	435,446	Mohileff.	31,468
Grodno	293,733	Toula	16,643
Podolsk.	257,314	Mittau	16,265
Kieff.	228,659	Orel	13,836
Mensk	137,327	Riazan	12,376
Tchernigoff.	120,722	Kowno	9,796
Samoura	93,195	16 autres gouvernem^{ts}	26,864

En résumé, le nombre total des bêtes à laine fine dans la Russie d'Europe s'élevait à près de 8 1 2 millions.

J'appellerai l'attention de l'industrie belge sur un récent envoi fait par M. Epstein, consul à Varsovie, qui vient d'éveiller l'attention des Belges sur les foires russes et principalement sur celle de Varsovie, qui se tient toutes les années du 15 au 18 juin. Il a envoyé, avec son rapport du 19 juillet dernier :

1° Des échantillons des différentes qualités de laine qui ont été mises en vente à la foire du mois de juin ;

2° Un compte simulé des frais d'achat, de transport et autres
pour une partie de laine achetée à Varsovie et envoyée à Anvers,
tous frais compris ;

3° Un tableau dans lequel les prix de tous les échantillons de
laine, joints à son envoi, sont indiqués avec les frais de commission et de transport, rendus à Anvers.

Les fabriques de *soieries* ont aussi leur centre principal à
Moscou et dans son district ; en sous-ordre viennent Koupavna,
Bogorodsk et Kolomna. Il existait, en 1842, dans les trois districts de Moscou, de Bogorodsk et de Kolomna, 183 fabriques.
On comptait alors, dit un bulletin de l'intérieur de cette année,
dans ces 183 fabriques, jusqu'à 10,000 métiers ordinaires à tisser les étoffes ou les rubans de soie, et plus de 5,000 métiers à
la Jacquart. Le dévidage de la soie écrue, importée de la Perse,
des contrées au pied du Caucase, ou bien par voie de Constan-
tinople, de l'Asie Mineure, occupait un grand nombre d'ouvriers
dans les villages des districts de Bogorodsk, de Zvénigorod et
Kolomna. On se sert de cette soie principalement pour la trame
des étoffes, la chaîne étant faite d'ordinaire de soie envoyée par
l'Italie et la France, déjà préparée à cet effet.

Le nombre actuel des fabriques de soieries est d'environ 225,
employant près de 45,000 ouvriers (en 1851 on en comptait
40,000).

Voici ce que dit l'annuaire de MM. Block et Guillaumin à
propos de l'industrie de la soie dans les provinces transcaucasiennes et dans la Russie méridionale :

« En dehors des provinces transcaucasiennes, dans lesquelles la production de la soie s'élève à 100,000 pouds par
an (1,638,000 kilogrammes), la Russie méridionale ne fournit
pas actuellement plus de 500 à 600 pouds de soie grège qui

peuvent se répartir ainsi : 500 pouds fournis par les colons mennonites établis dans le voisinage des cataractes du Dniéper (gouvernement d'Ekaterinoslaff) et dans le bassin de la rivière Molochna (gouvernement de Tauride); 50 pouds fournis par les colons des districts de Berdiansk et de Marioupol; 15 pouds par la Bessarabie; de 5 à 6 pouds par le gouvernement de Podolie; 2 pouds par celui de Kieff; 2 à 3 pouds par celui de Kherson. »

Il y a environ 95 fabriques de tapis à Moscou, Saint-Pétersbourg, Issa, Kamenskoi, Miklalovka, Smolensk et Koursk; cette industrie tend à se développer de jour en jour, les dessinateurs, les tondeurs, les apprêteurs devenant plus nombreux.

Il y a une quinzaine de fabriques de cachemires à Penusa et des étoffes dites nationales à Akhtyrka.

La chapellerie faisant aussi partie du règne minéral compte plus de 75 établissements, dont les principaux siéges sont à Saint-Pétersbourg et à Moscou.

Les fabriques de savon, de suif, de chandelles, de bougies, sont au nombre de 550 ; elles ont leur siége à Moscou, Voronèje, Saratof, Novoï-Tcherkask, Cazan, Mourome.

Les fabriques de savon les plus renommées sont celles de Cazan, de Pavlovo, de Mourome et de l'Ukraine; celles de suif, de chandelles et de bougies sont à Moscou.

Le travail du suif fait des progrès notables en Russie; la stéarine commence à devenir un article d'exportation assez important ; les fabriques de bougies et de chandelles de Moscou peuvent être citées parmi les établissements les plus remarquables de la Russie; la consommation des bougies stéariques et de cire est énorme comparativement à celle des autres pays.

En récapitulant les divers produits que nous venons de passer en revue, et le nombre approximatif des manufactures et fabriques que nous avons évalué pour la confection de ces mêmes produits d'après les meilleures sources, nous trouvons :

Tanneries, fabriques de maroquins, etc.	2,400
Draps	600
Soieries	225
Tapis	95
Cachemires et étoffes nationales	45
Chapellerie	75
Savon, suif, chandelles, bougies	550
	3,660
Les tableaux dont nous avons fait mention en portent le nombre à	2,410
Nous trouvons donc une différence de	1.250

Sans pousser plus loin ces calculs approximatifs sur le nombre des établissements industriels de la Russie, je crois que l'on peut, sans exagération, le fixer à 14,000. Le développement manufacturier avait pris de telles proportions avant 1848 à Moscou, que le gouvernement avait défendu d'établir dans le district de cette ville (1) « de nouvelles filatures de coton et de laine, des usines à fer, des fonderies de suif, des fabriques de vernis, de stéarine et autres matières combustibles. » Il en fut de même des fabriques de tissus, d'impressions, de teinture, etc., car on craignait que l'immense consommation de bois que faisaient de pareils établissements ne conduisît à l'anéantissement total des forêts. Mais cette loi n'a pas été

____

(1) Ukase impérial du 28 juin 1849.

longtemps en vigueur, et depuis 1853 de nombreuses usines et fabriques ont été élevées; d'ailleurs le nombre des machines à vapeur n'est guère considérable, car en 1857 on n'en comptait, dans tout le gouvernement, que 110 d'une force de 2,600 chevaux, dont environ 730 chevaux de force pour la part de la ville (1).

Les districts manufacturiers des deux capitales, de Saint-Pétersbourg et de Moscou, étant d'une importance assez grande, je crois devoir donner les deux tableaux suivants sur le nombre d'établissements qu'ils contiennent : l'un, de M. Tarassoff sur Moscou, se rapporte à l'année 1853; l'autre, sur Saint-Pétersbourg, est dressé d'après les données officielles pour l'année 1859.

Outre les 1,485 fabriques employant 118,286 ouvriers qu'indique le tableau relatif à Moscou, il y avait dans cette ville et dans le gouvernement du même nom, 6.387 manufactures et ateliers employant 19,934 ouvriers et artisans.

« Les chiffres de M. Tarassoff, dit M. de Boutowsky, se rapportent à 1853 ; sans être d'une parfaite exactitude aujourd'hui, ils représentent assez fidèlement l'importance relative des diverses branches de l'industrie. » Voici ces tableaux :

FABRIQUES DE MOSCOU.

DÉSIGNATION DES INDUSTRIES.	NOMBRE		valeur annuelle de la production
	des établissements	des ouvriers.	
Tissus de laine	145	24,600	10,450,000
— de laine et coton	53	8,185	4,280,000
Soieries et mélanges	162	12,500	5,900,000
Tissus de lin et de chanvre	8	740	216,000

(1) D'après M. de Boutowsky.

DÉSIGNATION DES INDUSTRIES.	NOMBRE		valeur annuelle de la production
	des etablissements.	des ouvriers	
Cordages	1	6	3,000
Filatures de coton	22	13,000	7,600,000
Cotonnades et impressions	402	42,300	13,300,000
Chapellerie	11	180	236,000
Papeterie, papiers peints	26	1,700	259,000
Produits métalliques divers	110	3,040	3,431,000
Or, argent, cuivre, fer, étain, etc	--	--	--
Machines, instruments d'optique et de chirurgie, armes et horlogerie	65	785	500,000
Produits chimiques	33	859	1,461,000
Vernis	10	54	180,000
Cire à cacheter	6	130	250,000
Savons	8	70	145,000
Eaux-de-vie et liqueurs	4	50	250,000
Bière et hydromel	12	225	355,000
Moutarde	4	30	15,000
Fécule et sirop de pommes de terre	8	100	130,000
Raffineries de sucre	1	15	23,000
Vinaigre	1	2	3,000
Cosmétiques	11	240	400,000
Bougies stéariques	5	330	535,000
Oléine et allumettes	3	20	17,000
Tanneries et corroieries	76	2,530	1,752,000
Objets vernis	9	130	125,000
Colles	10	117	31,000
Épuration de la cire	8	80	327,000
Bougies de cire	12	95	132,000
Fonderies de suif	6	55	360,000
Chandelles	27	120	273,000
Tabacs et cigares	36	1,384	1,600,700
Bouchons de liège	1	115	100,000

DÉSIGNATION DES INDUSTRIES.	NOMBRE		Valeur annuelle de la production
	des établissements.	des ouvriers.	
Ganterie.	8	100	69,000
Carrosserie	44	840	667,000
Instruments de musique.	43	640	230,000
Pâtes d'Italie	2	38	60,000
Confiseurs	8	75	78,000
Malteries	12	56	73,000
Porcelaines et faïences	28	1,500	401,000
Verres et cristaux.	1	175	45,500
Poteries.	10	99	38,500
Briques	42	985	260,000
Divers artisans dans la ville de Moscou	—	19,934	5,500,000
	1.485	138,220	61,741,700

Le *Dictionnaire universel théorique et pratique du commerce et de la navigation,* publié par Guillaumin, contient des renseignements très-intéressants sur le commerce intérieur de la Russie, entre autres les données indiquant sommairement le degré d'importance des diverses branches du commerce de Saint-Pétersbourg divisées en trois catégories : denrées et provisions de bouche ; matières premières et produits bruts ; articles fabriqués. J'y renvoie mes lecteurs.

A la page suivante, on trouvera un tableau sur lequel sont indiquées les fabriques de Saint-Pétersbourg et des districts environnants.

FABRIQUES DE SAINT-PÉTERSBOURG ET DES DISTRICTS ENVIRONNANTS.

INDUSTRIES.	LOCALITÉS.	Nombre des établissements	Valeur de la production
Draps.	Dans le district de Saint-Petersbourg	1	150,000
	A Narva.	1	550,000
Lainages.	A Saint-Pétersbourg	10	142,683
	Dans le district de Saint-Petersbourg	1	28,800
Filature de coton	A Saint-Pétersbourg.	10	7.878,982
	Dans le district de Saint-Petersbourg.	3	1.175,650
	— de Péterhoff	1	140,000
Ouate de coton	A Saint-Pétersbourg.	2	117,600
Tissus de coton		15	355.630
Soieries		22	696,642
	Dans le district de Saint-Pétersbourg	5	310,579
	A Pavlosk	1	14,841
Tapis	A Narva.	1	25,000
Filature de laine.	A Saint-Pétersbourg.	1	42,000
Rubans de coton et de lin		1	12,000
Toiles.		1	235,280
	A Narva.	1	380,000
Bonneterie	A Saint-Petersbourg.	2	35,467
Cordages et cables		9	1.025,498
	Dans le district de Saint-Petersbourg	1	1,500
	A Narva.	1	4,435
Chapellerie.	A Saint-Pétersbourg	1	122,746
Feutres		1	7,370
	Dans le district de Saint-Petersbourg	1	3,900
Papeterie	A Saint-Pétersbourg.	1	3,500
	Dans le district de Saint-Petersbourg	5	984,445
	— de Tsarskoë Selo.	5	405,344
	— de Péterhoff	7	214,814
Papiers peints.	A Saint-Pétersbourg.	11	1.274,200
	Dans le district de Saint-Pétersbourg	2	80,000
	A Tsarskoë Selo	1	57,000

INDUSTRIES.	LOCALITÉS.	Nombre des établissements.	Valeur de la production.
TABAC	A Saint-Pétersbourg.	45	2,920,913
CRINS ET SOIES DE PORC.	—	7	259.901
ECAILLE	—	2	11,327
CORNE	—	7	13,490
BOUCHONS DE LIÉGE	Dans le district de Saint-Pétersbourg	1	65,701
OBJETS VERNISSÉS.	A Saint-Petersbourg	5	24,015
OBJETS TOURNÉS	—	1	80,265
MEUBLES	—	3	36,950
PARQUETS ET PLAQUÉS EN BOIS	—	7	120,330
	—	2	117,350
	Dans le district de Saint-Pétersbourg	3	154,500
	— de Tsarskoë Selo.	6	33,422
SCIERIES	— de Jambourg	2	24,722
	— de Nova-Ladoga	3	49,250
	— de Gdow	2	1,010
	— de Schlusselbourg	3	12,698
MACHINES ET MÉCANIQUES	A Saint-Pétersbourg.	9	845.029
	Dans le district de Saint-Pétersbourg	5	580,207
EPAULETTES D'OFFICIER	A Saint-Pétersbourg	3	91,192
INSTRUMENTS DE MUSIQUE	—	6	226,440
SERRURERIE	—	1	17,000
BRONZES	—	14	624,889
FONDERIE DE FER	—	3	46,600
	—	4	230,692
ARTICLES EN CUIVRE	Dans le district de Saint-Pétersbourg	1	10,284
	— de Tsarskoë Selo.	1	85,438
ORFÉVRERIE	A Saint-Pétersbourg	7	358,019
QUINCAILLERIE DE FER.	—	2	504,445
ÉQUIPAGES	—	10	365,975
PLOMB DE CHASSE	—	1	40,000
CARACTÈRES D'IMPRIMERIE	—	2	37,700
TISSUS MÉTALLIQUES	—	1	6,753

INDUSTRIES	LOCALITÉS.	Nombre des etablissements.	Valeur de la production.
Épingles	A Saint-Petersbourg.	2	7,350
Boutons	—	4	61,372
Objets en albatre .	— . . .	9	253,624
Taille de pierres . .	—	8	16,600
Teinturerie et impr.	—		
de tissus	—	12	384,929
Produits chimiques .	Dans le district de Saint-Pétersbourg.	3	76,800
	A Schlusselbourg.	1	284.998
	A Saint-Pétersbourg. . . .	7	279,321
	Dans le district de Saint-Pétersbourg .	6	150,335
	— de Tsarskoë Selo. . .	1	1.325
Vinaigre	A Saint-Petersbourg. . . .	2	17.325
Vernis	— . . .	5	67.250
Fécule	— . . .	1	12,400
Cire a cacheter . .	— . . .	4	22,027
Objets en caoutchouc.	— . . .	2	34,500
Cosmétiques . . .	— . . .	3	100,446
Savonnerie	— . . .	3	215,530
Colle	— . . .	3	128.434
Noir animal . . .	Dans le district de Saint-Pétersbourg .	2	13,490
	A Saint-Pétersbourg. . . .	4	78,972
Chaux	Dans le district de Tsarskoë Selo. . .	2	71,394
	— de Péterhoff . . .	3	73,342
	— de Schlusselbourg . .	1	44.000
Objets artistiques .	A Saint-Petersbourg.	1	70.900
Briqueterie . . .	Dans le district de Tsarskoë Selo . .	7	32,843
	— de Péterhoff	3	62,709
Verrerie	— de Saint-Pétersbourg	3	43,672
	— de Nova-Ladoga . .	1	8.750
	— de Tsarskoë-Selo . .	3	14,005
	— de Schlusselbourg . .	1	42,420
	— de Louga	5	65.000
	— de Péterhoff . . .	1	16,300
Porcelaine et faience.	— de Saint-Pétersbourg	2	94,480
Fonderie de suif . .	A Saint-Pétersbourg .	4	539.504

INDUSTRIES.	LOCALITÉS.	Nombre des établissements.	Valeur de la production.
CHANDELLES	A Saint-Pétersbourg.	9	876435,
	Dans le district de Saint-Pétersbourg	1	81,950
STÉARINE	A Saint-Pétersbourg.	1	659,560
	Dans le district de Saint-Pétersbourg	2	1.105,470
BEURRE	A Saint-Pétersbourg.	2	1,650
SUCRE RAFFINÉ	—	10	9.973.933
	—	1	6.850
	Dans le district de Saint-Pétersbourg	1	5,638
PAPETERIE	A Saint-Pétersbourg.	13	95,784
	Dans le district de Saint-Pétersbourg	1	6,308
	— de Gdow	1	150
TANNERIE	A Saint-Pétersbourg.	16	1,321.917
	Dans le district de Saint-Pétersbourg	3	24.100
	A Gdow.	1	6,962
	Dans le district de Gdow	9	2.468
	A Narwa	1	3,725
	A Schlusselbourg.	1	1.000
	Dans le district de Louga	2	5,750
MAROQUINS	A Saint-Pétersbourg.	1	11,150
PEAU DE DAIM	—	1	750
GANTS	—	1	15,280
PATES D'ITALIE	—	2	9.347
CHOCOLAT	—	2	9,562
BIÈRE ET HYDROMEL	—	7	1,455.590
EAUX-DE-VIE ET LIQUEURS	A Jambourg	1	1.408
	A Saint-Pétersbourg.	4	124.109
	Dans le district de Tsarskoë Selo	1	7,400
DISTILLERIES DE GRAINS	— de Louga	1	5.190
	— de Péterhoff	2	6,710
	— de Gdow	9	46.060
	— de Jambourg	7	39,228
	A Saint-Pétersbourg.	1	150,700

| | | 541 | 44,261,492 |

« Il résulte de ce tableau, dit M. G. Nebolsine, que la plus grande partie des manufactures se trouvent concentrées dans la ville et le district de Saint-Pétersbourg même. La première place, d'après le chiffre des capitaux engagés, appartient aux raffineries de sucre : elles produisent plus d'un million de pouds de sucre raffiné, dont une bonne partie pour la consommation de l'intérieur. Après les sucreries, les filatures de coton constituent la branche la plus importante de l'industrie pétersbourgeoise. Depuis 1859 le nombre des filatures s'y est accru d'un vaste établissement, créé par une compagnie d'actionnaires à Kronsholm, sur la fameuse cataracte de la Narowa près de la ville de Narva. Cette filature compte 60,000 broches ; elle marche au moyen de roues hydrauliques gigantesques, mises en mouvement par les eaux bouillonnantes de la cascade, emploie plus de 2,000 ouvriers, et peut passer pour un des plus grands et des plus parfaits établissements manufacturiers de l'Europe.

» Les cotons filés à Saint-Pétersbourg et dans le gouvernement de ce nom alimentent principalement le tissage des gouvernements de Moscou et de Vladimir. On peut évaluer à 600,000 pouds au moins la quantité de coton filé mise en circulation par les manufactures de Saint-Pétersbourg. Les fabriques de tabac livrent à la consommation plus de 50,000 pouds de tabac à priser et à fumer et jusqu'à 280 millions de cigares. Les tanneries de Saint-Pétersbourg fabriquent des cuirs à semelles, des cuirs de veau pour tiges et des cuirs vernis pour chaussure et pour bâcherie. Les corderies travaillent non-seulement pour la consommation intérieure, mais en outre exportent jusqu'à 300,000 pouds de cordages pour l'étranger, principalement pour l'Amérique. La production des produits du règne animal est considérable : 75,000 pouds de savon, 360,000 pouds de chandelles de suif, et jusqu'à **230,000** pouds de bougies de stéarine. D'ailleurs le tableau qui précède, en indiquant la valeur approximative de la production, donne une idée suffisante de l'importance relative des diverses branches de l'industrie pétersbourgeoise. Il est à remarquer toutefois que ce tableau n'embrasse pas en totalité l'industrie de cette vaste cité : les métiers et les petits établissements n'y sont pas comptés. Si l'on tenait compte de ces derniers, le chiffre de la production de certaines industries, et nommément de celle des meubles, de la serrurerie, de la quincaillerie en cuivre, des équipages, de l'orfévrerie, devrait être beaucoup plus considérable. On compte, en outre, à Saint-Pétersbourg, environ 100 imprimeries et 40 librairies. On doit mentionner également plusieurs établissements manufacturiers appartenant à la couronne, et nommément une fabrique de porcelaine à l'instar de celle de Sèvres, une autre de verrerie et de glaces, une à tailler les pierres gemmes ; toutes ces fabriques sont du ressort de l'intendance de la cour et fournissent le cabinet et les palais impériaux. La maison des Enfants-Trouvés possède une fabrique de cartes à jouer, dont la vente constitue un monopole en faveur de cet établissement de charité. L'administration de la guerre entretient une fabrique de munitions et d'instruments de chirurgie, des poudreries et une fonderie de canons ; le ministère des finances, une papeterie et une imprimerie pour le papier timbré et les billets de banque, et une cour des monnaies ; la marine, des usines à Kolpino pour la confection des bouches à feu, des ancres, des câbles en fer et autres parties de l'armement des vaisseaux de guerre, un chantier, dit de l'Amirauté, pour la construction de grands navires de guerre, et un autre à Ochta pour des navires de dimension secondaire. Tous ces navires reçoivent leur armement définitif à Kronstadt, où des arsenaux sont établis à cet effet. »

Une des industries qui ont pris le plus d'extension en Russie, est celle du sucre. Voici la proportion importante que présente le développement des fabriques de sucre, par suite des améliorations apportées à la culture des betteraves et des conseils actifs et persévérants du comité de la Société d'Économie rurale de Moscou. Avant 1825, il n'y avait que 2 fabriques de sucre, celles de Molzoff et de Guérard.

En 1844 il y en avait	199
En 1848 — —	248
En 1854 — —	382
En 1858 — —	425
En 1859 — —	435

Le nombre de 435 fabriques de sucre de betterave au 1er décembre 1859 se répartissait entre 23 gouvernements, ceux de : Kief, Tchernigor, Toula, Kharkof, Polodie, Koursk, Poltava, Orel, Voronèje, Tambov, Kalounga, Vollhynie, Minsk, Penza, Mohilef, Riazan, Smolensk, Kherson, Nijni-Novgorod, Vitebsk, Saratof, Tver et Grodno ; les huit principaux sont :

Kief	79	fabriques.
Tchernigor	75	—
Toula	43	—
Kharkof	32	—
Polodie	31	—
Koursk	27	—
Poltava	25	—
Orel	21	—

En 1858-59, sur les 425 fabriques de sucre on en comptait 152 à vapeur, ayant 478 machines.

La valeur de ces fabriques était de 23,574,000 roubles. Le total de leur production est de 43,796,000 kilogrammes de sucre brut représentant une valeur de 13,472,175 roubles soit 53,888,780 francs.

Voici quelques détails empruntés à l'annuaire Block et Guillaumin, concernant la fabrication du sucre, en Russie :

« D'après une estimation approximative, il y avait, en 1848, 33,200 dessiatines de terre consacrées aux plantations de betteraves ; on en comptait, en 1853, 51,535 dessiatines, et, en 1858, 49,277 dessiatines autour des fabriques ; plus, environ 28,000 dessiatines chez les paysans, soit en tout 77,277 dessiatines (84,000 hectares), lesquelles ont donné, à raison de 69 berkowetz par dessiatine, 3,416,150 berkowetz, quantité à laquelle les potagers et champs des paysans ont ajouté 1,706,748 berkowetz. La production totale en betteraves aurait donc été d'après ces données, de 5,122,898 berkowetz (828,335,000 k.) représentant une valeur de 3,586,019 roubles (14,344,000 fr.). Le prix moyen des betteraves ressort à 70 copecks le berkowetz (1 fr. 70 c. les 100 kilog.).

Les fabriques qui travaillent au feu retirent de 16 à 22 livres de sucre brut par berkowetz de betteraves, et les fabriques à vapeur de 22 à 23 livres. L'achat des os dans toute la Russie, trafic insignifiant autrefois, met aujourd'hui en circulation des sommes considérables.

En 1858, les fabriques de sucre de betterave ont employé près de 8 millions de pouds de noir animal ; en l'estimant, terme moyen, à 15 copecks, on arrive à une somme de 1 million de roubles. Naguère, les fabriques n'employaient d'autre combustible que le bois ; maintenant on fait usage de quantités considérables de tourbe et de houille dans les gouvernements de Toula, Kharkhoff et Voronèje. En 1858, les fabriques ont brûlé 196,100 sagènes cubes de bois, 120,000 pouds de houille, 6,170 sagènes cubes de tourbe, 12,500 chariots de paille, 700 sagènes cubes de fumier ; en tout, pour une somme de 150,860 roubles.

Le nombre des ouvriers occupés en 1858 était de 49,323 hommes, 16,841 femmes, 8,632 garçons et filles ; en tout, 77,536 individus. »

Si la Belgique n'a pas obtenu sur le marché russe tous les débouchés dont sont susceptibles ses diverses industries, elle y a néanmoins conquis un rang fort honorable et elle y est tenue en haute estime pour la bonne qualité de ses produits.

Parmi les exportateurs belges, le premier rang appartient sans contredit à la Société Cockerill et la Société Pauwels et Cie. Un grand nombre des bateaux à vapeur qui sillonnent les grands fleuves et les lacs russes sortent des chantiers de Seraing. Le matériel des chemins de fer principaux a été fourni par la Compagnie bruxelloise. L'excellente qualité de leurs produits autant que l'habileté de MM. Auguste Charlier, Sadoine et Bataille, ingénieurs, leur ont acquis des débouchés fort importants et une position enviée de tous leurs concurrents de France, d'Allemagne et d'Angleterre.

MM. Falisse et Trapmann, de Liége, ont monté pour le gouvernement russe une fabrique d'amorces fulminantes et diverses machines et, malgré les difficultés inouïes que présentait une telle entreprise dans un pays aussi peu industriel, ont parfaitement réussi. Une bonne partie des lignes télégraphiques construites dans ces dernières années, l'ont été avec les fils de MM. A. Lassence et Cie de Liége. Cette maison s'est aussi conquis en Russie une grande réputation; il ne vient guère de Russes en Belgique qui n'aillent visiter ses magnifiques usines.

La *Vieille Montagne* conserve dans l'empire moscovite la place qu'elle a su assurer à ses produits dans tous les pays du monde; cette Société est une de celles qui honorent notre industrie nationale. Bien d'autres établissements ont des débouchés dans le Nord; j'espère avoir l'occasion d'en faire bientôt la nomenclature. Je citerai encore quelques noms avant de terminer. M. Louis Pérard, constructeur à Liége, a fourni tant en Russie qu'en Pologne, un grand nombre de moteurs, machines et outils qui lui ont acquis dans ces contrées une excellente réputation. Il a, entre autres, monté à Kalouga une scierie à vapeur très-remarquable; les cadres porte-lames y sont pourvus d'un mouvement auto-moteur qui fait suivre aux scies toutes les sinuosités du bois. Ceux-ci toujours sciés suivant la direction des fibres sont par là d'une qualité exceptionnelle et très-recherchés pour les constructions navales.

MM. Gilain, de Tirlemont, Regnier-Poncelet et Berchmans, de Liége, Scrive et Vandenkerkhove de Gand, Houyet et Terton de Verviers, E. Evrard et Cie, C. Vangoethem, Cail, Halot et Cie, Gossiaux et d'autres encore de Bruxelles, ont également fait en Russie des fournitures de machines qui les ont fait ranger au nombre des meilleurs constructeurs du continent. La fabrication des clous mécaniques est dignement représentée dans le nord et le midi de l'empire moscovite par MM. Dawance et Orban de Liége; il en est de même des cardes de MM. Fétu et Cie de Liége et des courroies de J. Fétu de Bruxelles.

De grandes quantités de tôles fines pour toitures sont régulièrement importées de Belgique à Saint-Pétersbourg et à Odessa. On doit citer aussi une infinité d'articles dont j'ai fait mention dans le cours de ce travail, soit principalement les armes, les bougies, les dentelles et une foule d'autres produits : je ne puis citer ici les noms des producteurs.

La Russie, je le répète, est un marché immense ouvert à la Belgique, et tous nos efforts doivent tendre à augmenter nos relations commerciales avec ce pays plein d'avenir et possédant des ressources infinies.

Si le gouvernement tient réellement à faire connaître ce pays à nos industriels, il doit y envoyer des consuls salariés, des jeunes gens jouissant des bourses récemment créées, en un mot des intelligences capables de donner au commerce et à l'industrie des renseignements sérieux et puisés aux meilleures sources.

L'affranchissement des serfs va doubler les besoins du peuple russe; ne nous laissons point devancer par les Anglais et les Allemands et tâchons de nous emparer de ce débouché de 75,000,000 de consommateurs.

Surtout qu'on repousse les idées étroites et insensées du petit trafic. On m'a montré des notes de certains industriels belges où les échantillons étaient facturés et, en outre, les prix majorés à raison des pertes éventuelles, de sorte que les prix-courants étaient au moins de 15 à 20 "/₀ plus élevés que ceux des produits similaires de l'Allemagne, de la Suisse ou de l'Angleterre. Cette preuve d'inintelligence étonnait d'autant plus les négociants qui m'ont entretenu de ces faits, qu'ils avaient suivi avec intérêt les travaux de l'Association internationale pour les réformes douanières, dirigés par M. Corr Vander Maeren, travaux qui leur avaient donné une haute opinion de l'esprit pratique de nos industriels.

Non, ce n'est point là le moyen d'arriver au but. Il faut savoir semer pour recueillir, et certes j'ose certifier que la récolte a été bonne pour ceux qui ont semé jusqu'à ce jour.

Qu'on développe l'esprit d'initiative et qu'on abandonne les projets des sociétés patronnées et subsidiées par le gouvernement. Je l'ai déjà dit, ces sociétés n'auraient pour conséquence que de créer, avec l'argent du peuple et de bénévoles actionnaires, de vastes établissements reposant sur de faux principes et qui, en outre, auraient l'inconvénient de monopoliser toutes les affaires en quelques mains, au détriment du commerce et de l'industrie de la généralité du pays. Le gouvernement doit encourager tous les efforts individuels, mais non favoriser; le bien-être général des masses, voilà son but. Et pour cela il faut la liberté commerciale. Si les chambres législatives décrétaient l'abolition de toutes les entraves que le commerce belge doit subir, la prospérité générale du pays aurait triplé dans l'espace de dix années.

Si j'ai repoussé l'idée d'une société d'exportation, ce n'était qu'au point de vue du monopole gouvernemental. Il faut qu'une société telle qu'on veut la créer agisse par sa propre initiative et puisse correspondre directement sans devoir passer par la filière ministérielle.

Les principales divisions de cette société d'importation et d'exportation devraient comprendre : 1° les produits de l'industrie se rattachant au commerce d'alimentation; 2° les produits des bois; 3° les matières premières : minerais, métaux, etc.; 4° les produits des mines, minières et carrières; 5° les produits de l'industrie textile; 6° les produits de l'industrie des débris d'animaux; enfin tous les produits, fabricats et manufactures.

Différents essais ont déjà été tentés en Belgique, aucun n'a été couronné de succès parce que les capitaux consacrés à l'exploitation étaient insuffisants, et surtout parce que l'intelligence directrice n'était point à la hauteur d'une telle entreprise. Ces deux obstacles levés, en suivant les conseils de correspondants intelligents et honnêtes, au courant des exigences des acheteurs, je suis convaincu qu'une société aurait bientôt un chiffre d'affaires considérable, régulier et facile.

« Pour fonder, dit le rapport de la commission des vœux, et
» pour soutenir des succursales étrangères spécialement occu-
» pées de la vente de nos produits, il faut pouvoir leur assurer
» un chiffre d'affaires considérable, garantir une bonne position
» aux agents, savoir attendre les échéances souvent très-
» reculées. Il faut donc de très-grands capitaux.

» C'est dire que l'effort individuel n'est pas assez puissant et
» qu'il y a lieu de faire appel à l'esprit d'association.

» Le point délicat est de savoir comment il faut former l'asso-
» ciation. On n'hésite pas à attribuer l'insuccès des sociétés de
» commerce créées antérieurement à ce jour à la séparation de
» l'élément commercial et de l'élément industriel. Cette sépara-
» tion a entraîné de graves inconvénients. Elle a nécessité la
» formation d'un capital plus élevé que de raison et, en exigeant
» des directeurs les connaissances les plus variées, elle a rendu
» l'administration beaucoup plus difficile ; elle a rompu enfin
» toute solidarité entre le commerce et l'industrie ; et trop sou-
» vent les fabricants ont opiniâtrément résisté aux indications
» des négociants exportateurs.

» Il faut que le producteur, si intéressé à voir s'ouvrir devant
» lui de nouveaux débouchés, puisse se rendre compte lui-
» même des conditions auxquelles il sera possible de placer ses
» produits dans les pays d'outre-mer, juger de la nécessité de
» modifier dans l'un ou l'autre sens sa fabrication spéciale,
» apprendre, en un mot, à connaître les besoins des marchés

» d'outre-mer comme il connait ceux des marchés du con-
» tinent. »

La centralisation des principales branches de l'industrie facilite énormément la réussite d'une société privée d'exportation,
disposant des éléments nécessaires et ayant pris pour drapeau :
liberté, volonté, persévérance. Celle-ci créerait au pays des relations très-avantageuses sur les marchés du monde et pourrait
faire d'Anvers une place importante pour toutes les matières
premières et les fabricats. Chose étonnante, aucune société
belge, que je sache, n'a cherché à s'intéresser dans les grandes
entreprises des chemins de fer suédois, et cependant notre habileté est reconnue en Suède et nous y serions parfaitement
accueillis.

J'ai dit plus haut que les efforts tentés en Russie ont été cou-
ronnés de succès : pourquoi ne le seraient-ils pas dans les autres
États qui n'ont pas, comme nous, pour produire bien et à bon
marché, d'intelligents ouvriers, des capitaux considérables et de
la houille « ce pain de l'industrie » comme l'appellent judicieu-
sement les economistes.

Nous verrons un jour notre pays honoré et estimé sur les
marchés du monde, je n'en doute point, car nous possédons trois
grandes forces : l'activité, la probité, la liberté.

C'est avec cette conviction profonde que je termine mon travail (1).

(1) Voir l'Appendice, deuxième partie

APPENDICE [1]

(DEUXIÈME PARTIE)

I

DE L'INDUSTRIE EN RUSSIE

Je ne puis mieux commencer cet aperçu appendice qu'en donnant ici connaissance de l'excellent article du docteur W. Kosegarten *sur l'industrie en Russie*.

Compagnon de voyage du baron Auguste de Haxthausen qui a écrit le meilleur ouvrage sur la Russie (2), M. Kosegarten fut à même d'obtenir des renseignements complets sur ce qui nous occupe.

Diverses méthodes de diviser le territoire russe ont été émises, M. Kosegarten admet les divisions suivantes :

    I. LA RUSSIE EUROPÉENNE, comprenant cinq zones :
      1. *Le versant de la mer Blanche ;*
      2. *Le versant de la mer Baltique ;*
      3. *Le plateau central de la Russie d'Europe ;*
      4. *Le versant méridional ;*
      5. *La région pastorale.*
    II. LA RUSSIE ASIATIQUE DU NORD OU SIBÉRIE.
    III. LES PROVINCES DE LA TRANSCAUCASIE.

(1) Voyez tome II, page 309 : appendice 1re partie.
(2) *Études sur la situation intérieure, la vie nationale et les institutions rurales de la Russie.* Berlin, 1853. Librairie B. Behr.

I. Russie européenne. — La Russie européenne, le pays principal de l'Empire, s'étend des frontières connues de l'Ouest (formées par la Prusse, la Pologne, la Gallicie et la Turquie) jusqu'à l'Oural, et se trouve limitée au nord par les mers Glaciale et Blanche, et au sud par les mers Noire et Caspienne, ainsi que par le Caucase, ou plutôt par les fleuves Kouban et Térek.

Ce vaste territoire, dont la superficie est évaluée par les uns à 82,000 et par d'autres à 87,000 milles géographiques carrés (la superficie de la Russie d'Europe, à l'exclusion de la Finlande et de la Pologne, est, d'après les calculs du savant astronome Struve, que cite M. de Tergoborski, de 90,108 milles géographiques carrés) et dont la population s'élève au chiffre d'environ 51 millions d'âmes (1), renferme plusieurs zones qui, par la configuration du sol, par la propriété du climat et par les produits qu'elles donnent, se distinguent si essentiellement entre elles, que leurs transactions commerciales égalent en importance celles qui existent entre des nations différentes.

Il paraît utile de distinguer cinq zones différentes, séparées pour la plupart par des chaînes de collines qui traversent des pays généralement plats, savoir :

1. *Le versant de la mer Blanche*, c'est à dire tout le pays incliné vers cette mer et limité au nord, tant par la mer Blanche que par la mer Glaciale. La chaîne de collines qui forme la frontière méridionale de cette zone, commence au sud du lac Onéga, où elle se sépare, en prenant la forme d'un plateau, des hauteurs du Waldaï, et s'étend à une distance de 42 verstes au sud de Wologda vers le nord-est jusqu'à l'Oural, sous le 62e degré de latitude. Elle forme en même temps le faîte qui sépare les eaux de la Dwina du nord et du Wolga. Cette zone comprend les gouvernements d'Arkhangel et de Wologda, auxquels on doit ajouter peut-être une partie du gouvernement d'Olonez.

La superficie de cette zone a été évaluée à environ 21,000 milles géo-

(1) Les chiffres de la population ont été pris dans l'ouvrage de M. Koeppen : ils doivent être augmentés de 10 °/₀ au moins, ainsi que le constatent les relevés du dernier recensement.

graphiques carrés et sa population monte à 1 million 23 mille âmes (1).
Cette zone — à l'exception de sa partie septentrionale, qui commence à
peu près sous le 69e degré de latitude, au delà duquel on ne trouve que
des steppes couvertes de mousse, et plus loin, des champs de glaces —
peut être regardée comme une forêt immense qui n'offre des clairières
que le long des fleuves qui sont bordés de colonies, et encore vers la
frontière du Sud. La population, qui n'a pu s'établir que sur les bords
des fleuves et sur les côtes des mers, n'est que très faible, de sorte que
l'on compte en moyenne 89 âmes pour 1 mille carré du gouvernement
de Wologda, et environ 16 âmes pour 1 mille carré du gouvernement
d'Arkhangel. Les forêts qui couvrent plus de 60 millions de dessiatines
(une dessiatine équivaut à environ 4 arpens de Prusse et $^1/_8$) sont les
plus considérables de toute l'Europe, et dépassent en étendue des
royaumes entiers. Elles sont pour la plus grande partie (savoir pour $^7/_{10}$)
la propriété de la couronne, et se composent presqu'en totalité d'arbres
cônifères, surtout de pins, de sapins et de mélèzes, si précieux pour la
construction des vaisseaux, en outre de bouleaux, de tilleuls et d'aulnes.
Le bois forme donc le produit principal de cette zone avec les fourrures, le poisson et d'autres animaux de mer, comme par exemple des
phoques, des *bélougui* (dauphin blanc), etc. Ces deux derniers articles
constituent principalement la richesse du gouvernement d'Arkhangel;
cependant on trouve aussi des contrées où l'on s'occupe de l'agriculture
et de l'élevage des bestiaux. Le gouvernement d'Arkhangel contient le
cercle de Kholmogori, connu par ses beaux pâturages et par son bétail
de race hollandaise introduit par Pierre le Grand. Ce gouvernement
renferme aussi quelques contrées où l'on cultive des céréales et surtout
l'orge, et où l'on récolte trois fois la semence; mais dans la partie méri-

---

(1) Quant aux chiffres de la population, nous avons pris pour base les travaux de M. le conseiller d'État et académicien de Koeppen, que l'on peut regarder comme l'autorité la plus compétente dans cette matière. Du reste, nous adoptons généralement des chiffres ronds, parce
qu'il est impossible de parvenir à une exactitude parfaite sur ce sujet. Les chiffres de la population sont donnés d'après le recensement de 1838; il faut donc tenir compte encore de l'accroissement qu'elle a dû prendre depuis cette époque et qui, d'après M. de Koeppen, s'élève à
1 ou 1 $^1/_2$ p. c. par an.

dionale de Wologda, on cultive en outre le seigle, le chanvre, le lin et le houblon (1). Le même gouvernement n'est pas sans posséder des produits minéraux ; on y trouve du granit, du fer, de la tourbe et du sel. — Pour ce qui concerne l'emploi de ces matières brutes, il est naturel que l'abondance du bois favorise surtout la construction des vaisseaux et la confection de toutes sortes d'ustensiles en bois, ainsi que la préparation du goudron et l'industrie charbonnière. On trouve aussi, quoiqu'en de moindres proportions, d'autres branches d'industrie, par exemple, des fabriques de toiles, de lin et de chanvre, des savonneries et des fabriques de chandelles, une papeterie, et dans le gouvernement d'Arkhangel, des tanneries et une raffinerie de sucre (dans la ville d'Arkhangel). — La Dwina du nord est la principale voie de communication, et les villes d'Arkhangel et d'Oustioug sont les centres essentiels du commerce. La ville d'Oustioug est traversée par les convois de marchandises passant entre la Sibérie et la mer Blanche, soit par voie de terre, soit sur les voies fluviales. Sur le littoral de la mer Blanche, on trouve encore les petits ports de Kola, d'Onéga et quelques autres, où il se fait un peu de commerce. Le canal du duc Alexandre de Wurtemberg sert à relier la région de la Dwina à celle du Wolga, et, par conséquent, à l'intérieur de la Russie européenne, ainsi qu'à la mer Baltique d'un côté, et à la mer Caspienne de l'autre. Un autre canal, celui de Catherine, qui à l'ouest devait, au moyen de la Kama, mettre en communication les deux fleuves sus-nommés, ne semble plus être navigable.

2. *Le versant de la mer Baltique*, formant la partie nord-ouest de l'empire russe, est limité à l'est par les hauteurs du Waldaï qui dominent Novgorod, Twer et Smolensk, ainsi que par les chaînes de collines qui partent de ces hauteurs pour s'étendre vers le sud et le nord. Vers le sud, le versant de la mer Baltique atteint encore la région du Dniepr ; au nord-est, il est séparé de la région de la mer Blanche par un

---

(1) Selon M. de Meyendorff, la culture du froment s'arrête sous le 58° degré de latitude, celui de l'avoine sous le 63°, celui du seigle sous le 65°, et celui de l'orge sous le 67° degré. Le bouleau ne dépasse pas le 69°, le pin et le mélèze vivent jusque sous le 68°, le sapin ne va que jusqu'au 67° et l'aulne jusqu'au 63° degré seulement.

prolongement des hauteurs du Waldaï qui s'étend au delà du lac Onéga.
Sa frontière du sud se trouve dans le gouvernement de Volhynie, un peu
au nord de Schitomir. Aussi le Bug occidental, qui se jette dans la
Vistule et qui forme en partie la frontière de la Pologne, prend sa
source très près de là dans la Gallicie. On trouve dans le même gouvernement, entre Avratine et Bielosersk, le plateau qui, selon Schnitzler,
forme la séparation entre les régions de la mer Noire et de la mer Baltique. Ainsi cette zone comprend non seulement les provinces d'Olonez,
de Saint-Pétersbourg, d'Esthonie, de Livonie et de Courlande, mais
encore les provinces de la Lithuanie et de la Russie-Blanche, c'est à dire
les gouvernements de Witebsk, de Wilna, de Grodno, de Minsk et de Mohileff, ainsi qu'une partie de Twer et de Smolensk, enfin une partie de la
Petite-Russie, savoir, la plus grande partie de la Volhynie. La superficie
de cette zone est d'environ 12,000 milles géographiques carrés, et le
chiffre de sa population peut être évalué à 9 millions d'âmes au moins.
Toutes ces provinces contiennent également d'immenses forêts, mais qui,
par suite des ravages qu'on s'y est permis autrefois, doivent se trouver
en assez mauvais état. Le bois est donc un des principaux produits de
cette zone, le premier sous le rapport de la quantité (1); mais elle offre
encore d'autres produits qui sont d'une grande importance pour l'éco-
comie sociale. Presque toutes les provinces de cette zone (excepté surtout
le gouvernement d'Olonez) récoltent, dans de bonnes années, une plus
grande quantité de grains de toutes sortes qu'il n'en faut pour les besoins
d'une population partout clair-semée, quoique l'agriculture n'ait pas
encore atteint dans ces contrées un haut degré de perfection, et que la
condition des paysans ne soit rien moins que satisfaisante (surtout dans
les anciennes provinces polonaises, où ils ont longtemps gémi sous l'op-
pression de l'aristocratie du pays). Puis il faut citer le lin et le chanvre,
que ces contrées produisent en plus grande quantité que tout le reste

(1) Cette zone est réunie sur la carte de M. de Meyendorff à la région de la mer Blanche, sous
le nom de *Région des forêts,* dénomination qui, pour plusieurs raisons, nous a paru peu
convenable.

de la Russie. Dans certains lieux, la culture du houblon est assez considérable. On s'occupe encore de l'élève du gros bétail, des chevaux et des bêtes à laine, ce qui est d'autant plus important que les peaux et la laine sont des articles d'exportation. On vante surtout les pâturages de Grodno, de Minsk et de Mohileff. L'éducation des abeilles se trouve mentionnée dans le gouvernement de Minsk. Quant aux minerais, le gouvernement d'Olonez fournit du granit et du marbre, du fer et du cuivre et un peu d'or et d'argent. — Parmi les branches d'industrie dont s'occupe la population, il faut surtout citer la construction des bateaux; mais on y trouve aussi tous les autres métiers qui se rattachent ordinairement à l'exploitation du bois, savoir : la fabrication du goudron, de la potasse et des charbons. Les distilleries d'eaux-de-vie sont très nombreuses dans presque toutes les provinces de cette zone. Saint-Pétersbourg et, un peu moins, Riga sont riches en fabriques de toute espèce; quelques fabriques isolées se trouvent encore sur d'autres points de cette même zone. On mentionne surtout différentes fabriques où l'on travaille les métaux, des fabriques de machines, de verrerie et de porcelaine, des raffineries de sucre, des filatures de coton, des fabriques pour le tissage du coton, de la toile et de la laine, des corderies, des tanneries, des papeteries, des fabriques de papiers de tenture, de tabacs, de chandelles, des savonneries, des distilleries d'eaux-de-vie, etc. — Cette zone renferme les points les plus importants pour le commerce maritime et la navigation de la Russie (1). Saint-Pétersbourg est la ville de commerce la plus considérable de toute l'Europe septentrionale, et après elle, la ville de Riga vient en seconde ligne. C'est la Duna ou la Dwina occidentale, le fleuve le plus considérable de ces contrées, qui sert à en transporter les produits à Riga et dans les provinces voisines. On l'a jointe, par un canal, à la Bérésina et, au moyen de cette dernière, au Dniepr, et par conséquent à la mer Noire; mais on dit que le canal en

(1) Suivant M. de Reden, le commerce extérieur des ports russes de la mer Baltique est au total du commerce russe avec les pays étrangers, comme 1 : 1,14 pour l'importation, et comme 1 : 1,5 pour l'exportation.

question n'est propre qu'au flottage du bois. Le Niémen, dans les gouvernements de Wilna et de Grodno, et, pour ce dernier gouvernement, le Bug occidental, qui se jette dans la Vistule, servent à faire arriver les productions du pays dans la mer Baltique. Ces deux fleuves sont joints au Pripez et par là au Dniepr, le premier par le canal très peu fréquenté d'Oguinski, sur lequel est situé l'entrepôt de Brzesc-Litewsk, à la frontière polonaise, l'autre par le canal royal. On sait du reste que la communication la plus importante est celle qui existe entre Saint-Pétersbourg et le Wolga, et qui met en rapport le port principal de la mer Baltique avec l'intérieur de la Russie et avec la mer Caspienne, d'après le système de canalisation créé par Pierre le Grand et perfectionné plus tard. Or, cette communication a lieu par trois voies diverses, savoir par les canaux de Wischnij-Wolotschok, de Tikhwin et de Marie (1).

3. *Le plateau central de la Russie d'Europe* forme la zone industrielle. On peut considérer ce plateau comme un bassin plat qui s'étend, en allant de l'est à l'ouest, des hauteurs du Waldaï jusqu'à l'Oural, et se trouve borné au nord par la frontière méridionale de la zone précédente, et au sud par un autre prolongement du Waldaï qui commence dans la région du Dniepr et de la Desna, côtoie ce dernier fleuve et s'étend, à travers la Russie centrale et en entourant Koursk et Tamboff, au delà de Penza jusqu'au Wolga, pour se joindre aux bords élevés de ce fleuve, là où il fait un détour près de Samara. Cependant les districts situés au nord de ces collines doivent être considérés comme appartenant à la zone suivante. — La superficie de la zone industrielle, qui s'étend du 54e jusqu'au 60e degré de latitude, s'élève à 17,400 milles carrés, tandis qu'on en évalue la population à 16 millions 600,000 habitants. Cette zone comprend la plus grande partie de la Grande-Russie, le cœur de l'empire et de la nation russes, où les mœurs nationales présentent encore le plus haut degré de pureté et d'originalité. A l'est, dans le gouvernement de Kazan, la population se trouve déjà mêlée d'éléments tatares.

(1) Voir : M. de Reden p. 381 et suivantes, — et les *Archives* d'Erman, liv. 3me. Berlin, 1844.

Le sol de cette zone est passablement fertile et favorable à l'agriculture, aussi y cultive-t-on les céréales ordinaires. Le seigle forme l'objet principal de la culture; cependant on ne produit pas assez de blé pour les besoins des habitants. La culture du lin et du chanvre est assez considérable dans certaines contrées, surtout dans l'Ouest. Dans quelques contrées, particulièrement sur les frontières de l'Est et de l'Ouest, il existe encore beaucoup de forêts; dans d'autres districts, on commence déjà à manquer de bois, par suite des ravages auxquels les forêts ont été exposées pendant longtemps. Les arbres conifères prédominent, mais on y trouve aussi des tilleuls et des chênes, bien que ces derniers soient déjà assez rares.

Les habitants s'occupent aussi de l'élevage du bétail; mais cette branche d'industrie y est presque partout (les districts au sud-ouest de l'Oural exceptés, où la population tatare cultive avec succès l'élève des chevaux) à l'état d'enfance. Quelques districts, principalement les gouvernements de Wiatka et de Perm à l'est, et celui de Tschernigoff à l'ouest, s'occupent de l'éducation des abeilles, branche d'industrie très importante, en raison de la grande consommation de cire qui se fait dans les églises russes. La partie orientale de cette zone (la région de l'Oural) est riche en minerais, surtout en fer (dont on trouve des gisements considérables dans les gouvernements du centre) et en cuivre. On trouve encore dans l'Oural de l'or, de l'argent, du marbre, différentes sortes de pierres précieuses et enfin du sel. Dans les derniers temps, on a découvert dans les environs de Moscou des gisements de tourbes et de houille brune. Cette zone renferme les $\frac{2}{3}$ de toutes les manufactures et fabriques de l'empire russe (1), et peut être divisée, sous ce rapport, en 4 districts distingués par les branches d'industrie qui prédominent dans chacune d'elles. Le district très riche en minerais, qui embrasse le gouvernement de Perm, une partie de celui de Wiatka jusqu'au fleuve de ce nom, et une petite partie du gouvernement d'Orenbourg, s'occupent prin-

(1) En 1838, on en comptait déjà plus de 3,500. — M. de Reden, p. 84, dit à tort : « Ce plateau renferme les 5 à 7,000 fabriques de l'Empire. »

cipalement de travaux métallurgiques, qui prédominent aussi dans la partie du gouvernement de Perm qui, situé au delà de l'Oural, appartient déjà à l'Asie. On assure que le $^9/_{10}$ de toutes les usines métallurgiques de la Russie se trouvent sur les deux versants de l'Oural et dans le pays situé entre cette montagne et la Wiatka (1). On y trouve aussi, quoiqu'en moindres proportions, d'autres branches d'industrie comme des tanneries, des fabriques de suif et de chandelles, etc. Le second district, situé entre les fleuves Volga, Wiatka et Kama, s'occupe tout particulièrement de l'exploitation du bois et contient en partie les gouvernements de Wiatka, de Kazan et de Kostroma. Parmi les produits de cette contrée, il faut citer les poutres et les planches, les mâts et les barques, le goudron, la potasse et les nattes d'écorce de tilleul (les deux derniers articles jouent un grand rôle dans le commerce du gouvernement de Kostroma), puis encore des objets en métal, les chandelles et le savon. Dans d'autres endroits, on s'occupe du tissage de la laine et du coton, et les tanneries de Kazan sont célèbres. — Le 3ᵉ district qui s'étend du Volga, jusqu'à la Desna et en partie jusqu'à la frontière de la zone Baltique, est le siége principal d'industries plus fines, nommément de la filature, du tissage, de la teinture et des impressions sur laine, coton, soie et toile, ainsi que de la fabrication d'objets métalliques, de couteaux, de ciseaux, de clous, de serrures et de grandes machines; puis encore d'objets en verre et en porcelaine, et enfin de quelques autres industries. A côté de cela, on y trouve encore les industries des districts précités, savoir : des usines métallurgiques, des tanneries, des fabriques pour la préparation des soies de porc, des fabriques de chandelles et de bougies, de savon, de tabac, etc. Le gouvernement de Moscou, centre de tout l'empire, en est aussi la ville la plus industrielle, et on a calculé, il y a quelques années, qu'elle renfermait environ la 4ᵉ partie de toutes les fabriques de la Russie. Ce district comprend encore les gouvernements de Jaroslaff, de Wladimir et de Kalouga, comme aussi, en partie, ceux de Twer, de

(1) C'est là une assertion de M. de Meyendorff.

Kostroma, de Nijni-Novgorod, de Riazan et de Toula. — On désigne comme le 4° district l'angle le plus occidental de cette zone, composé de la plus grande partie du gouvernement de Tschernigoff et de la moitié de celui de Smolensk. Il est séparé à l'ouest par le Dniepr de la zone Baltique, et borné à l'est par la Desna. La culture et la première préparation du chanvre forment l'industrie principale de ce district, qui possède aussi des manufactures de laine, des distilleries, des fabriques où l'on travaille le bois, etc.

Quant au commerce de toute cette zone, les renseignements qui précèdent suffisent pour faire comprendre qu'elle pourvoit de ses produits toutes les parties de l'empire. En revanche, elle tire les matières premières et les autres produits étrangers des ports du Nord, et le bois, en tant qu'il couvre les frais de transport, des autres zones situées au nord et à l'ouest ; elle fait venir le blé et le bétail de la zone méridionale, et beaucoup de matières brutes de différentes contrées. Le commerce extérieur de cette zone est, par suite de circonstances généralement connues, peu important avec l'Europe ; mais il est très considérable avec l'Asie. Ce n'est pas seulement à travers les steppes des Kirghiz, qu'il pénètre dans la Boukharie et la Chine ; mais il entre encore dans l'empire céleste par la route de Kiakhta. Les voies de terre sont moins des chaussées que des routes naturelles que forme le froid prolongé de l'hiver. Les voies de communication les plus commodes sont celles offertes par le majestueux Volga, qui traverse toute cette zone du nord-ouest au sud-est, avec ses affluents directs et indirects, parmi lesquels on doit signaler l'Oka au sud, ainsi que la Wiatka et la Kama au nord. Le Volga réalise la communication de ces contrées, non seulement avec le Sud jusqu'à la mer Caspienne, mais encore au moyen des canaux sus-mentionnés avec le Nord, particulièrement avec les ports de la mer Baltique et de la mer Blanche. — La partie occidentale de cette zone se trouve reliée à la mer Noire par la Desna et le Dniepr (qui toutefois, par ses cataractes, offre de grandes difficultés à la navigation dans la saison aride). Le commerce de cette zone avec l'Asie centrale se fait par les caravanes, dont Orenbourg est le point de départ et respectivement le but, tandis que la foire Nijni-Novgorod facilite surtout le commerce de la Chine avec la Russie d'Europe.

4. *Le versant méridional ou la région agricole* est limitée au nord par la zone industrielle, et au sud par la *zone des steppes,* dont elle est séparée en partie par une chaîne de petites collines, qui commence près de Catherinoslaff sur le Dniepr, et se joint, au nord du Don, aux hauteurs de Waldaï (1). Cette zone s'étend, de l'ouest à l'est, à travers toute la Russie d'Europe, savoir de Kaménetz-Podolsk jusqu'au pied de l'Oural. — La superficie de cette zone est évaluée à 17,400 milles carrés, et le chiffre de ses habitants s'élève à 19 millions 150,000. La population du nord est d'origine grand-russe, celle du sud d'origine petit-russe, et celle de l'est se compose d'éléments tatares. — La nature du sol donne à cette zone le caractère d'un pays agricole. Une couche épaisse de terre noire, qui couvre partout le sol, est la cause de sa fertilité extraordinaire. — Cette zone comprend les gouvernements de Podolie, de Kieff, de Pultava, d'Orel, de Koursk, de Kharkoff, de Woronèje, de Simbirsk, de Penza, de Tamboff, certaines parties des gouvernements de Toula, de Riazan, de Nijni-Novgorod, de Kazan, de Saratoff, d'Orenbourg, de Catherinoslaff, enfin une petite partie du pays des Cosaques du Don et la plus grande partie de la Bessarabie. — Les industries principales de cette zone sont : l'agriculture, et, quoiqu'à un degré beaucoup moindre, l'élevage du bétail. Parmi les produits essentiels, on doit mentionner les céréales, surtout le froment, puis le chanvre, les graines oléagineuses, les légumes, la laine, les chevaux, les peaux, etc. On y cultive aussi le tabac, le houblon et même la betterave, et dans quelques districts on s'occupe de l'éducation des abeilles. Une partie de cette zone possède encore des forêts considérables, qui donnent lieu à la fabrication des charbons, du goudron, de la poix et de la

______

(1) M. de Reden (p. 84) paraît faire mention de deux chaînes de collines ; ce qui probablement repose sur une méprise. Autant que nous sachions, la chaîne mentionnée à la fin de la section 3, est identique avec celle indiquée au commencement du n° 4.

potasse ; quelques autres gouvernements manquent de bois. — Il existe près de l'Oural quelques mines de cuivre, dans d'autres lieux, des gisements de fer, et le pays de Kharkoff est riche en houilles. — Cette zone n'est pas entièrement dépourvue de manufactures et de fabriques. Outre les cuirs, le suif, les chandelles et le savon qu'on y produit, on s'occupe de filature et de tissage, surtout de la laine et de la toile, de plus, de la fabrication du salpêtre, du tabac et du sucre. Les distilleries sont plus florissantes dans la Petite-Russie que dans toutes les autres parties de l'empire. — Le commerce trouve des voies de communication imparfaites en parties, il est vrai, dans les fleuves qui se jettent dans la mer Noire, savoir le Pruth, le Dniestr, le Bug oriental, le Dniepr, le Don avec le Donez et surtout le Volga, qui sert à mettre ces contrées en rapport non seulement avec la mer Caspienne, mais encore, au moyen d'une courte voie de terre et du Don, avec la mer Noire, et avec le Nord.

C'est ainsi que cette zone peut faire passer son excédant en céréales, tant dans la zone industrielle que dans les eaux du Sud et surtout dans la mer Noire.

5. *La région pastorale ou la plaine des steppes* est située entre les frontières sus-mentionnées de la zone agricole et les frontières méridionales de la Russie d'Europe ; elle s'étend du Pruth inférieur à l'ouest jusqu'au fleuve d'Oural (ou Païk) à l'est, au delà duquel les steppes se prolongent à travers l'Asie jusqu'à la frontière de la Chine. — La superficie de la steppe européenne, dont il est exclusivement question ici, est différemment évaluée, suivant qu'on y ajoute ou non les régions agricoles qui possèdent déjà le sol des steppes, mais où ce sol est encore couvert de terre noire. Dans le premier cas, il faudrait mentionner, dans cette zone, une grande partie du territoire qui se trouve en deçà des frontières par nous indiquées de la région agricole (1). Mais puisque notre division repose sur le caractère industriel prédominant

(1) Nous nous réglons ici, d'après la carte officielle, sur laquelle une portion de la région agricole s'étend jusqu'à la mer d'Azoff, de sorte que la zone pastorale se trouve divisée en deux parties, celle de l'Est et celle de l'Ouest.

dans chaque zone, nous adoptons ici les chiffres donnés pour les districts qui s'occupent principalement de l'élevage du bétail. A ce compte, cette zone contient en superficie 13,250 milles carrés et environ 4 millions d'habitants. Suivant le même principe, il faut placer parmi les provinces de cette zone une petite partie de la Bessarabie, la plus grande partie du gouvernement de Kherson, les gouvernements entiers de la Tauride et d'Astrakhan, le district de la Ciscaucasie, la plus grande partie du pays des Cosaques du Don et certaines parties des gouvernements de Catherinoslaff, de Saratoff et d'Orenbourg. Le sol de steppes n'est pas le même partout; on distingue les steppes herbageuses, les steppes à bruyères, les steppes boisées et celles sablonneuses. En général, on peut diviser cette région en 2 moitiés, séparées l'une de l'autre par le Don (1). A l'ouest de ce fleuve, tout le pays n'est qu'une immense prairie; à gauche, ce sont des herbes, des plantes à sel et à potasse qui couvrent le sol alternativement avec des terrains couverts de sables mouvants, des lacs et des marais. — La côte méridionale de la Crimée est couverte de montagnes et de forêts. — La population de cette zone se compose, pour la plupart, de Russes, en y comprenant les Cosaques (savoir les Cosaques Tschernomors, ceux du Don et de l'Oural), puis de colons étrangers, d'un petit nombre de Finnois (des Tschérémisses, des Tschouwasches), enfin de Tatares, au nombre desquels il faut classer une horde de Kirghiz et de Kalmouks nomades appartenant à la race mongole.

Les principaux produits de cette zone sont ceux qui proviennent de l'éducation du bétail (qui du reste est pratiquée à la manière des nomades), particulièrement les chevaux, les bêtes à corne et les bêtes à laine; de plus le sel tiré des lacs Elton, de Baskountschatsk, et autres, et enfin le poisson de la mer Caspienne, du Don, du Volga et de l'Oural. Les Tatares s'occupent souvent aussi de l'éducation des abeilles. En

---

(1) Comparez M. de Brinken : *Ansichten über die Bewaldung der Steppen des europäischen Russlands,* etc. Brunswick, 1833, pages 34 et 51. — La première partie de cet ouvrage contient une description des Steppes.

outre les districts du Sud, dans les pays d'Astrakhan, du Don et de la Crimée, produisent de beaux fruits de jardin et du vin, par-ci par-là aussi de la soie. — On ne cultive que peu de blé, beaucoup moins qu'il n'en faut pour les besoins de la population clair-semée, puis encore çà et là du tabac, de la réglisse et autres espèces de végétaux. — On ne trouve point de forêts dans la région des steppes, si ce n'est sur les lisières. Quant aux minéraux, elle produit, outre le sel, de la houille et des minerais de fer. L'industrie supérieure, bien qu'elle ne s'applique qu'à la préparation du suif, de la laine, des soies de porc, de l'huile de baleine, du caviar, etc., occupe déjà, suivant l'opinion d'un homme compétent (1), une trop grande partie de la population établie. Le suif est peut-être le produit le plus important de ces contrées, dont les tanneries sont aussi réputées des plus excellentes. On s'occupe aussi un peu du tissage de la laine, de la soie et du coton, de la confection des cordages, etc. Les Cosaques du Don se livrent à la distillation de l'eau-de-vie.

Quant au commerce, la situation géographique de cette zone, qui contient les embouchures de tous les fleuves de la Russie d'Europe coulant vers le Sud, et tous les ports russes des mers du Sud, indique suffisamment qu'elle doit être un des principaux siéges du commerce maritime de la Russie (on sait qu'Odessa en est la ville commerciale la plus importante), et qu'elle sert à mettre en rapport, tant par les voies fluviales que par les voies de terre, les côtes méridionales avec les régions centrales. Aussi les produits de cette zone (par exemple le suif, les bœufs Tscherkasses) sont dirigés sur Saint-Pétersbourg et Odessa. En outre, cette zone participe au commerce qui se fait par les caravanes, entre l'Asie centrale, surtout la Chine et la Boukharie, d'un côté, et les pays d'Orenbourg (2), d'Astrakhan de l'autre. A l'intérieur de cette région, il s'opère des échanges de marchandises très animés entre les habitants sédentaires et la population nomade.

(1) Voir M. de Brinken dans l'ouvrage cité p. 79.
(2) La partie du gouvernement d'Orenbourg dans laquelle est située la ville de ce nom, doit être considérée comme faisant partie de cette zone, si tant est qu'on la place encore dans la Russie d'Europe.

II. La Russie asiatique du nord ou la Sibérie, qui comprend toute la partie septentrionale de l'Asie, limitée au nord par la mer Glaciale et au sud par l'Asie du centre et par l'empire de la Chine, peut être considérée comme une immense colonie de la Russie d'Europe. Elle a été cultivée jusqu'à un certain degré par des chasseurs d'animaux à fourrures (*Promyschléniki*), par des agriculteurs, par des marchands, par des ouvriers des mines, tant volontaires que déportés, et cette culture prend une marche progressive, tandis que les habitants indigènes, composés de chasseurs, de pêcheurs et de pâtres, vivent sous un régime très doux et sont insensiblement gagnés à la civilisation.—On distingue la Sibérie occidentale, qui comprend les gouvernements de Tobolsk et de Tomsk, et à laquelle on peut encore ajouter la partie asiatique du gouvernement de Perm, et la Sibérie orientale, qui se compose des gouvernements de Jénisseïsk et d'Irkoutsk, avec la province Jakoutsk et le pays côtier d'Okhotsk et du Kamtschatka. Il faut citer encore, comme un appendice de cette vaste colonie, les possessions de la compagnie russo-américaine, situées sur la côte occidentale de l'Amérique du Nord, et qui ne fournissent que des produits de chasse et de pêche.—On connaît les principaux produits de la Sibérie qui lui donnent une si grande importance pour la métropole; ce sont des minerais, surtout du fer, du plomb, de l'argent, de l'or et des pierres précieuses de différentes espèces, puis les fourrures de martre-zibeline, de renards, de loutres de mer, de petit-gris (d'écureuils gris), etc. Cependant, quoique la partie septentrionale de cette région, qui avoisine la mer Glaciale, soit excessivement stérile et en partie inhabitable, parce qu'elle est couverte de glaces, de lichens et de marais, les districts du Sud appartiennent en partie aux provinces les plus fertiles et les plus belles de l'empire russe. Les gouvernements de Tobolsk et de Tomsk pourvoient de blé les gouvernements de Perm, d'Orenbourg et d'Irkoutsk. Dans la partie méridionale du gouvernement de Tomsk, dont le climat est très agréable, on trouve des troupeaux nombreux. Le gouvernement d'Irkoutsk possède des lacs salants qui fournissent un excellent sel. Plusieurs des districts septentrionaux en deçà de la région des glaces et des lichens, sont couverts de forêts immenses qui produisent de beaux bois de construction. On compte environ 2 millions 650,000 hommes sur 250,000 milles carrés en Sibérie, et environ 61,000 habitants dans les provinces russes de l'Amérique, dont on évalue la superficie à 17,500 milles carrés (1). Le faible chiffre de la population explique suffisamment le peu d'importance de l'industrie de ces colonies; on n'y trouve, outre des usines métallurgiques, que quelques manufactures de draps, des savonneries, des fabriques de chandelles et de cuirs, etc. (2). L'écoulement des produits de la Sibérie s'opère vers la Chine par la voie de Kiakhta, et vers la Russie d'Europe par les foires d'Irbit et de Nijni-Novgorod. Ce commerce est favorisé par d'importantes voies fluviales, de sorte que pour le trajet de Kiakhta à Saint-Pétersbourg, qui est de 7,000 verstes, on ne passe que par deux *Wolok*, c'est à dire deux points où la communication par eau est interrompue (3).

III. Les provinces de la Transcaucasie forment le territoire russe situé au sud de la Russie d'Europe, c'est à dire les gouvernements de Géorgie et d'Imeréthie avec la province Caspienne, et quelques districts soumis à la protection de la Russie. La Transcaucasie est située entre le 38ᵉ et le 40ᵉ degré de latitude, et sa superficie contient environ 4,100 milles carrés. Elle possède une population dont on a évalué le chiffre à environ 3 millions ¹/₂, et dont les éléments sont aussi hétérogènes qu'on doit s'y attendre, dans un pays qui présente les plus grandes variétés de sol et de climat. Dans l'ouvrage de M. de Kœppen (4), on trouve un long tableau des tribus et des communes qui composent cette

(1) Les notices fournies par différents auteurs sur la superficie de l'empire russe et surtout sur celle de la Russie asiatique ne sont pas d'accord entre elles.

(2) Voir MM. de Baer et de Helmersen : « *Beitrage zur Kenntniss des russischen Reichs.* » Tom. VII, 1845, p. 69 et suiv.

(3) Ces voies de communication sont décrites dans l'ouvrage de Friebe : « *Ueber Russlands Handel, landwirthschaftliche Cultur, Industrie und Producte.* » Tom. III. Hildesheim et Saint-Pétersbourg, 1798, p. 144. et suivantes.

(4) P. de Kœppen : *Russlands Gesammtbevœlkung im jahre* 1838, *mit Nachtraegen.* Saint-Pétersbourg, 1843. — Les parties les plus connues de cette région sont la Géorgie et l'Arménie russe. En vertu d'un Oukase du 26 décembre 1846, toute la Transcaucasie a été divisée en quatre gouvernements, ceux de Tiflis, de Koutaïs, de Schamakha et de Derbent.

population. Dans les vallées on trouve la végétation des climats chauds, tandis que sur les hauteurs on voit du blé et des troupeaux, savoir des bœufs, des buffles, des bêtes à laine, des chevaux et des porcs. Les steppes prédominent dans les districts de l'Est. — L'abondance des chênes et des hêtres est importante pour la construction des vaisseaux, tandis que la production de la soie, du coton et de la cochenille n'importe pas moins au commerce de toute la Russie. Outre cela, il faut mentionner encore parmi les produits végétaux le riz, le vin, le tabac, la cire, le sésame, le ricin, le safran, la garance; comme produits d'animaux, les peaux et fourrures, et dans le règne minéral plusieurs métaux, ainsi que le sel et le naphte (1). En outre de l'écoulement que les produits de ces pays trouvent dans la Russie d'Europe, leur position géographique leur donne une grande importance pour le commerce de transit entre la Russie et l'Asie méridionale, surtout la Perse. Ce commerce est favorisé par la grande route militaire de la Géorgie qui conduit à Tiflis en traversant le Caucase, ainsi que par les ports de *Redoute Kalé* et de *Poti* sur la mer Noire, et celui de *Bakou* sur la mer Caspienne, — La législation douanière russe a été spécialement modifiée pour être appliquée à ces pays.

Il nous reste encore à mentionner sous le point de vue de la production et de l'industrie, les deux pays affiliés de l'empire russe, savoir : le royaume de Pologne et le grand-duché de Finlande, qui se trouvent placés sous une administration spéciale. — La Pologne (2), avec une population de 4 1/2 millions d'habitants sur une superficie de 2,270 milles géographiques carrés, est un pays essentiellement agricole qui produit toutes les céréales propres à son climat, et qui exporte en Prusse et en Autriche un excédant assez considérable de froment, de seigle et d'avoine.

(1) Comparez les notices sur la Transcaucasie, par J. de Hagemeister, dans les *Archives* d'Erman. Tom. IV, p. 4. Berlin, 1845. — L'auteur cite parmi les produits de la Transcaucasie le bois de buis et ajoute qu'il est souvent appelé bois de Palme (*Palmovoe*); ce qui me fait présumer que ce qu'on m'a désigné à la foire de Nijni-Novgorod, comme du bois de palmier des Indes, n'était réellement que de ce bois de buis.
(2) Voir les rapports du consul à Varsovie, dans le *Recueil consulaire*.

ainsi que du fer et du zinc ; cependant les listes des articles exportés en Russie pendant les dernières années ne mentionnent que des métaux. Il n'y a que les grands propriétaires qui s'occupent avec succès de l'élevage du bétail ; cependant on en exporte en faible quantité. — Quant à l'industrie manufacturière, que le gouvernement favorise activement, quelques-unes de ses branches étaient, avant la révolution de 1830, dans un état florissant, nommément la fabrication du drap dont les produits étaient très recherchés en Russie. La révolution a donné à l'industrie polonaise une secousse dont elle ne s'est pas encore complétement relevée ; ce qui est d'autant plus difficile, que l'exportation de ses produits, en Russie, se trouve actuellement entravée par la législation douanière. Cependant certaines quantités de draps et d'autres objets fabriqués, même des étoffes de soie (branche d'industrie récemment introduite en Pologne) sont encore dirigées aujourd'hui sur la Russie. On assure que le tissage du coton, du lin et du chanvre fait des progrès de plus en plus sensibles. Ce qui est évident, c'est que le bilan du commerce entre la Pologne et la Russie qui, avant la révolution, était en faveur de la première, est depuis cette époque à l'avantage de la dernière. L'industrie des mines est assez considérable en Pologne ; elle fournit, outre les métaux sus-mentionnés, de la houille et du sel (1).

La Finlande dont la superficie est évaluée à environ 5,300 milles géographiques carrés (2), avec une population de 1 1/3 million d'individus, passait autrefois pour le grenier de la Suède. Pourtant ce pays n'est pas très fertile, quoiqu'on puisse admettre que dans de bonnes années, il produise plus de blé qu'il n'en faut pour les besoins d'une population peu nombreuse. Aussi dit-on que l'agriculture y prend un développement de plus en plus considérable. Les forêts, bien qu'excessivement négligées, fournissent du bois de chauffage et de construction, de la potasse, du goudron et de la poix, comme articles d'exportation, auxquels il faut encore ajouter du bétail, de la viande et d'autres

<hr>

(1) Comparez M. de Reden, p. 443 et suivantes.
(2) Voir l'ouvrage de M. Schnitzler, pages 621 et 615.

produits provenant de l'éducation des bestiaux, des cuirs, des fourrures et des poissons. Il faut encore mentionner la production du cuivre, du zinc et de l'article le plus important, qu'on n'y a découvert que sous la domination russe, le fer. Les mesures que le gouvernement a prises pour encourager l'industrie manufacturière n'ont pas été sans succès, et l'on commence déjà à exporter les articles de coton, de chanvre, de toile et de laine. Le commerce et la navigation de la Finlande ont pris un accroissement sensible dans les 25 dernières années. Les produits de ce pays sont principalement dirigés sur la Russie, la Suède et Lubeck. Le bilan du commerce entre la Finlande et la Russie est fortement en faveur de cette dernière (1).

(1) Voir M. de Reden, p. 462 et suivantes, ainsi que le rapport de M. G. A. Max, (page 335 et suivantes du présent volume).

II

FINLANDE ET POLOGNE

Pour compléter ces renseignements sur la Russie, il est, je crois, nécessaire de terminer cette partie par quelques détails plus récents sur les deux dernières contrées citées par M. Kosegarten : la Pologne et la Finlande. On m'avait promis, lors de mon séjour en Finlande, de m'envoyer de nouveaux renseignements sur l'année 1861, mais ces renseignements ne me sont pas parvenus jusqu'à ce jour.

Mes données sont toutefois puisées aux documents les plus récents. Ceux sur la Pologne sont extraits du compte rendu de l'administration du royaume de Pologne pour l'année 1859 publié, le 23 août 1861, dans le journal officiel de Saint-Pétersbourg.

Finlande. — La Finlande (Finlandia en russe, Suomi, Suomenna ou Suamen-Saari en finnois) s'étend du 59° 53′ à 70 latitude Nord et de 17° à 30° 15′ longitude Est.

Elle est bornée au N. par la Norvége, au S. par le gouvernement de Saint-Pétersbourg et le golfe de Finlande, à l'E. par les gouvernements russes d'Arkhangel et d'Olonetz, à l'O. par la Suède et le golfe de Bothie.

La Finlande fait partie de l'empire russe sous le titre de *grand-duché* ou *grande principauté de Finlande;* sa superficie est évaluée à environ 6,835 milles géographiques carrés.

Les côtes de la Finlande, comme celles des pays scandinaves, sont découpées par d'innombrables petits bras de mer, surtout dans la partie S.-O., où elles sont bordées d'une quantité de petites îles et îlots granitiques formant, sur le golfe de Finlande et à l'entrée du golfe de Bothnie, l'Archipel d'Abo, dont celui d'Aland est en quelque sorte la continuation. Le golfe de Bothnie est moins profondément découpé.

La Finlande (1) occupe presque toute la largeur de cette espèce d'isthme formé par la mer Blanche et la mer Baltique, isthme qui lie la Scandinavie à la Russie, mais que sa constitution physique distingue de l'un et de l'autre de ces pays.

Le système des montagnes scandinaves se termine dans le nord de la Norvége, et l'on ne voit dans la Finlande que des hauteurs peu considérables et sans aucune direction ni liaison. La seule de ces hauteurs qui conserve l'apparence d'une chaîne se prolonge entre l'Ostrobothnie d'un côté, le Savolax, la Tavastie et la Finlande proprement dite de l'autre; elle approche de la ville de Biorneborg, où elle se termine aux bords du golfe de Bothnie. Elle offre principalement de l'ardoise et du grès dur. Mais ce n'est au fond que l'escarpement du plateau intérieur.

Il en est probablement de même de la chaîne *Maanselka* dans la partie orientale. Ce nom signifie *partage de la terre*, mais on n'y connaît aucune élévation qui ait seulement attiré l'attention.

Le bord méridional du plateau central est encore moins élevé; ses escarpements présentent un massif de granit au pied duquel s'étendent les bancs calcaires qui, au nord du lac Ladoga, contiennent de beaux marbres.

Tout le milieu de la Finlande est ainsi un plateau, élevé de 100 à 600 pieds au dessus de la mer, rempli de lacs, couvert de rochers qui ne forment nulle part des chaînes élevées et qui sont généralement composés d'un granit rouge, nommé *rapakiwi* en finnois, qui se décompose avec une rapidité étonnante.

(1) Malte-Brun.

Un naturaliste suédois, Gadd, a prouvé que cette décomposition a surtout lieu lorsque le granit contient une petite quantité de quartz avec beaucoup de feldspath rouge et une variété de mica, grasse, ferrugineuse et sulfureuse. Cependant le granit à feldspath blanc n'est pas non plus exempt de cette décomposition spontanée.

Dans quelques rochers de la Finlande on remarque des excavations circulaires ou plutôt en forme de spirale qu'on appelle dans le pays *iette-grytor*, c'est à dire chaudières des géants. Quelques naturalistes ont cru que c'était l'ouvrage des eaux de la mer actuelle, mais on en trouve au milieu des terres aussi bien que sur les bords de la Baltique.

Les côtes de la Finlande, surtout celles du Midi, dit un Finlandais, sont bornées d'une ceinture de rochers innombrables peu élevés au dessus du niveau de la mer, mais souvent pointus ou taillés à pic et tantôt réunis en groupe, tantôt rangés.

En parcourant toutes les côtes du golfe de Finlande, j'ai pu vérifier l'exactitude des relations données sur la Finlande. Diverses variétés de granit et de calcaire composent ces récifs, dont à peine les plans topographiques même peuvent donner une idée. Les petits canaux sans nombre, les passages dangereux, les courants tumultueux et écumants, les abris où règne un calme parfait, les masses nues et déchirées, les touffes de pins et de sapins qui couronnent quelques-uns de ces îlots, les arbustes qui garnissent les flancs des autres, tout contribue à faire de ce labyrinthe une des merveilles de la géographie physique.

Les richesses minérales de ce pays sont : le cuivre, l'étain, le fer, le soufre, le ciètre, la galène argentifère, l'arsenic, le granit, le marbre, l'ardoise, le feldspath porcelaine. On a trouvé dans des dépôts d'alluvion, outre le fer limoneux, le soufre et l'arsenic, du plomb.

Le fer, qui est surtout exploité, provient en grande partie de minerais recueillis au fond des lacs et des marais qui en renferment en grande quantité.

Le sol de la Finlande est généralement bas, plat et marécageux dans beaucoup de parties ; ses principales rivières tributaires du golfe de

Bothnie sont la Tornéa et le Muonio qui séparent la Finlande de la Norvége, le Kemijoki, l'Ulea ou Oulou, le Koumo; les tributaires du golfe de Finlande sont : le Kymmene, le Vuaxen ou Voxen, qui touche dans le lac Ladoga, et les tributaires de l'océan Atlantique sont : la Patsjoki qui sort du lac Tuara, le Tana-Elf ou Tanajoki qui forme la limite N. entre la Finlande et la Norvége. Ces rivières et une multitude d'autres moins considérables forment de nombreux marécages et se trouvent encombrées par des rochers qui donnent lieu à des chutes, des rapides ou cascades, qui deviennent des obstacles pour la navigation.

Les lacs sont aussi très nombreux en Finlande; les plus considérables sont : le lac Ladoga, le plus grand lac de l'Europe, dont une partie appartient à la Russie, l'Indiager ou Enara, le Pielisjaroi, le Kalawesi, l'Hankiversy, l'Oriwesi, le Païjana ou Pœjjœne (c'est-à-dire le paisible), le lac le plus central de la Finlande, l'Ulea ou Ouloujarvi, formé par le fleuve Ulea et le grand lac de Saïma, encombré d'îles avec ses baies et ses communications importantes pour le commerce intérieur et le transport des bois.

Malgré cette masse énorme d'eau et la grande extension de ses marécages, le climat de la Finlande est généralement salubre, et principalement sur la lisière maritime, où la température est aussi plus douce que dans l'intérieur.

L'automne se fait remarquer par l'abondance des pluies ou la densité des brouillards; les mois de mai et de juin sont les plus secs. La température moyenne à Abo est de + 4° 61' et à Uleaborg de + 0, 66; la différence de latitude entre ces deux villes est de 5° 27'.

Le climat de la Finlande (1) méridionale est d'une inconstance extrême; en général, il est rigoureux; on y éprouve des froids de 30 à 32 degrés, et en été la récolte est exposée à des sécheresses dévorantes. Le nord de l'Ostrobothnie participe au climat de la Laponie. Aux environs d'Uleaborg, où le sol est en général sablonneux, le grain est

____

(1) Malte-Brun.

quelquefois semé et moissonné dans l'espace de quelques semaines, ce qui est dû à la beauté des nuits et à la continuelle présence du soleil.

Dans l'Ostrobothnie, les gelées durent sept mois ; elles commencent en octobre et continuent jusqu'à la fin d'avril : il n'y a pas, pour ainsi dire, de printemps. L'été commence en juin et dure trois mois; l'automne, le reste de l'année. L'abondance des pluies en septembre et le dégel en mai rendent presque tout voyage impossible dans ce temps de l'année.

Le climat du plateau intérieur serait peut-être plus tolérable, si les lacs et les marais n'y répandaient pas des brouillards très froids et quelquefois malsains. Ils sont rares, mais brillants, les moments où un ciel sans nuages éclaire l'admirable mélange de rochers rougeâtres, de pierres mousseuses, de lacs bleuâtres, de cascades cristallines et de prairies d'un vert d'émeraude qui forment les paysages de la Finlande centrale ; trop souvent un jour mélancolique enveloppe toutes ces vues pittoresques ; la vivacité des teintes s'efface, le lac s'est rembruni, les prairies ont pâli, et de tant de contrastes il ne reste que le bruit de la tempête et le silence du désert.

Le climat permet pourtant aux Finlandais de cultiver partout l'orge, l'avoine, le lin, le chanvre, le tabac et le houblon. Il est beaucoup moins froid que les provinces russes situées à la même latitude.

La Finlande fait très peu d'affaires avec la Belgique ; sa principale ressource consiste dans ses exportations de bois. Les villes principales sont Helsingfors, Abo et Wiborg ; la dernière tend à prendre beaucoup d'extension ; elle a exporté en 1860 pour 1,110,225 roubles d'argent. Le chiffre de la population totale de la Finlande était, en 1859, de 1,724,193, dont 1,688,131 luthériens et 36,062 grecs-orthodoxes, répartis sur une superficie de 6,835 milles géographiques carrés, soit par mille géographique carré 252 habitants. Un réseau de chemins de fer va sillonner bientôt la Finlande méridionale ; ce pays est en voie de réformes, et il serait à désirer que notre gouvernement, à l'exemple des autres États, y établît un consulat.

Pologne. — *Population.* — Le chiffre de la population s'est élevé à 4,764,446 âmes, 25,933 de moins qu'en 1858 ; cette différence ne provient cependant pas d'une diminution effective, mais de l'inexactitude de l'enregistrement dans quelques gouvernements pendant les années précédentes. Le nombre des naissances a excédé celui des décès de 83,024. Sur le total de la population (dont 2,298,046 hommes et 2 millions 466,400 femmes), il y avait 4,856 individus de la religion orthodoxe, 3,657,140 de la religion catholique romaine, 215,967 de la profession des grecs-unis, 274,707, de la profession évangélique d'Augsbourg, 4,189 de la profession évangélique réformée, 1,581 mennonistes, 1,451 frères moraves, 502 orthodoxes, 3,744 anciens croyants, 599,875 israélites, 306 mahométans et 128 behémiens. La population était répartie dans les gouvernements ainsi qu'il suit : Varsovie, 1,538,100 ; Radom, 932,603 ; Lublin, 952,224 ; Plock, 552,148 ; Augustow, 628,010. Le nombre des étrangers séjournant temporairement était de 28,818. Le nombre des villages de 22,213, et leur population de 3,599,959 âmes.

Villes. Le nombre des villes dans le royaume était de 453, avec une population de 1,164,487 âmes, dont 161,361 à Varsovie. Les recettes de Varsovie, avec le reliquat de l'année précédente, se sont élevées à 1,218,492 r. 32 c., les dépenses à 923,795 r. 96 c. 1/2. — D'après les budgets des autres villes, les recettes étaient évaluées à 616,274 r. 28 c., dont 441,930 r. 30 c. étaient destinés à faire face aux dépenses ordinaires et 174,343 r. 90 c. aux dépenses extraordinaires.

Agriculture. — Les récoltes ont produit 13,659,191 tchetverts de blés d'automne et de petits blés, et 10,654,426 tchetverts de pommes de terre ; en déduisant les quantités nécessaires pour les ensemencements et la distillation, on aura 17 tchetveriks de blés et 11 tchetveriks de pommes de terre par chaque individu de la population.

Élève du bétail. — Chevaux, 580,434 ; bêtes à cornes, 1,962,987 têtes ; moutons, 3,405,447 ; porcs, 901,555.

Usines et fabriques. — En général, leur situation a été favorable aux classes industrielles, tant par suite de l'amélioration de la situation de la classe agricole que par suite de l'augmentation du débit dans l'empire.

	Nombre d'ouvriers.	Valeur des produits
Fabriques de tissus	55.494	10,266.770 r.
Fabriques qui emploient des matériaux du règne végétal, telles que brasseries, fabriques de porter, de rhum, d'eau-de-vie douces, de papier et de papiers peints, d'huile, etc.	14.413	9.416.855 r.
Fabriques du règne animal, telles que tanneries, de bougies, de stéarine, de chandelles, de colle, de cordes, etc.	3.218	1.970 854 r.
Fabriques du règne minéral	15,101	4,996.859 r.

La Banque de Pologne a fait à vingt et un établissements industriels des prêts pour 610,610 r.

Métiers. — Nombre des ouvriers, 105,651. Somme employée à l'achat des matériaux, 8,008,744 r. Valeur des produits, 18,274.318 r. — Répartition du nombre des artisans : 17,243 cordonniers, 12,965 tailleurs, 8,768 forgerons, 6,600 meuniers, 4,719 boulangers, 4,339 bouchers, 4,012 menuisiers, 3,251 maçons. — Dans toutes les fabriques et usines il y avait 68,226 ouvriers, les métiers occupaient 105,651 individus, en tout 173,877.

Commerce. — Commerce extérieur. — Le revirement général, tant de l'importation que de l'exportation, s'est élevé à 31,473,812 r., et en particulier :

	A l'importation.	A l'exportation.
Avec la Prusse	15.367.265 r.	11.125.652 r.
Avec l'Autriche	5,364.916 r.	5,515.979 r.

Commerce intérieur. — Aux foires et marchés dans le royaume, il a été apporté des marchandises et divers objets pour 6,083,182 r., vendu pour 3,880,804 r.

Constructions. — L'autorité compétente a approuvé les plans de 210 maisons en pierre et 520 maisons en bois à construire dans différentes villes.

Prisons. — Le nombre des prisons a été de 109, celui des détenus de différentes catégories de 60,742, dont 54,556 ont été relâchés, relégués, mis à la frontière, enfermés ou condamnés à des travaux, et 5,687 étaient restés dans les prisons pour l'année 1860. La somme assignée par le budget pour l'entretien des prisons était de 291,092 r. 61 c., dont il a été dépensé 258,963 r. 39 c., il a été obtenu une économie de 32,129 r. 22 c. — L'entretien de chaque détenu, terme moyen, a coûté 4 c. 45/100 par jour.

Mesures d'ordre public. — A la demande des autorités autrichiennes, des facilités ont été accordées aux habitants de la Galicie à l'entrée dans le royaume pour y exercer des travaux champêtres. — Les sujets juifs du royaume, marchands de 1re guilde, ont obtenu l'autorisation de séjourner constamment et de faire le commerce dans l'intérieur de la Russie. Des instituteurs des écoles locales ont été chargés de donner l'instruction aux mineurs détenus dans les prisons, fonctions que remplissaient auparavant des détenus auxquels on pouvait se fier. — Le salaire accordé aux détenus, pour leurs travaux aux fabriques dans les prisons, a été élevé au point de leur permettre de gagner une certaine somme au sortir de la prison.

Établissements d'assurance. — Valeur des objets assurés : bâtiments, 175,192,810 r.; biens meubles, 68,773,929 r.; transports par terre et par eau, 4,423,100 r.; assurance sur la vie, 265 individus; bétail assuré contre la peste, 50,445,360 r. — Dans les caisses d'épargne, il y avait : dans celle de Varsovie, 14,878 déposants avec un capital de 800,698 r.; dans celles des gouvernements, 3,467 déposants avec un capital de 75,561 r.

Société agronomique. — Elle comptait 2,588 membres effectifs, 16 membres honoraires, 92 correspondants; ses recettes étaient de 48,615 r. et ses dépenses de 37,055 r. La Société a pris sous sa direction une ferme non loin de Varsovie, pour y faire des expériences agronomiques; un laboratoire de chimie a été fondé à Varsovie; dix jeunes gens ont été envoyés dans le grand-duché de Posen pour étudier l'économie forestière; la Société a engagé un individu expérimenté pour introduire l'irrigation et le drainage dans les biens particuliers, pour préparer des hommes à différents métiers indispensables dans l'économie rurale; la Société a fondé plusieurs bourses; un capital a été assigné sur lequel différents couvents de femmes touchent des sommes pour former des inspectrices d'asiles dans les campagnes; enfin, la Société a publié un aide-mémoire pour les propriétaires ruraux.

Santé publique. — Des froids tempérés pendant l'hiver, un beau temps pendant le printemps et l'automne, et une récolte satisfaisante des blés, ont été extrêmement favorables à l'état de la santé publique; non seulement aucune des principales maladies épidémiques n'a paru dans le royaume, mais encore les maladies ordinaires n'ont pas exercé d'action intense. — On comptait dans le royaume 486 médecins, 8 dentistes, 88 vétérinaires, 960 aides-chirurgiens, 644 sages-femmes. — La tchouma n'a attaqué que 280 têtes de bétail, dont 247 ont été abattues et 33 sont mortes. La peste de Sibérie a fortement sévi pendant les chaleurs; dans 156 localités elle a attaqué 1,637 têtes et en a emporté 1,236.

Charité publique. — Établissements de bienfaisance. — Le conseil supérieur de charité et les sociétés de bienfaisance avaient sous leur direction 66 hôpitaux, 15 maisons de refuge, 4 maisons d'éducation d'orphelins, 27 asiles d'enfants, 2 asiles correctionnels, 5 hospices à l'essai, 397 refuges de paroisse, en tout 516 établissements.

Dans 63 hôpitaux définitivement organisés, le nombre des malades soignés a été de 39,429, dont 32,204 ont été guéris ou sont sortis incurables, 3,769 sont morts et 3,456 restaient pour 1860. Aux ambulances auprès des hôpitaux, les secours de l'art ont été administrés à 76,288 malades externes; 44,276 individus ont reçu les médicaments gratuitement; 4,251 ont été opérés; 19,362 ont obtenu des instructions; 8,399 ont été admis dans les hôpitaux.

Dans les 15 maisons de refuge, 1,433 individus ont été abrités.

A l'institut des sourds-muets et aveugles, et à l'institut de Saint-Casimir à Varsovie, dans deux établissements des sociétés de bienfaisance de Varsovie et de Lublin, dans 3 hôpitaux à Varsovie et 8 dans les gouvernements, il y a eu 898 enfants, dont 196 sont sortis, 21 sont morts, restaient 676. Dans la maison des enfants trouvés auprès de l'hôpital de l'Enfant-Jésus, il y avait 5,246 enfants; dans les asiles, 1,799; dans les asiles correctionnels, 962; dans les hospices à l'essai, 402.

Les refuges de paroisse ont entretenu 1,723 individus.

En général, tous les établissements de bienfaisance ont entretenu, en 1859, 62,544 malades, vieillards pauvres, infirmes et orphelins, dont 45,664 sont sortis, 5,193 sont morts; restaient 11,717 individus pour 1860. — La mortalité dans les hôpitaux était comme 1 : 10,4.

Les recettes se sont élevées à 787,407 r. 30 c.; les dépenses à 695,402 r. 70 c.; l'entretien de chaque individu a coûté par an : dans les hôpitaux, 107 r. 67 c.; dans les maisons de refuge 41 r. 97 c.; dans les maisons d'éducation, 83 r. 58 c.; dans les asiles d'enfant, 9 r. 87 c.; dans les asiles correctionnels, 59 r. 49 c.; dans la maison des enfants trouvés, à l'établissement même, l'enfant avec la nourrice, 105 r. 85 c.; un enfant sevré, 64 r. 82 c.; dans les villages, 11 r. 83 c. — A la fin de l'année 1859, les capitaux des établissements de charité et de bienfaisance s'élevaient à 1,373,087 r.; les subventions de la couronne et des caisses urbaines étaient de 296,122 r.

Autres instituts d'humanité. — On en comptait neuf : 1° la Société de bienfaisance de Varsovie entretenait à ses frais : une section pour les gens âgés et infirmes des deux sexes, avec une fabrique d'étoffes de laine et de lin; une section pour les orphelins pauvres des deux sexes; huit asiles d'enfants externes pauvres; un asile pour les enfants à la mamelle; un réfectoire pour les pauvres, qui distribue gratis des portions de soupe avec de la viande et une demi-livre de pain; un réfectoire qui fournit aux pauvres des dîners à cinq sous, composés de trois plats et de pain, pour 2 cop. 1/2; en outre, la Société a distribué à 4,890 individus des secours en argent, médicaments et bois de chauffage; 2° la

Société de bienfaisance de Lublin entretenait : une section pour les gens âgés et infirmes; un institut pour 12 orphelins et deux asiles d'enfants; en outre, elle faisait aux indigents des prêts à 6 p. c., possédant à cet effet un capital de 5,239 r. 10 cop.; 3° la Société de secours aux musiciens, à Varsovie, entretenait 25 membres émérites; 4° l'asile de l'Intercession de la Sainte-Vierge s'occupait de la conversion de femmes de mauvaise conduite, dont il y avait 34 à l'établissement; 5° l'institut de Saint-Vincent de Paul, à Varsovie, s'occupait de l'éducation religieuse et primitive de jeunes filles pauvres sans abri, au nombre de 24; 6° l'asile de Saint-Félix, à Varsovie, élevait des filles pauvres et abritait de vieilles femmes; il y avait 12 tertiaires qui se sont vouées au service des pauvres, 44 vieilles femmes et 147 jeunes filles; 7° l'établissement de Sainte-Marthe, à Varsovie, donnait du travail à des femmes pauvres, dont 31 s'occupaient à l'établissement et 121 à domicile; 8° la confrérie de la Miséricorde de Saint-Vincent de Paul, à Varsovie, fournissait aux pauvres des aliments et des vêtements; terme moyen, elle approvisionnait 238 familles par mois; 9° l'archi-confrérie des Saints-Sacrements, à Varsovie, distribuait des secours aux pauvres honteux.

Affaires ecclésiastiques. — *Culte catholique romain.* — Nombre des églises paroissiales et autres, 2,157; couvents d'hommes, 150; de femmes, 36. L'Académie spirituelle, à Varsovie, comptait 51 élèves. Il a été baptisé 178,127 enfants, célébré 48,291 mariages, inhumé 98,898 morts; ont été convertis 22 individus de la profession évangélique, 16 non chrétiens. Le clergé séculier comptait : 1 archevêque, 4 évêques diocésains, 5 évêques suffragants, 3 administrateurs de diocèses, 40 prélats de cathédrales et de collèges, 75 chanoines, 64 membres de consistoires, 1,201 supérieurs de paroisses, 131 surintendants, 387 administrateurs de paroisses, 74 chapelains, mansionaires et prébendaires, 554 vicaires, 40 professeurs de religion, 54 maîtres de séminaires, 73 émérites, 19 prêtres en pénitence Dans les couvents d'hommes : 160 supérieurs, 924 moines, 263 clercs, 303 novices, 129 frères convers ; dans les couvents de femmes : 36 supérieures, 393 nonnes, 28 sœurs converses.

Religion orthodoxe. — Nombre des églises, 40 ; celui du clergé avec les desservants, 129 ; dans les écoles ecclésiastiques, 11 maîtres et 60 élèves ; ont été convertis 66 chrétiens d'autres professions, 5 sectaires, 4 israélites ; nombre des baptêmes, 742 ; des mariages, 446 ; des enterrements, 690.

Rit grec-uni. — Prêtres et moines, 229 ; instituteurs au séminaire, 8 ; élèves, 41 ; dans les écoles paroissiales, 991 ; baptêmes, 10,991 ; mariages, 3,109 ; enterrements, 6,756.

Culte évangélique d'Augsbourg. — Ecclésiastiques, 66 ; convertis, 25 ; baptêmes, 14,252 ; mariages, 4,014 ; enterrements, 9,498.

Culte évangélique réformé. — Ecclésiastiques, 6 ; convertis, 37 ; baptêmes, 219 ; mariages, 99 ; enterrements, 131.

Mennonites et frères moraves. — On comptait 1,581 mennonites et 1,451 frères moraves ; les uns et les autres ont une maison de prières dans le gouvernement de Varsovie.

Israélites. — Rabbins, sous-rabbins, etc., 1,486 ; naissances, 27,529 ; décès, 16,170 ; mariages, 4,452 ; divorces, 134.

Mahométans. — Nombre des habitants permanents du royaume : 306, ayant deux mosquées et deux imans.

Capitaux ecclésiastiques. — Les capitaux déposés à la Banque de Pologne s'élevaient à 2,675,511 r., dont appartenaient : au clergé catholique romain, 2,505,406 r.; orthodoxe, 32,786 r.

Voies de communication. — *Chaussées de 1re classe.* — L'étendue de ces chaussées, entretenues par la couronne, était de 2,160 verstes 70/500 ; l'entretien a coûté 499,937 r. 50 c.

Chaussées de 2e classe. — Il a été construit et livré à la circulation 156 verstes 313/500.

Voies fluviales. — L'étendue de ces voies est de 2,931 verstes, dont 567 sur la Vistule ; différents travaux ont été exécutés sur cette rivière pour améliorer la navigation. Des travaux de remonte ont été faits sur le canal d'Augustow, qui a 98 verstes 179/500 d'étendue.

Travaux à Varsovie. — La construction et la réparation de pavés, chaussées, trottoirs, l'entretien du pont sur la Vistule, des égouts, quais, puits, etc., ont coûté 109,312 r. 53 cop.

Arrondissement des postes. — A la fin de 1859, on comptait, y compris la direction des postes à Varsovie, 294 comptoirs, expéditions et stations. L'expédition de la correspondance par le chemin de fer de Varsovie à Vienne ayant nécessité différents changements, il a été supprimé 20 expéditions et ouvert 59 nouvelles expéditions de postes par semaine. L'étendue des 113 routes postales était de 7,337 verstes 1/4. Nombre des correspondances : lettres privées simples, 1,500,918; chargées d'argent, 107,830; assurées, 33,114; envois, 46,148; paquets du gouvernement, 3,423,080; éditions périodiques et journaux, intérieurs 42,822 exemplaires, étrangers 11,397 exemplaires. La poste a transporté des sommes d'argent assurées : appartenant à la couronne 23,107,172 r. 99 c., aux particuliers 11,393,414 r. 4 c. et sans assurance 108,707 r. 6 c. — Les équipages de la poste ont transporté, par 8 routes sur une étendue de 1,293 verstes 3/4, 52,656 voyageurs; en outre, il a été expédié 13,276 extra-postes et courriers, 1,357 estafettes. Il a été vendu 128,323 couverts timbrés, 638,613 marques postales. — Le nombre des lettres portées par la poste de la ville, à Varsovie, de 9,526 en 1858, s'est élevé en 1859 à 33,685, le port ayant été réduit de 6 à 3 c. — Toute l'administration postale, dans le royaume, comptait 161 employés et 118 subalternes. Il y avait aux 263 stations autant de maîtres de poste, avec 1,101 postillons et 2,201 chevaux. — Les recettes des postes se sont élevées à 467,302 r. 94 c. 3/4, les dépenses à 331,021 r. 95 c. 1/4, le revenu net à 136,280 r. 99 c. 1/2.

Instruction publique. — L'arrondissement universitaire de Varsovie comptait 10 établissements spéciaux d'instruction publique et 5 directions dans les gouvernements de Varsovie, Radom, Lublin, Plock et Augustow, dans lesquels le nombre des élèves était comme suit :

Académie medico-chirurgicale à Varsovie	290
Institut noble à Varsovie	183

Institut d'économie rurale et forestière à Marimont, avec l'école rurale   158
Gymnase pratique à Varsovie.   1,226
École des arts à Varsovie   110
Pension de demoiselles à Varsovie   90
École supérieure de filles à Varsovie   184
Institut de maîtres primaires à Kadzimin.   21
École des rabbins à Varsovie   156
Six gymnases philologiques.   1,835
Deux écoles pratiques supérieures   720
Écoles de district : philologiques, 17   2,873
    —   —   pratiques, 9   1,476
    —   de dimanche : de métiers, 94.   8,156
    —   —   de commerce, 1   273
    —   agronomiques, 2   26
    —   primaires dans les villes, 510 . . . . ⎫
    —   —   rurales, 570 . . . . ⎭ 56,846
    —   israélites, 8.   689
Établissements privés, 209   6,940

Dans 1,437 établissements, il y avait un total de 82,209 élèves, dont 54,282 garçons et 27,927 filles ; d'après les conditions, il y avait 5,314 enfants nobles, 4,871 enfants d'employés civils, 300 de militaires, 145 d'ecclésiastiques, 768 de marchands, 45,943 de bourgeois, 24,866 de paysans. Le rapport du nombre des élèves au total de la population du royaume était comme 1 : 65.

La bibliothèque principale de Varsovie a reçu un accroissement de 331 ouvrages, sans compter les cartes géographiques, éditions périodiques et manuscrits, et se compose de 53,101 ouvrages en 94,334 volumes, représentant une valeur de 54,142 r. 80 c.

L'observatoire astronomique de Varsovie possède 93 instruments du prix de 22,728 r. 46 c., et une bibliothèque de 788 ouvrages, coûtant 4,555 r. 12 c.

Le jardin botanique de Varsovie renfermait 2,782 espèces de plantes de serre chaude, 4,332 espèces de plantes de sol, herbacées et ligneuses, et 1,500 espèces de semences.

Les cabinets de physique, de modèles de gypse, de minéralogie, de botanique, de zoologie, contenaient 60,990 exemplaires, représentant une valeur de 71,168 r. 58 c.

Le fisc entretenait plusieurs pensionnaires aux universités de Saint-Pétersbourg et de Moscou, à l'école de droit et à l'Académie des beaux-arts à Saint-Pétersbourg, ainsi que 11 jeunes gens à l'étranger; dans les gymnases et autres établissements, il y avait 210 boursiers du fisc et 109 de particuliers.

Le comité de censure a examiné 39,673 ouvrages, en 230,217 volumes, 562,249 œuvres de musique, estampes, cartes géographiques, etc., importés de l'étranger, et 337 manuscrits et ouvrages dont la réimpression était demandée.

L'institut d'éducation de demoiselles d'Alexandra, comptait 212 élèves, dont 10 pensionnaires de S. M. l'empereur, 1 de S. M. l'impératrice, 3 de feu S. M. l'impératrice Alexandra, 6 du lieutenant du royaume; l'entretien a coûté 82,152 r.

Justice. — Le nombre total des affaires terminées par les tribunaux civils et le 9e département du sénat, siégeant à Varsovie, a été : affaires civiles, 52,627; intentées par suite de demandes : au sénat, 138; affaires d'hypothèques, 20,702; administratives, 100,498; concernant des débiteurs insolvables, 8; arrêtés de conseils de famille, 2,036; en tout 176,000.

La justice criminelle a été saisie de 65,964 crimes et délits; 7,387 affaires ont été décidées; 25,918 ont été supprimées, par suite de la réconciliation des plaignants, de la non-découverte des criminels, de la mort des inculpés, ou faute de preuves de conviction.

Parmi les crimes qui ont fait l'objet des instructions, il y en avait : 357 contre la religion et les lois qui la protégent; 3,594 contre l'ordre et l'administration; 596 contre le service de l'État et communal; 247 pour infraction de l'obligation au service militaire; 407 pour infraction aux lois sur les biens et les revenus de la couronne; 3,116 contre l'ordre public; 18 contre les lois sur les conditions; 35,208 contre la vie, la liberté et l'honneur des particuliers; 266 contre les droits de famille; 18,806 contre les propriétés de particuliers. Le nombre des inculpés était de 90,858, dont 84,347 étaient restés en liberté et 6,511 étaient incarcérés.

L'administration *des biens de la couronne* a continué de mettre à exécution son plan d'organisation de ces biens, de desséchement de marais, etc. Le nombre des biens définitivement organisés, occupant une étendue de 1,349,110 dessiatines, est de 758, dont le revenu a reçu un accroissement de plus de 20,000 r. par an. Il a été desséché 17,040 dessiatines, avec une dépense de 1,834 r. 90 c.; le total des terres desséchées s'élève à 65,811 dessiatines, bonnes pour prés et pâturages, et 22,840 dess. pour la culture des bois.

Économie forestière. — Les bois de la couronne sont divisés en 53 directions. Il a été fait des ensemencements et des plantations sur 162 dessiatines, creusé des fossés sur 49,606 sajènes pour dessécher des terrains marécageux, etc.

Banque de Pologne. — L'actif de la banque, en numéraire et billets de crédits, était de 28,512,706 r. 94 c. 1/2, en fonds publics russes, polonais et étrangers, de 12,084,473 r. 80 c. 1/2. — La banque a fait des prêts sur papiers publics, objets précieux, marchandises et produits de la terre pour 1,785,200 r. 7 c. 1/2, en tout avec ceux de l'année précédente pour 2,258,006 r. 71 c.; il a été remboursé 1,266,868 r. 58 c. — Les propriétaires fonciers ont obtenu des prêts, pour l'achat de machines aratoires, etc., pour 137,029 r. 51 c., somme qui, avec le reliquat de l'année précédente, s'est élevée à 508,902 r. 97 c.; il a été remboursé 121,190 r. 73 c. — Les avances aux maisons de commerce du royaume et de l'étranger se sont élevées à 12,239,419 r. 77 c., et avec le reliquat de 1858 à 13,884,915 r. 25 c.; il a été remboursé 12,531,220 r. 24 c.

Le capital de fondation de la Banque est de 8,000,000 r., le total des billets en circulation de 10,000,000 r. Les sommes confiées en dépôt à la Banque se sont élevées à 11,818,921 r. 32 cop., dont il a été restitué 3,340,695 r. 85 cop. Il a été déposé à intérêts 2,850,766 r. 30 cop., dont il a été remboursé 565,699 r. 84 cop. Le capital de réserve de la Banque est de 360,000 r.

Le total du passif de la Banque a été de 35,416,158 r. 48 c., celui de l'actif de 35,361,079 r. 89 c.

Société de crédit foncier. — La somme des prêts faits par la Société sur des biens immeubles a été en 1859 de 1,388,495 r., en tout de 55,082,720 r.; le nombre des biens engagés est de 375 biens de la couronne et 6,037 biens de particuliers. Le capital de la Société était de 3,443,363 r. 50 c.

III

MOUVEMENT COMMERCIAL DE LA RUSSIE EN 1860

PAR G. MAX.

Sous la date du 22 mars 1860 , j'ai eu l'honneur d'adresser à M. le ministre des affaires étrangères un rapport sur le mouvement commercial de la Russie en 1858 , d'après le tableau officiel du commerce de l'empire (1).

Je crois faire chose utile, Monsieur le Ministre, en plaçant sous vos yeux un travail analogue, s'appliquant à l'année 1860 , le tableau des forces productives et de la consommation d'un pays étranger devant fixer l'attention des industriels belges sur ce pays et pouvant amener des tentatives de transactions nouvelles.

S'il m'avait été permis de parcourir la Russie, de visiter ses principaux marchés, de me rendre compte *de visu* de ses tendances industrielles et commerciales, je pourrais vous soumettre un travail qui offrirait sans doute plus d'utilité pratique; mais j'ai dû recueillir dans des documents officiels ou autres les éléments de ce nouveau rapport que je me suis, néanmoins, efforcé de rendre intéressant.

Avant d'aborder l'examen des chiffres, quelques considérations préalables sur les relations de la Belgique avec la Russie trouvent ici naturellement leur place.

(1) Inséré au *Moniteur belge* du 23 mars 1860, et dans le *Recueil consulaire*, t. VI, p. 149.

La Belgique a conclu, le 1er mai 1861, un traité de commerce avec la France.

Cet arrangement est empreint d'un caractère libéral que l'on ne peut nier. Un pas de plus et la protection aura cessé d'être.

La Russie figure parmi les pays auxquels les bénéfices du traité du 1er mai ont été étendus en vertu des conventions existantes.

Afin d'apprécier les avantages de cette situation nouvelle, il suffira de remarquer que les deux principaux articles que la Russie importe en Belgique, les graines oléagineuses et les filaments végétaux sont au nombre des produits favorisés par le traité.

Il est hors de doute que, de son côté, l'empereur Alexandre persévérera dans les bonnes intentions dont il s'est montré animé en établissant le tarif du 9 juin 1857 (1).

Puissent nos fabricants ne pas perdre de vue ces avantages et se rappeler que le plus vaste pays de l'Europe est en quelque sorte inexploité par eux, tant nos importations sont faibles en égard à ce qu'elles pourraient être.

Que d'industries qui souffrent trouveraient le placement de leurs produits sur cet immense marché !

Mais il ne suffit pas de signaler le mal, il faut en chercher le remède.

Quelles mesures reste-t-il à prendre pour donner à nos relations commerciales avec la Russie le développement qu'elles devraient avoir?

La plus urgente est, de l'aveu de chacun, que nos fabricants s'entendent pour envoyer un agent dans les grands centres de consommation de l'empire.

Cela a été dit maintes fois par nos consuls, mais on semble peu disposé à suivre le conseil.

Nos principales maisons ont des agents à l'étranger; aussi n'ai-je en vue que les maisons de second ordre qui devraient s'entendre pour supporter collectivement les frais de missions de ce genre.

---

(1) La surtaxe de 5 p. c. établie, à partir du 1er avril 1862, à l'importation de toutes les marchandises (à l'exception des sucres bruts et raffinés), n'a, il faut l'espérer, qu'un caractère de durée provisoire et disparaîtra sans doute avec les causes qui l'ont amenée.

« A l'augmentation du nombre des correspondants officiels ou privés de la Belgique à l'étranger, aux plus grandes facilités de transport ou de crédit, se joignent, dans la pensée de plusieurs, d'autres moyens, d'une action plus immédiate encore : la fondation de comptoirs dans quelques pays étrangers, la création en Belgique de maisons plus spécialement occupées de l'exportation, » dit le conseil supérieur de l'industrie et du commerce dans son rapport sur la question commerciale.

Ce programme a reçu en partie son application quant au pays qui nous occupe, car on sait qu'il existe un comptoir russe en Belgique, établi d'abord à Bruxelles et transféré aujourd'hui à Anvers. M. de la Hault, dans son rapport du 1er septembre 1859, inséré au *Moniteur belge* du 16 septembre et dans le *Recueil consulaire*, tom. V, p. 553, a fait connaître le but de cette institution.

L'établissement du comptoir a déterminé des affaires importantes et a créé des relations nouvelles.

Il est à ma connaissance qu'en ce moment le directeur du comptoir d'Anvers est en pourparlers avec une maison russe de premier ordre pour donner une plus grande impulsion à l'entreprise.

Un fait à constater, c'est l'organisation de services directs de bateaux à vapeur entre les deux pays.

Les bateaux de la société du Levant touchent à Odessa.

Quant au Nord, nous avons la société Russe-Baltique, dont le dernier voyage d'Anvers à Saint-Pétersbourg s'est effectué fin octobre et le dernier de Saint-Pétersbourg à Anvers le 6 novembre. Le service reprendra, au mois de mai prochain, la navigation dans le Nord étant fréquemment interrompue de novembre à mai.

La compagnie Russe-Baltique a vendu ses petits steamers et, selon toute probabilité, elle en mettra de grands en ligne, peut-être quatre.

Un ensemble de mesures dont l'application peut s'étendre à beaucoup d'autres pays est signalé dans le remarquable rapport du conseil supérieur de l'industrie et du commerce. Mon intention n'est point de paraphraser ce travail, qui est aussi complet que possible.

Je résumerai ici quelques informations que je tiens d'un négociant d'Anvers, dont la maison est en rapports suivis avec la Russie :

La partie la plus importante de nos expéditions vers la Russie se compose toujours de bateaux à vapeur, de machines, mécaniques et de matériel de chemins de fer et télégraphes. La société John Cockerill et celle du matériel de chemins de fer de Bruxelles et la maison Lassence et comp. pour le matériel de télégraphes sont les principaux expéditeurs.

Pour les machines locomobiles et agricoles, en général, il paraît que la Belgique peut difficilement concourir avec les prix anglais, et les exportations n'augmentent pas.

Pour les clous fabriqués à la main et à la mécanique, il y a un grand débouché en Russie; mais comme la consommation se fait par petites commandes à la fois, il faudrait qu'une maison s'en occupât spécialement en Russie.

Si un ou plusieurs jeunes Belges, jouissant de l'institution des bourses récemment créées (1), pouvaient entrer dans quelques-unes des principales maisons de Saint-Pétersbourg, en s'y occupant exclusivement des intérêts du commerce belge, il en résulterait de nombreux avantages.

Mais il faudrait aussi que nos nationaux qui iraient en Russie dans de semblables conditions eussent l'occasion de fréquenter les marchés de l'intérieur de l'empire.

Pour les verres à vitres et les glaces, de même que pour la gobeleterie, il y aurait un débouché considérable; mais il faudrait que l'on se donnât la peine de créer la clientèle.

Un autre article dont la consommation doit infailliblement s'accroître, ce sont les ustensiles de cuisine en fer étamé.

Armes à feu. — Pour cet article aussi, il y a un accroissement à attendre.

Des articles de fabrication belge de grande consommation en Russie,

____

(1) Voir le *Moniteur belge* du 8 mars 1862.

ce sont les graisses pour voitures et machines, la colle, l'amidon et les
couleurs, dont on expédie assez régulièrement des parties de plus en plus
importantes.

On fait encore de fortes expéditions de céruse et d'huiles industrielles. Les cigares belges n'ont pas réussi jusqu'à présent en Russie,
pas plus que dans les autres pays où les tabacs sont sous le régime de la
régie ou soumis à des droits excessifs.

J'arrive à la statistique même du commerce de la Russie.

Quel a été le mouvement commercial de l'empire depuis 35 ans?

« Pendant les 25 premières années (1824 à 1848), le commerce de la
Russie avait augmenté de 60 p. c., étant presque monté de 107 à 170
millions de roubles argent (le rouble argent = 4 fr.); quatre ans après,
en 1852, et peu avant la guerre d'Orient, le commerce de la Russie, y
compris celui de la Pologne, s'est de nouveau accru de 30 millions ou
de 16 p. c., (de 185 à 215 millions); les deux années de guerre (1854
et 1855) ont amené une diminution de 37 millions, et respectivement de
48 p. c.

« En 1856, année dont pourtant une partie était encore remplie du
bruit des armes, le commerce, à cause précisément des entraves des
deux années précédentes, prit un élan jusque-là inconnu; le chiffre des
transactions, notamment celui des exportations, monta au quadruple de
celui de l'année précédente, et dépassa de 40 p. c. même l'année jusque-là la plus favorable pour l'exportation, celle de 1852. Pour l'importation, l'accroissement n'avait point été aussi fort : de 7 p. c. à peine comparativement à l'année précédente, et de 18 p. c. en comparaison de
l'année 1851. Cette augmentation de l'exportation aussi bien que de
l'importation s'est maintenue en 1857 ; elle a diminué en 1858 par suite
de la crise générale, mais elle a repris en 1859. Si, enfin, nous compa-
rons la moyenne triennale de 1857-1859 à la moyenne des années 1844-
1848, nous voyons que le commerce international s'est élevé de 185 à
315 millions, soit de 70 p. c., malgré les perturbations qu'a dû apporter

la guerre. Il va toutefois de soi que cette augmentation est causée en partie par l'élévation des prix de toutes les marchandises importées et exportées (1). »

Voici, Monsieur le Ministre, les chiffres du commerce extérieur de la Russie en 1860, comparativement à 1859.

EXPORTATION.

	1859.	1860.
	Roub. argent	Roub. argent.
Pays d'Europe, ...	149.595.965 (2)	165.185.796
Asie	12.994.777	15.551.694
Finlande, ...	5.275.952	2.847.791
	165,664.672	181.585.281

IMPORTATION.

	1859.	1860.
Europe	156.186.914	155.895,249
Asie	21.404.286	21.121,659
Finlande.	1.742.966	2.288.497
	159.554.166	159.505,405

Dans ces chiffres ne sont pas compris les objets importés ou exportés pour compte du gouvernement ou de personnes jouissant de la franchise.

Le mouvement du commerce présente donc, à l'exportation, un accroissement, sur 1859, de 15,718,609 r. a. et à l'importation un déficit de 30,761 roubles argent.

Le chiffre de l'exportation en 1857, année qui fut considérée comme exceptionnelle pour l'empire, n'a été que de 169,688,134 r. a., ce qui fait encore une différence de 10,695,147 r. a. en faveur de 1860.

Le mouvement du numéraire s'est effectué ainsi en 1860 :

EXPORTATION.

	Roub. argent.
Par les frontières d'Europe	6,545.915
— d'Asie	3,329.629
	9,875,544

(1) *Annuaire international du crédit public pour* 1861, par **J. E. Horn.**
(2) Le rouble argent = 4 francs.

IMPORTATION.

		Roub. argent.
Par les frontières d'Europe		7,065,115
— d'Asie		82,494
		7,147,609

Il y a donc 2,727,935 r. a. en plus à l'exportation.

Les principales marchandises exportées à l'étranger sont :

		1859.	1860.
Grains	R. argent.	60.587.589	65.850 110
Bois divers	»	4.995.808	5.050.221
Cuirs et peaux bruts . . .	»	944.965	1.266.560
— préparés . .	»	1,264.644	1.020.215
Lin	Pouds (1).	5.522.885	5.964.450
Suif	»	2.818.009	5 657.782
Chanvre	»	5.489,428	5.155.745
Fer	»	555.549	624.176
Cuivre	»	85.160	58.896
Laine	»	918.575	1.074.117
Potasse	»	465.768	575.412
Soie de porc	»	94.073	87.692
Graine de lin et de chènevis.	Tchetv. (2).	1.455.229	1.652.989

L'augmentation en 1860 porte sur les grains, les bois, les cuirs et peaux bruts, le lin, le suif, le fer, la laine et la graine de lin et de chènevis; il y a diminution à l'exportation des cuirs et peaux préparés, du chanvre, du cuivre, de la potasse et de la soie de porc.

Les principales marchandises affranchies en douane à l'entrée dans l'empire sont :

		1859.	1860.
Sucre brut	Pouds.	957,710	978,175
— raffiné	»	75,741	77,897
Huile d'olive et autres . . .	»	727.260	857.444
Café	»	271.636	576.512
Coton écru	»	2,952.125	2.859.161
— filé blanc	»	148.825	150.071
Laine	»	145.945	151,595
Soie	»	15,670	12,186

(1) Le poud = 16 kil. 38.
(2) Le tchetvert = 209 lit. 726.

		1859.	1860.
Vins et boissons	Roubles.	7,112.455	9.292.785
Matières tinctoriales. . . .	»	8.900,196	9.264.061
Fruits.	»	5.475.827	5.406.644
Machines et modèles. . . .	»	11.516.555	8.529.946
Tissus de coton	»	8,541.242	7.294.985
— de soie	»	6.420.414	4.582.575
— de laine.	»	4.416,670	5.882.215
— de lin	»	2,144.667	2,465,711

978,175 pouds de sucre brut ont été affranchis en douane; dans cette quantité 604,661 pouds étaient restés en entrepôt sur les approvisionnements de 1859.

Les articles dont l'importation est supérieure à celle de 1859 sont : le sucre raffiné, l'huile d'olive et autres, le café, la laine, les vins et boissons, les matières tinctoriales et les tissus de lin.

L'importation des articles suivants a décru : le coton écru, le coton filé blanc, la soie, les fruits, les tissus de coton, de soie et de laine et les machines et modèles.

Quant à ce dernier article, on remarquera que le déficit est de 2,786,587 roub. arg. ou 11,146,348 fr.

La Belgique, il faut bien le constater, quoique à regret, entre pour une part dans ce déficit.

En 1859, nous avions envoyé en Russie pour 6,355,000 fr. ou 3 millions 738,475 kil. de machines et mécaniques; en 1860, nos expéditions ont atteint la somme de 5,439,000 fr. seulement ou 3,196,554 kil.

Hâtons-nous d'ajouter qu'en 1861, l'exportation de Belgique des machines et mécaniques à destination de la Russie a repris un mouvement ascendant; elle est montée à 4,238,944 kil. ou 1,042,390 kil. de plus qu'en 1860.

COMMERCE EXTÉRIEUR.

Ports de la mer Baltique (la Finlande exceptée). — Le chiffre de l'exportation par ces ports a augmenté en 1860 comparativement à 1859, et celui de l'importation a diminué.

En 1860 , il a été exporté par cette voie pour 80,034,256 r. a. et importé pour 92,716,415 r. a. ; ces chiffres présentent, sur l'année 1859, à l'exportation, une différence en plus de 13,964,654 r. a., et à l'importation, en moins, de 3,469,898 r. a.

Principales exportations : suif, 16,514,710 r. a. ; grains, 15,968,501 r. a. ; lin, 14,491,564 r. a. ; chanvre, 7,882,207 r. a. ; graine de lin, 6,479,920 r. a. ; laine, 2,620,615 r. a., et bois divers, 2,333,636 r. a.

Importations : coton brut, 17,924,950 r. a. ; matières tinctoriales, 8,366,064 r. a. ; vins et liqueurs, 7,398,060 r. a. ; machines, 5,897,079 r. a. ; sucre brut, 4,518,181 r. a. ; huile d'olive, 4,040,935 r. a. ; laine, 3,083,807 r. a.

Ports de la mer Blanche. — Par cette voie , l'exportation a diminué de 2,186,642 r. a., et l'importation de 11,636 r. a., comparativement à 1859.

L'exportation totale s'est élevée à 5,104,436 r. a. Les principales marchandises dont elle se composait sont : grains, 1,966,110 r. a ; lin, 898,350 r. a. ; graines de lin, 685,225 r. a. ; étoupes, 565,930 r. a. ; bois (1), 358,467 r. a.

Importation : 518,631 r. a.—Articles principaux : poissons, 286,490 r. a. ; fourrures, 68,820 r. a.

Ports du Sud. — Le commerce de ces ports est dans une situation satisfaisante. Il a été exporté par là, en 1860, pour 57,584,088 r. a., ou 263,616 r. a. de plus qu'en 1859 ; il a été importé pour 16,216,843 r. a. ou 643,608 r. a. de plus qu'en 1859.

Les principaux articles d'exportation sont : les blés et grains, 35,624,074 r. a. ; la laine, 9,033,776 r. a. ; la graine de lin, 7,735,652 r. a. ; le suif, 1,556,848 r. a. ; les peaux et cuirs, 694,793 r. a. ; le beurre, 659,154 r. a. (2).

---

(1) Dans ces bois sont compris certains ouvrages tels que les nattes, dont il se fait un grand commerce.

(2) Communément appelé en Russie : beurre de vache.

Importation. — Fruits et légumes, 2,104,154 r. a.; huile d'olive, 1,873,864 r. a.; machines, 1,499,723 r. a.; tabac, 1,006,336 r. a.; vins et liqueurs, 954,666 r. a.; houille, 952,617 r. a.; cotonnades, 911,196 r. a.

Frontières de terre de l'Ouest. — Le commerce par cette voie est également prospère.

L'exportation a atteint un chiffre total de 22,461,016 r. a., soit 3,746,205 r. a. de plus qu'en 1859; et il a été importé pour 26,441,360 r. a. ou 2,544,261 r. a. de plus qu'en l'année précédente.

Les principales marchandises exportées sont : grains, 9,748,371 r. a.; laine, 4,652,575 r. a.; bois, 2,255,235 r. a.; bestiaux, 1,118,154 r. a.; sucre en pains, 910,075 r. a. Les principales importations se composèrent de : sel, 2,683,888 r. a.; soieries, 1,788,728 r. a.; cotonnades, 1,759,598 r. a.; tissus de lin, 1,713,122 r. a.; tissus de laine, 1,520,519 r. a.

COMMERCE AVEC LA FINLANDE.

L'exportation des produits russes en Finlande a été moins considérable qu'en 1859, mais il y a accroissement à l'importation.

Le chiffre de l'importation est de 2,288,497 r. a., soit 545,531 r. a. de plus qu'en 1859; celui de l'exportation, de 2,847,791 r. a. ou 426,141 r. a. de moins qu'en l'année précédente.

Le beurre, 509,554 r. a.; le fer, la fonte et le cuivre, 504,787 r. a.; les cotonnades, 352,392 r. a.; les poissons, 290,886 r. a., sont les articles les plus importants de l'importation.

Nous signalerons à l'exportation : les grains, 777,279 r. a.; le tabac, 196,001 r. a.; les métaux ouvrés, 181,927 r. a.; les bougies et chandelles, 133,653 r. a.; les peaux et cuirs, 106,921 r. a.; le suif, 95,356 r. a.

COMMERCE DANS LES PAYS TRANSCAUCASIENS ET PAR LA MER CASPIENNE.

Ce commerce est en progrès à l'exportation et à l'importation.

L'importation a été de 5,087,532 r. a., ou 117,540 r. a. de plus qu'en 1859 et l'exportation a atteint la somme de 2,300,628 r. a., ce qui fait une augmentation de 365,471 r. a. sur l'année précédente.

Les principales marchandises importées sont : *a*. Marchandises asiatiques : cotons ouvrés, 1,612,460 r. a.; soieries, 290,726 r. a.; fruits, 379,530 r. a.; *b*. Marchandises européennes : sucre en pains, 466,134 r. a.; tissus de coton, 619,991 r. a.; tissus de laine, 41,051 r. a.

Le commerce d'exportation des marchandises transcaucasiennes s'est composé en majeure partie : 1º de la soie écrue, dont il a été exporté pour 1,173,710 r. a. à l'étranger; 2º des métaux, 298,203 r. a.; grains, 157,407 r. a.; peaux brutes, 128,105 r. a.; et bois, 77,187 r. a.

Le mouvement commercial du port d'Astrakhan a augmenté sur 1859, à l'exportation, de 33,698 r. a., et a diminué à l'importation de 77,344 r. a. Il a été exporté, par ce port, pour une valeur de 387,778 r. a. : dans ce chiffre les métaux ouvrés entrent pour 261,335 r. a.

Les importations à Astrakhan se sont élevées à 1,056,450 r. a. : dans cette somme figurent la soie pour 433,226 r. a.; les fruits pour 153,696 r. a.; le coton en laine et le coton filé pour 123,177 r. a.; les poissons pour 79,309 r. a.

COMMERCE DES LIGNES D'ORENBOURG ET DE LA SIBÉRIE.

Ce commerce a présenté à peu près les mêmes résultats qu'en 1859.

Le chiffre des importations est de 8,035,793 r. a., soit 183,112 r. a. de plus qu'en 1859; l'exportation représente la somme de 4,918,451 r. a., ce qui fait, sur 1859, une différence en plus de 7,593 r. a.

Voici le relevé des importations : peaux, 752,812 r. a.; coton en laine et coton filé, 749,402 r. a.; fourrures, 741,931 r. a.; tissus de coton, 655,045 r. a.; thé en feuilles et en briques, 8,324 pouds ou 184,537 r. a.; bétail échangé avec les Kirghis pour 3,643,626 r. a.

Les principales marchandises exportées sont : les tissus de coton, 2,747,624 r. a.; les cuirs ouvrés, 443,186 r. a.; les grains, 321,978 r. a.; les lainages, 274,211 r. a.

COMMERCE DE KIAKHTA (1).

Le commerce avec la Chine a quelque peu diminué en 1860.

L'importation de Chine en Russie du thé en feuilles a été de 160,237 colis, celle du thé en briques de 43,304 colis, soit en moins, sur 1859, pour le premier, 5,393 colis et pour le second, 6,457 colis.

Y compris le reliquat de l'année précédente, il a été affranchi en douane 159,410 colis de thé en feuilles et 43,658 colis de thé en briques ou, en plus comparativement à 1859, 6,050 1/2 colis du premier et 2,883 colis du second.

Il a été expédié en Chine 5,740,706 r. a. de marchandises, 1,197,047 r. a. de monnaie d'or et d'argent et 4,131 r. a. d'objets d'or et d'argent.

Les recettes de la douane de Kiakhta se sont élevées à 5,951,097 r. a. ou 181,034 r. a. de plus qu'en 1859.

(1) M. Collins, agent commercial des États-Unis, de retour, en 1857, d'une exploration des bords du Saghalien ou fleuve Amour, entreprise à la suite d'un voyage d'une année entière à travers la Sibérie et les frontières de la Chine, a fait publier de précieux renseignements sur cette partie de l'Asie russe. Il s'exprime ainsi à propos des villes de Kiakhta et de Maïmatschin (frontière sud du territoire d'Irkoutsk, Daourie russe) : Situées l'une à côté de l'autre, ces deux villes sont habitées, la première par les Russes, la seconde par les Chinois. La ligne frontière des deux empires passe entre elles, et n'est indiquée que par une palissade. Elles sont l'une et l'autre entourées de murs et fortifiées. Tout le trafic légal entre les deux nations s'y concentre. Les Chinois apportent de l'intérieur à Maïmatschin leurs thés et autres produits, chargés à dos de bœufs et de chameaux; les Russes amènent leurs marchandises à Kiakhta. Le trafic par échange qui se fait sur ce point est estimé à plus de 120 millions de francs par an.

(*Annales du commerce extérieur de France.*)

NAVIGATION A VOILES.

Le mouvement de la navigation marchande en 1860, comparé à celui de 1859, a été :

| | NAVIRES | | | |
| | A L'ENTRÉE. | | A LA SORTIE. | |
	1859.	1860.	1859.	1860.
Ports de la Baltique . .	4,988	5,188	4,942	5,139
— de la mer Blanche.	806	697	833	701
— du Sud	4,919	5,154	4.907	5,071
	10,713	11,059	10,684	10,911

De ce nombre :

	1859.	1860.	1859.	1860.
Chargés	5,952	5,866	9,317	9,851
Sur lest	4,761	5,173	1.367	1.060
Tonnage (lasts). . . .	1,061,356	1,063,502	1,043,516	1,043,885

La part de chaque pavillon dans le mouvement à l'entrée (1860) a été comme suit :

Anglais, 1,912; russe, 1,838; après eux viennent les pavillons : turc, 1,510; hollandais, 806; norvégien, 566; sarde, 504; grec, 502; danois, 485; divers, 2,916.

NAVIGATION A VAPEUR.

Résultats pour 1860 :

Port de Cronstadt. — Arrivages : d'Angleterre, 184; de Prusse, 112; de Lubeck, 41; de France, 35; de Hollande, 18; de Belgique, 14; de Suède, 13; de Hambourg, 4; d'Italie, 4; de Danemark, 3; de Brême, 1; en tout 429, soit 19 de moins qu'en 1859.

Port de Riga. — Arrivages : de Lubeck, 40; d'Angleterre, 25; de Prusse, 15; de Suède, 1; en tout 81, 9 de plus qu'en 1859.

Port d'Odessa. — Arrivages de Turquie, 152 ; d'Angleterre, 18 ; d'Egypte, 11 ; de France, 7 ; de Belgique, 5 ; d'Italie, 3 ; de Hambourg, 1 ; de Malte, 2 ; en tout 199 ou 31 de plus qu'en 1859.

CABOTAGE.

Les vapeurs russes et finlandais qui font le service entre Saint-Pétersbourg et les ports finlandais et des provinces de la Baltique, sont entrés 172 fois à Saint-Pétersbourg.

Les vapeurs qui transportent les passagers entre Odessa, Otchakow, Eupatoria et autres ports du Sud ont fait 1,327 voyages.

Des communications par vapeurs ont, de plus, été entretenues entre les ports de la mer d'Azof et ceux de la mer Caspienne.

RECETTES DES DOUANES EN 1860.

	R. argent.
Droits de douane proprement dits à l'importation et à l'exportation; droits de tonnage et autres perceptions	23.682.892
Droits au profit de diverses villes	146.746
Accise sur le sel de Crimée	672,228
Pour amortissement de l'emprunt affecté à la construction du pont Nicolas à Saint-Pétersbourg et du quai de Vassili-Ostrof	256,447
Droit d'entrepôt et de loyer de magasins.	507,922
— au profit du lycée d'Odessa	51,719
— de 5 p. c. additionnels pour les dépenses affectées à la construction des chemins de fer et autres travaux se rattachant au commerce extérieur	1,111,862
	55,209,816

Comparativement à 1859, les recettes des droits de douanes proprement dits ont augmenté de 1,044,276 r. a., et si l'on compare le revenu douanier avec celui d'il y a quarante ans, on trouve qu'il a triplé. — Les recettes des autres droits ont diminué de 72,647 r. a. en 1860.

IV

COMMERCE DE LA BELGIQUE AVEC LA RUSSIE.

IMPORTATIONS EN BELGIQUE.

(Valeurs.)

COMMERCE GÉNÉRAL.

MARCHANDISES.	Valeurs permanentes.		Valeurs variables.	
	1859.	1860.	1859.	1860.
Bois de construction non sciés . . .	1,222	1,854	2,849	4,272
— — sciés	0,231	0,265	0,438	0,500
— — Total	1,453	2,119	3,287	4,772
— d'ébénisterie	"	0,011	"	0,011
— divers	0,026	0,025	0,026	0,025
Cendres gravelées; potasses	0,153	0,133	0,167	0,145
Cuivre brut	0,006	0,089	0,007	0,096
Drilles et chiffons	0,098	0,004	0,003	0,002
Drogueries	0,177	0,028	0,161	0,028
Fer battu, etc., autres que clous . .	0,007	"	0,005	"
Filaments végétaux	7,662	7,719	8,301	7,110
Graines oléagineuses et de lin à semer.	10,022	11,625	10,363	11,279
Grains : froment	0,024	0,934	0,034	1,751
— seigle	1,063	1,864	1,806	4,101
— autres, et farines, pain, etc. .	1,137	0,861	2,537	2,040

IMPORTATIONS EN BELGIQUE (suite).

COMMERCE GÉNÉRAL.

MARCHANDISES.	Valeurs permanentes.		Valeurs variables.	
	1859.	1860.	1859.	1860.
— Total	2,224	3,659	4,377	7,892
Graisses	0,001	0,290	0,002	0,348
Laines en masse	0,415	1,448	0,394	1,413
Matières animales brutes.	0,090	0,060	0,090	0,060
Nattes	0,011	0,010	0,011	0,010
Peaux brutes	0,042	0,010	0,063	0,013
Résines et bitumes	0,280	"	0,046	"
Tabacs non fabriqués en feuilles. . .	0,226	0,002	0,234	0,002
Tableaux	0,011	0,005	0,011	0,005
Autres articles.	0,009	0,068	0,011	0,073

EXPORTATIONS DE BELGIQUE.

(Valeurs.)

COMMERCE GÉNÉRAL.

MARCHANDISES.	Valeurs permanentes.		Valeurs variables.	
	1859.	1860.	1859.	1860.
Bois de teinture	"	0,003	"	0,003
— ouvrages de bois.	0,002	0,165	0,002	0,163
Boissons distillées : eaux-de-vie . . .	0,009	0,002	0,014	0,003
Céruse ou blanc de plomb	0,018	0,028	0,020	0,030
Charbon de terre	0,006	0,004	0,007	0,004
Chicorée.	"	0,040	"	0,021
Cuivre battu, étiré et laminé. . . .	0,037	0,007	0,036	0,006
Fer	2,584	0,709	1,940	0,564
Fils de coton	0,031	0,011	0,036	0,014

EXPORTATIONS DE BELGIQUE (suite).

COMMERCE GÉNÉRAL.

MARCHANDISES.	Valeurs permanentes.		Valeurs variables.	
	1859.	1860.	1859.	1860.
— de lin et de chanvre	0,007	0,017	0,010	0,025
Graisses	0,472	0,438	0,567	0,525
Habillements et modes	0,116	0,117	0,116	0,117
Livres	0,017	0,016	0,017	0,016
Machines et mécaniques	6,495	5,499	4,519	4,248
Métaux, minéraux, etc.	0,015	0,001	0,015	0,001
Meubles	0,030	0,037	0,030	0,037
Munitions de guerre	0,094	0,055	0,094	0,055
Ouvrages de terre	0,104	0,091	0,062	0,055
Papier	0,122	0,025	0,122	0,025
Peaux : ouvrage de cuir, etc. . . .	0,038	0,009	0,038	0,009
Pierres brutes et polies	0,008	0,056	0,008	0,056
Plomb	"	0,003	"	0,006
Résines et bitumes.	0,076	0,088	0,013	0,014
Sucres raffinés	0,225	"	0,150	"
Tabacs fabriqués	0,018	0,015	0,017	0,015
Tableaux	0,029	0,045	0,029	0,045
Tapis et tapisseries	"	0,003	"	0,002
Teintures et couleurs	0,027	0,034	0,032	0,034
Tissus de laine	0,067	0,058	0,064	0,047
— de lin et de chanvre	0,146	0,033	0,175	0,035
— tulles et dentelles	0,015	"	0,015	"
Végétaux, etc.	0,006	0,033	0,006	0,033
Verreries et cristalleries	0,491	0,436	0,425	0,351
Voitures.	0,018	0,133	0,018	0,135
Zinc laminé	"	0,106	"	0,057
Autres articles	1,037	0,645	1,327	0,706

IMPORTATIONS EN BELGIQUE.

(Quantités.)

MARCHANDISES.	UNITÉS.	COMMERCE SPÉCIAL.			COMMERCE GÉNÉRAL.	
		1859.	MOYENNE.	1860.	1859.	1860.
Bois de construction non sciés.	mèt. c.	34,562	26,943	43,326	35,223	52,610
— — sciés . .	—	3,874	5,096	4,952	4,615	5,236
— — Total . .	—	38,436	32,039	48,278	39,838	57,518
— d'ébénisteries	kilogr.	»	»	19,090	»	»
Cendres gravelées ; potasses .	—	239,103	337,715	207,515	239,103	207,515
Cuivre brut	—	»	360	36,736	2,565	36,736
Drilles et chiffons	—	15,450	5,082	7,239	15,540	7,239
Drogueries	—	102,664	»	6,511	110,898	17,742
Fer battu, etc., autres que clous	—	36,794	37,024	»	24,524	»
Filaments végétaux	—	5,549,029	4,854,252	5,121,860	5,602,607	5,090,714
Graines oléag. et de lin à semer.	—	26,513,350	17,471,613	26,680,269	26,373,878	30,591,342
Grains : froment	—	469,559	631,581	3,262,382	152,659	5,837,834
— seigle	—	2,872,056	1,265,433	12,542,937	10,625,299	18,642,775
— autres, et farines, etc.	—	13,001,474	6,813,468	8,509,303	13,343,998	8,912,975
— Total	—	16,043,089	8,710,482	24,314,622	24,121,956	33,393,584
Graisses	—	1,464	91,091	268,656	268,656	289,740
Laines en masse	—	51,665	93,494	287,343	287,343	371,921
Navires et bateaux	tonn.	»	278	»	»	»
Peaux brutes	kilogr.	26,050	75,533	»	26,050	5,939
Résines et bitumes	—	199,726	84,341	»	199,726	»
Tabacs non fabriq. en feuilles.	—	8,782	19,559	2,380	167,365	1,612

EXPORTATIONS DE BELGIQUE.

(Quantités.)

MARCHANDISES.	UNITÉS.	COMMERCE SPÉCIAL.			COMMERCE GÉNÉRAL.	
		1859.	MOYENNE.	1860.	1859.	1860.
Bois de teinture	kilogr.	»	51,000	13,421	»	13,421
Boissons distillées : eaux-de-vie	hectol.	123	311	22	211	40
Céruse ou blanc de plomb . .	kilogr.	30,205	17,889	46,296	30,205	46,296
Charbon de terre	tonn.	»	258	60	419	232
Chicorée, racines vertes et séch.	kilogr.	»	»	115,222	»	115,22

EXPORTATIONS DE BELGIQUE (suite).

MARCHANDISES.	UNITÉS.	COMMERCE SPÉCIAL.			COMMERCE GÉNÉRAL.	
		1859.	MOYENNE.	1860.	1859.	1860.
Cuivre battu, étiré, laminé . .	—	12,879	7,335	1,396	12,879	2,263
Fer-battu, étiré et ouvré . .	—	7,694,658	1,804,003	1,282,100	7,789,916	1,335,932
Fils de coton.	—	4,247	1,038	»	5,656	2,051
— de lin et de chanvre . .	—	1,470	1,035	3,842	1,470	3,842
Graisses	—	472,364	168,562	437,581	472,364	437,581
Livres	—	102	914	589	2,814	2,607
Machines et mécaniques. . .	—	3,738,473	2,079,270	3,196,554	3,820,384	3,230,847
Métaux, minéraux, etc. . . .	—	385,810	»	16,584	485,210	16,584
Ouvrages de terre : briques, etc.	pièces.	2,177,924	1,311,270	1,822,200	2,177.924	1,822,200
Plomb	kilogr.	»	10,151	10,000	»	10,137
Résines et bitumes	—	54,351	44,633	62,930	54,351	69,930
Sucres raffinés	—	162,535	275,431	»	187,469	»
Tabacs fabriqués	—	1,863	690	726	1,513	1,557
Tapis et tapisseries	—	»	3,706	»	»	370
Teintures et couleurs. . . .	—	36,787	»	64,122	36,690	65,272
Tissus de laine	—	»	37	1,094	2,720	1,907
— de lin et de chanvre .	—	10,694	2,397	2,005	11,859	3,459
Zinc laminé	—	»	6,856	87,946	»	87,946

FIN.

TABLE DES MATIÈRES

—

TOME PREMIER

TOME DEUXIÈME

TOME TROISIÈME

CATALOGUE GENÉRAL

de

A. LACROIX, VERBOECKHOVEN ET Cie

éditeurs

MAISON DE COMMISSION

BRUXELLES

rue Royale, 3, impasse du Parc

—

1862

Ce catalogue annule les précédents

LES

MISÉRABLES

PAR

VICTOR HUGO

L'apparition de ce livre, l'œuvre capitale de Victor Hugo, est l'un des principaux événements littéraires de notre siècle.

Les Misérables sont le premier roman publié par Victor Hugo depuis *Notre-Dame de Paris.*

Après le moyen âge, le temps présent ; telle est la double étude de Victor Hugo. Ce qu'il a fait pour le monde gothique dans *Notre-Dame de Paris,* il le fait pour le monde moderne dans *les Misérables.* Ces deux livres sont dans son œuvre comme deux miroirs reflétant tout le genre humain.

Le roman complet est divisé en cinq parties de deux volumes

chacune. Les cinq parties, reliées entre elles par la conception générale de l'œuvre, offrent chacune une phase complète d'une action une, tournant autour d'un personnage central.

Première Partie

FANTINE

Deuxième Partie

COSETTE

Troisième Partie

MARIUS

Quatrième Partie

L'IDYLLE RUE PLUMET ET L'ÉPOPÉE RUE St-DENIS

Cinquième Partie

JEAN VALJEAN

Chaque partie, composée de deux beaux volumes in-8°, imprimés avec luxe sur papier cavalier, se vend séparément **12 fr.** Il est tiré *cent* exemplaires d'amateurs, sur beau papier vélin vergé collé, au prix de **20 fr.** les deux volumes composant chaque partie.

COLLECTION

DES

GRANDS HISTORIENS

CONTEMPORAINS

DE L'AMÉRIQUE, L'ANGLETERRE, L'ALLEMAGNE, ETC., ETC.

Format in-8° à 5 fr. le volume.

Cette collection comprend les ouvrages des quatre grands historiens américains de notre époque : BANCROFT, MOTLEY, PRESCOTT, WASHINGTON IRVING.

Parmi les Allemands, nous citerons GERVINUS, HERDER, MOMMSEN (*Histoire romaine*).

La série des historiens anglais s'ouvrira par l'*Histoire de la Grèce de* G. GROTE.

Un soin tout particulier est donné tant au choix des ouvrages qui rentreront dans cette collection importante qu'à la traduction et à l'exécution matérielle des volumes.

Plusieurs ouvrages sont en préparation.

Les historiens dont la réputation est consacrée et dont les œuvres offrent un intérêt général, figureront seuls dans cette collection importante.

ŒUVRES COMPLÈTES DE W. H. PRESCOTT

Prescott, que la mort vient d'enlever à son pays et à l'histoire, avait pris rang, dès son vivant, parmi les plus grands et les premiers historiens modernes.

A peine si ce siècle, à peine si l'Europe compte plus de deux ou trois noms à lui opposer.

On l'a appelé et avec raison le Thucydide moderne.

Il en a en effet la netteté, la profondeur pratique d'esprit, la sobriété de manière, l'ampleur sévère de la forme.

Prescott, plus connu chaque jour, plus étudié, rencontre chaque jour aussi plus d'appréciateurs de son talent, plus d'admirateurs de ses œuvres.

HISTOIRE

DU

RÈGNE DE PHILIPPE II

traduite de l'anglais

PAR G. RENSON ET P. ITHIER

5 beaux vol. in-8°. — Prix : 5 fr. le vol.

Histoire de la conquête du Pérou. 3 vol. in-8°. 15 francs.

Histoire de la conquête du Mexique. 3 vol. in-8°. 15 francs.

Histoire de Ferdinand et d'Isabelle. 4 vol. in-8°. 20 francs.

Don Carlos. *Sa vie et sa mort.* 1 vol. in-8°. 2 francs.

Essais et mélanges historiques et littéraires. 2 vol. in-8°. 10 francs.

Vie de Charles-Quint à Yust. 1 vol. in-8°. 2 francs 50 c.

Christophe Colomb. 1 vol. in-8°. 1 franc 50 c.

ŒUVRES COMPLÈTES

DE

GEORGE BANCROFT

BANCROFT est avec PRESCOTT et MOTLEY l'un des trois grands historiens de l'Amérique contemporaine.

Son **Histoire des États-Unis** est la seule histoire vraiment complète de cette jeune nation qui a si rapidement grandi. Elle contient notamment l'histoire jusqu'ici non traitée encore, des colonisations successives qui se sont accomplies dans cette partie du nouveau monde et continue pour ainsi dire les annales des peuples européens qui ont émigré dans ce continent.

HISTOIRE

DES ÉTATS-UNIS

depuis

LA DÉCOUVERTE DU CONTINENT AMÉRICAIN

traduite de l'anglais

PAR Mlle ISABELLE GATTI DE GAMOND

PREMIÈRE SÉRIE :

Histoire de la colonisation.

DEUXIÈME SÉRIE :

Histoire de la révolution américaine.

Format in-8° à 5 francs le vol.

ESSAIS ET MÉLANGES

1 volume in-8°, 5 francs.

LA

RÉVOLUTION DES PAYS-BAS

AU XVIᵉ SIÈCLE

PAR JOHN LOTHROP MOTLEY

TRADUIT DE L'ANGLAIS PAR G. JOTTRAND ET A. LACROIX

L'histoire des Pays-Bas au xvıᵉ siècle est d'une importance si haute pour l'histoire générale de la civilisation, qu'il n'y a point lieu de s'étonner du grand nombre de recherches et d'explorations dirigées sur ce point, surtout depuis quelques années, depuis l'apparition des précieux documents publiés, en Hollande par M. Groen Van Prinsterer, en Belgique par M. Gachard et en France par M. Weiss.

En Amérique même, deux historiens d'un mérite supérieur, M. William H. Prescott, enlevé à sa carrière, et M. John Lothrop Motley, ont pris pour texte de leurs études la seconde partie du xvıᵉ siècle, c'est à dire le règne de Philippe II, avec la révolution politique et religieuse, avec l'anéantissement moral de la Belgique et la fondation de la république des Provinces-Unies.

L'ouvrage de Motley embrasse la période si émouvante, si agitée comprise entre l'abdication de Charles-Quint et la mort de Guillaume le Taciturne, prince d'Orange (1555-1584). Ces trente années d'efforts généreux, de luttes grandioses pour une cause sainte, avec quelle vigueur l'historien les retrace !

L'Espagne et Rome, Philippe II et l'Inquisition, les ministres sanguinaires du tyran et les familiers du Saint-Office, apparaissent sous leur vrai jour, et leurs crimes et leurs oppressions sont flétris avec l'énergique indignation d'une âme éprise du juste.

A côté, se détachent les figures calmes et rayonnantes des d'Orange, des Marnix, des amis de la nationalité, des serviteurs du droit et de la liberté — liberté civile et liberté de conscience.

L'histoire de la Révolution des Pays-Bas au xvıᵉ *siècle et de la Fondation de la République des Provinces-Unies,* traduite de l'anglais de Motley, forme quatre beaux et forts volumes in-8ᵒ, de 600 pages chacun, soigneusement imprimés.

Le prix de chaque volume est de **cinq** *francs.*

PHILOSOPHIE

DE

L'HISTOIRE DE L'HUMANITÉ

PAR

J. G. HERDER

TRADUCTION DE L'ALLEMAND PAR ÉMILE TANDEL

3 vol. in-8º. Prix : 15 francs.

INTRODUCTION

A L'HISTOIRE DU XIXᵉ SIÈCLE

PAR G. G. GERVINUS

TRADUIT DE L'ALLEMAND PAR FR. VAN MEENEN

Seule édition autorisée par l'auteur et l'éditeur allemands

1 volume in-8º. Prix : 3 francs.

SOUS PRESSE

HISTOIRE DU XIXᵉ SIÈCLE

depuis les traités de Vienne

PAR GERVINUS

MÉMOIRES

DE

SIR ROBERT PEEL

TRADUCTION PAR EMILE DE LAVELEYE

Seule édition française autorisée

2 volumes in-8°. Prix : 10 francs

LES

REPRÉSENTANTS DE L'HUMANITÉ

par

R. - W. EMERSON

1 volume Charpentier. Prix : 3 francs 50 c.

Washington Irving

VIE ET VOYAGES DE CHRISTOPHE COLOMB

TRADUCTION DE G. RENSON. 3 V. IN-8°. 15 FR.

Légende et histoire de la conquête de Grenade

Traduction de Xavier Eyma. 3 vol. in-8°, 15 francs.

ALFRED BOUGEART

DANTON

DOCUMENTS AUTHENTIQUES

Pour servir à L'HISTOIRE de la RÉVOLUTION FRANÇAISE

1 fort volume in-8°. Prix : **7** francs **50** c.

HISTOIRE
UNIVERSELLE

par

LE Dr GEORGES WEBER
Professeur à Heidelberg.

Traduit de l'allemand sur la 9e édition par Jules GUILLIAUME

Seule édition française autorisée

PREMIÈRE SÉRIE : HISTOIRE ANCIENNE.

Peuples orientaux. 1 vol. in-12.	2 »
Histoire grecque. 1 volume.	3 50
Histoire romaine. 1 volume.	3 50

La deuxième série embrasse le **moyen âge**, la troisième série les **temps modernes** jusqu'à nos jours.

Cette *Histoire universelle* est la plus récente et la meilleure qui ait paru jusqu'aujourd'hui.

L'ouvrage complet formera dix volumes in-12.

ŒUVRES DE F. LAURENT
Professeur à l'Université de Gand.

ÉTUDES SUR L'HISTOIRE
DE
L'HUMANITÉ
8 VOLUMES IN-8°

Formant chacun un ouvrage à part, chaque volume se vend séparément

AU PRIX DE : **7** FR. **50** C. LE VOLUME.

L'importance de cette œuvre, qu'un succès rapide et continu a consacrée et qui en est à sa seconde édition et se continuera jusqu'à nos jours, n'a plus besoin d'être signalée.

L'Orient, deuxième édition corrigée 1 vol.

La Grèce, deuxième édition corrigée, 1 vol.

Rome, deuxième édition corrigée, 1 vol.

Le christianisme, 1 vol.

Les barbares et le catholicisme, 1 vol.

La papauté et l'empire, 1 vol.

La féodalité et l'église, 1 vol.

La réforme, 1 vol.

L'ÉGLISE & L'ÉTAT

PREMIÈRE PARTIE.

Le moyen âge, 1 vol. in-8°. Prix : 2 »

DEUXIÈME PARTIE.

La réforme, un vol. in-8°. Prix : 3 50

TROISIÈME PARTIE.

La révolution et l'époque contemporaine (sous presse).

VAN ESPEN

Étude historique *sur l'église et l'État en Belgique.* 1 volume gr. in-18. 3 50

LE COMTE JEAN ARRIVABENE
Sénateur du royaume d'Italie

D'une époque de ma vie (1820-1822). *Mes Mémoires*, documents sur la révolution en Italie, suivis de six lettres inédites de Silvio Pellico, traduction sur le manuscrit original par Salvador Morhange, 1 vol. format Charpentier.　　3 »

ADOLPHE BORGNET
Professeur à l'université de Liége

Histoire des Belges *à la fin du* xviiie *siècle*, 2 vol. in-8°, 2e édition revue et augmentée.　　10 »

LES PAYS-BAS AU XVIe SIÈCLE
LE COMTE D'EGMONT ET LE COMTE DE HORNES
PAR THÉODORE JUSTE

1 beau volume in-8°. Prix : **7** francs **50** c.

DU MÊME AUTEUR

Histoire du Congrès National de Belgique *ou de la fondation de la monarchie belge*, 2 beaux et forts volumes Charpentier. Nouvelle édition soigneusement revue.　　7 »

Les Pays-Bas sous Charles-Quint. *La vie de Marie de Hongrie*, tirée des papiers d'État. 2e édit. 1 vol. Charpentier.　　3 50

Christine de Lalaing, *princesse d'Épinoy.* 1 vol. in-12.　　1 »

Souvenirs diplomatiques *du* xviiie *siècle.* Le comte DE MERCY-ARGENTEAU. 1 vol. Charpentier.　　3 50

APOLOGIE DE GUILLAUME DE NASSAU
prince d'Orange

contre l'édit de proscription publié en 1580 par Philippe II, roi d'Espagne, avec les documents à l'appui

CONTENANT

la justification du Taciturne de 1568, *la correspondance, les ordonnances, les citations, etc.,* précédé d'une introduction par A. LACROIX. 1 fort vol. gr. in-12 cartonné. 5 francs.

XAVIER EYMA.

La République américaine. Ses institutions. — Ses hommes.
2 vol. in-8°.   12 »

Ce livre se termine par un appendice sur l'élection du président Lincoln,
les conséquences de la séparation du Nord et du Sud, et la question de l'es-
clavage.

Les trente-quatre étoiles de l'union américaine. Histoire des
États et des territoires. 2 vol. in-8°.   12 »

Suite et complément du précédent ouvrage.

Fantòmes et légendes du nouveau monde. 2 vol. Charpentier.   7 »

Washington Irving. *Légende et histoire de la conquête de Gre-
nade*, traduction de Xavier Eyma. 3 vol. in-8°.   15 »

CH. POTVIN

Albert et Isabelle. Fragments sur leur règne. 2 vol. in-8°. 7 »

DOM JACOBUS

Le livre de la nationalité belge. 1 vol. in-18.   2 »

L'Europe et la nationalité belge. 1 vol. in-18.   2 50

A. LACROIX et FR. VAN MEENEN

Notices *historique et bibliographique sur Philippe de Marnix*,
avec portrait. 1 vol. in-8°.   1 60

JULIUS FRŒBEL

A travers l'Amérique. Traduction de l'allemand par Émile Tandel. 3 beaux volumes Charpentier.   10 50

VOYAGES ET DÉCOUVERTES

dans

L'AFRIQUE

SEPTENTRIONALE ET CENTRALE

PAR LE DOCTEUR H. BARTH

Traduit de l'allemand par Paul ITHIER

Quand le docteur Barth, jeune encore, se rendit en Afrique, par dévouement à la science, chargé d'une mission du gouvernement anglais, l'Europe savante s'émut de l'entreprise difficile que tentait ce voyageur intrépide.

Deux amis faisaient partie de cette expédition, deux savants aussi : MM. Richardson et Overweg. Et plus tard M. Vogel, jeune naturaliste, alla rejoindre M. Barth et l'aider dans ses recherches. De ces explorateurs courageux, un seul est revenu, un seul survit : le docteur Barth.

La maladie et les fatigues enlevèrent Richardson et Overweg ; un sort cruel était réservé à Vogel. Longtemps l'on crut aussi à la mort de M. Barth ; mais il réussit à vaincre tous les périls, à surmonter tous les obstacles et, de retour en Europe, où l'accueillit l'admiration générale, il publia ses *Voyages* et raconta ses *Découvertes dans l'Afrique septentrionale et centrale.*

Les explorations du docteur Barth, pendant une période de six années, de 1849 à 1855, comprennent trois parties bien distinctes : le DÉSERT, le TSAD et le cours du NIGER.

Ces VOYAGES et DÉCOUVERTES présentent, outre l'intérêt de la science, l'intérêt du récit, — des descriptions de pays, — des études de mœurs. L'histoire des peuplades et des royaumes de ce monde véritablement nouveau se mêle à la narration des aventures et des impressions de l'auteur, nouveau Colomb.

Tout en un mot fait de ce livre la plus vivante et la plus dramatique Odyssée des temps modernes.

Savants et hommes du monde, artistes et industriels ou commerçants, à tous convient cet ouvrage remarquable que la traduction actuelle de M. Paul Ithier a naturalisé dans la langue française où sa place était d'avance marquée.

L'ouvrage est illustré de nombreuses gravures, de quatre belles chromo-lithographies et accompagné d'un portrait de l'auteur ainsi que d'une carte soignée et exacte.

4 beaux et forts vol. in-8° avec cartes et grav. — Prix : 24 fr

---

LA

CHINE CONTEMPORAINE

D'APRÈS LES TRAVAUX LES PLUS RÉCENTS

TRADUCTION DE L'ALLEMAND PAR A.-J. DU BOSCH

2 vol. Charpentier, 7 fr.

EXAMEN CRITIQUE

DES

DOCTRINES DE LA RELIGION CHRÉTIENNE

PAR PATRICE LARROQUE

Ancien recteur de l'Académie de Lyon.

Deux volumes in-8°, seconde édition. — Prix : 15 francs.

RÉNOVATION RELIGIEUSE

PAR LE MÊME AUTEUR

Un volume in-8°, deuxième édition augmentée, 7 francs.

Ces deux ouvrages forment un seul tout; ils sont le complément l'un de l'autre. Ils ont été écrits dans le but de préparer cette régénération religieuse dont tous les esprits sérieux comprennent la nécessité et pressentent le prochain avènement.

L'auteur y a consacré vingt années d'études et de méditations, et le fait seul de cette longue élaboration avertit suffisamment qu'il ne faut pas y chercher de ces fruits nés en serres chaudes et que la presse jette tous les jours à l'ennui et au vide affamé des esprits. Dans le premier ouvrage, il examine la doctrine chrétienne d'abord telle qu'elle a été formulée depuis plusieurs siècles et qu'elle est encore aujourd'hui définie par ce qu'on a appelé l'autorité ecclésiastique, en second lieu telle qu'elle existe dans les livres originaux de la Bible, qui sont ses monuments les plus anciens. Dans le second ouvrage, il démontre la nécessité d'une rénovation religieuse, qui soit en harmonie avec la raison, et il expose les dogmes qui devront en constituer les bases principales.

DE L'ESCLAVAGE

chez

LES NATIONS CHRÉTIENNES

PAR LE MÊME AUTEUR

Un volume in-18. — Prix : 2 francs.

OUVRAGE DU MÊME AUTEUR COURONNÉ PAR LA SOCIÉTÉ DE LA PAIX, A LONDRES

de la

GUERRE ET DES ARMÉES PERMANENTES

Un volume in-8°, 3 francs.

RECHERCHES PHILOSOPHIQUES

sur les principes

DE LA SCIENCE DU BEAU

Ouvrage

**auquel l'Institut impérial de France (Académie
des sciences morales et politiques)
a décerné une mention honorable au concours de 1860**

PAR PAUL VOITURON

Avocat à la Cour d'appel de Gand

2 forts volumes in-8°. — Prix : **12** francs.

MATIÈRES CONTENUES DANS L'OUVRAGE

PREMIER VOLUME.

CHAPITRE Ier. *De la science du Beau.* — § 1er Du fondement rationnel de la science du Beau — § 2. De la méthode a suivre dans l'étude du Beau. — CHAPITRE II. *Détermination des caractères du Beau et du Sublime.* — § 1er. Des caractères et des éléments de la notion du Beau. — § 2. Des caractères et des éléments de la notion du Sublime. — CHAPITRE III. *Métaphysique du Beau et du Sublime.* — CHAPITRE IV. *Des diverses espèces du Beau et du Sublime.* — CHAPITRE V. *Du sentiment du Beau et du Sublime.*

SECOND VOLUME.

CHAPITRE VI. *Du Beau moral et du Beau intellectuel.* — CHAPITRE VII. *Du Beau dans la nature.* — CHAPITRE VIII. *Du Beau dans les arts.* — § 1er. Des arts en général. — § 2. De l'art des jardins. — § 3. De l'architecture. — § 4. De la sculpture. — § 5. De la peinture. — § 6. De la musique. — § 7. De la poésie. — § 8. De l'éloquence. — CONCLUSION.

PAUL RENAND

Christianisme et paganisme. Identité de leurs origines ou nouvelle symbolique. 1 fort vol. in-8°. 6 »

Loi du développement religieux de l'humanité. — Religions orientales (Chine, Inde, Phénicie, Perse, Egypte, Judée, etc.) — Religion grecque. — Religion scandinave. — Le christianisme. — Le catholicisme.

G.-H. DE SAINT-SIMON

OEuvres choisies, précédées d'un essai sur sa doctrine, avec portrait et lithographie. 3 vol. Charpentier. 10 50

LA
DÉMOCRATIE
PAR ÉTIENNE VACHEROT
Ancien directeur des études à l'École Normale supérieure

DEUXIÈME ÉDITION

CONSIDÉRABLEMENT AUGMENTÉE SUIVIE DU TEXTE DES JUGEMENTS
RENDUS EN FRANCE CONTRE L'OUVRAGE.

1 volume in-8°. Prix : 5 francs.

L. RIBERT
La démocratie selon M. E. VACHEROT. — 1 vol. in-8°.   1 »

L'ÉGLISE & LA MORALE
PAR DOM JACOBUS
2 volumes format Charpentier. Prix : **7** francs.

M.-G. DE MOLINARI
Napoléon III publiciste. *Sa pensée cherchée dans ses écrits.*
Analyse et appréciation de ses œuvres. 1 vol. format Charpen-
tier de 190 pages.   2 »

P.J. PROUDHON
De la justice dans la révolution et dans l'église. Essais d'une
philosophie populaire. 2e édition. 12 livraisons de 200 p. chacune.   15 »
La justice poursuivie par l'église. 1 volume in-8°.   2 »

FERDINAND EENENS
Le paradis terrestre. 1 vol. in-12.   2 50

W.-E. Channing & R.-W. Emerson
Vie et caractère *de Napoléon Bonaparte.* 1 vol. in-18.   1 50

LA
FEMME AFFRANCHIE

RÉPONSE A

MM. MICHELET, PROUDHON, E. DE GIRARDIN, A. COMTE

et autres novateurs modernes

PAR Mme JENNY P. D'HÉRICOURT

2 vol. Charpentier. Prix : 6 francs.

P.-J. PROUDHON

Théorie de l'impôt. Mémoire couronné au concours ouvert à
Lausanne en 1860, par le Congrès. 1 vol. Charpentier.   3 50

La guerre et la paix. Recherches sur le principe et la constitution du droit des gens. 2 vol. in-18.   7 »

Majorats littéraires (les). Examen d'un projet de loi ayant pour
but de créer, au profit des auteurs, inventeurs et artistes, un
monopole perpétuel. 1 vol. Charpentier.   2 »

OEUVRES DE

PH. DE MARNIX DE SAINTE-ALDEGONDE

précédées

D'UNE INTRODUCTION ET ACCOMPAGNÉES DE NOTES

par EDGAR QUINET

Le tableau des différends de la religion. 4 vol. in-8°.   16 »

Le bijenkorf (*La ruche à miel de l'Église romaine*). 2 vol. in-8°. 7 »

Les écrits politiques et historiques. 1 vol. in-8°.   4 »

La correspondance et les mélanges. 1 vol. in-8°.   5 »

Notices historique et bibliographique sur Marnix, avec portrait, par ALBERT LACROIX et FR. VAN MEENEN. 1 vol. in-8°. 1 60

DES
RÉFORMES EN RUSSIE

par

LE PRINCE PIERRE DOLGOROUKOW

suivi d'un aperçu

**sur le système électif en Russie et sur les États Généraux
russes au XVI° et au XVII° siècle
et de divers documents inédits d'une haute importance**

1 beau vol. in-8° de luxe. Prix : **6** fr.

Cet ouvrage curieux et plein d'actualité, traite d'une question d'un vif intérêt et qui s'agite en ce moment en Russie. Le livre donne tout un plan de réformes dans le sens de la monarchie constitutionnelle. Il est dû à une plume pleine d'autorité.

Du même auteur :

Général Yermolow (le). Notice. 1 vol. in-18.   1 »

NOTICES
sur les Familles Illustres et Titrées de la Pologne

1 volume in-8°, orné de trois planches en couleur
représentant les Écussons des familles citées dans l'ouvrage
Prix : **7** francs **50** cent.

DICTIONNAIRE HISTORIQUE

DES

PEINTRES

de toutes les écoles

DEPUIS L'ORIGINE DE LA PEINTURE JUSQU'A NOS JOURS

CONTENANT

1° Un abrégé de l'histoire de la peinture chez tous les peuples
2° Des tableaux synoptiques présentant la nomenclature des peintres par ordre chronologique
par écoles, etc.
3° La biographie des peintres par ordre alphabétique avec désignation d'école
4° L'indication de leurs principaux tableaux avec désignation des lieux où ils se trouvent
5° La caractéristique de leur style et de leur manière
6° Le prix auquel ont été vendus, dans les ventes célèbres des trois derniers siècles
y compris le dix-neuvième, les tableaux principaux
7° Six cents monogrammes environ des principaux peintres

PAR

ADOLPHE SIRET

MEMBRE CORRESPONDANT DE L'ACADÉMIE ROYALE DE BELGIQUE
DE L'ACADÉMIE IMPÉRIALE DE REIMS
DE L'ACADÉMIE D'ARCHÉOLOGIE DE MADRID, ETC.

1 magnifique vol. in-8° à **2** col., de **1,000** à **1,200** pages.

DEUXIÈME EDITION

REVUE ET CONSIDÉRABLEMENT AUGMENTÉE

CONDITIONS DE LA SOUSCRIPTION:

L'ouvrage formera 10 à 12 livraisons, chacune d'environ 90 pages grand in-8° à deux colonnes. L'ouvrage complet coûtera TRENTE FRANCS et formera un magnifique volume soigneusement exécuté. — Il sera tiré pour les amateurs un petit nombre d'exemplaires de luxe sur grand et fort papier vergé. Le prix en sera de 60 francs pour les souscripteurs.

OEUVRES DE M. G. DE MOLINARI

Professeur d'économie politique au Musée royal de l'industrie belge,
directeur de l'*Économiste belge*, etc., etc.

Questions d'économie politique et de droit public. 2 beaux
vol. in-8°.   10 »

Lettres sur la Russie. 1 vol. format Charpentier de 418 pages.   4 »

Cours d'économie politique, professé au Musée royal de l'industrie belge. Première partie : *La production et la distribution
des richesses*. 2 vol. in-8° de 350 pages. (2ᵉ édition).   12 »

La seconde partie du cours traitant de *la circulation et de
la consommation des richesses*, est en préparation.

Conversations familières sur le commerce des grains. Un
joli vol. gr. in-12 de 296 pages.   2 »

H. BRASSEUR

Professeur d'économie politique à l'Université de Gand.

Manuel d'économie politique. 2 vol. gr. in-8°.   15 »

RELATIONS INTERNATIONALES.

LE NORD

Industriel et Commercial.

Danemarck. — Norvége. — Suède. — Russie

PAR ÉDOUARD SÈVE

Deux volumes in-8°.   15 »
Chaque partie séparément.   .   5 »

Otto Hübner

Petit manuel populaire *d'économie politique*. Traduit de l'allemand avec l'autorisation de l'auteur par CH. LE HARDY DE
BEAULIEU, économiste. 1 vol. in-18. (2ᵉ édition).   1 »

Voici le sommaire du contenu de ce manuel :

I. Travail. — II. Division du travail. — III. Échange. — IV. Monnaie. — Fabricant et
artisan. — VI. Le cultivateur. — VII. Le marchand. — VIII. L'instituteur. — IX. L'employé. — X. Valeur et prix. — XI. Propriété. — XII. Capital et intérêt. — XIII. Riche et
pauvre. — XIV. Des machines (chapitre ajouté par le traducteur).

CH. LE HARDY DE BEAULIEU

Professeur à l'École des Mines de Hainaut.

Traité élémentaire d'économie politique. 1 vol. Charpentier
de 384 pages. 4 »

Considérations sur les relations commerciales *entre la Belgique et l'Espagne dans le présent et dans l'avenir.* 1 vol. in-8° de
108 pages. 1 50

Du salaire. 1 vol. Charpentier. 3 50

Catéchisme de la mère. 1 v. in-12 avec nombreuses grav. 3 »

ÉMILE DE LAVELEYE

Économie rurale *de la Belgique.* 1 vol. Charpentier. 3 50

L'enseignement obligatoire. in-12. 75

Mémoires de sir Robert Peel. Seule édition française autorisée. Traduction de M. Emile de Laveleye. 2 vol. in-8°. 10 »

CH. MAYNZ

Éléments de droit romain. 2 vol. in-8°. 16 »

Le droit héréditaire et le droit de famille. 1 volume in-8°,
3e vol. des Éléments. 8 »

Traité des obligations d'après le droit romain. 1 v. in-8°. 9 »

J. LESTGARENS. — **La situation économique et industrielle** *de
l'Espagne en 1860.* 1 vol. in-8°. 1 25

F. J. DEROYER. — **Économie** *à l'usage de tout le monde.* 1 volume
in-12. 2 50

FL. CRUYSMANS. — **Des droits et obligations** *des armateurs vis-
à-vis des assureurs sur corps.* 1 vol. in-8°. 2 50

ŒUVRES POLITIQUES de E. QUINET

SOMMAIRE :

La révolution religieuse au XIXᵉ siècle. Lettre à Eugène Sue, sur la situation religieuse et morale de l'Europe. L'enseignement du peuple. — La croisade contre la république romaine. L'état de siége. Révision. Discours au collége de France. Appendice.

2 vol. Charpentier formant le complément de ses œuvres complètes. **7** fr.

LA

Révolution religieuse au dix-neuvième Siècle

INTRODUCTION GÉNÉRALE

AUX ŒUVRES DE PH. DE MARNIX

PAR EDGAR QUINET.

Un volume in-8º. Prix : **1** franc.

W. STREUBEL

Des forces militaires de la France, comparées à celles de l'Allemagne. 1 vol. in-18.   2   »

COMTE DE PARIS

Damas et le Liban. Extraits du journal d'un voyage en Syrie au printemps de 1860. 1 vol. élégamment cartonné.   6   »

LETTRES AUX FRANÇAIS

SUR L'HISTOIRE ROMAINE

Les idées impériales

1 volume in-18, Prix : 1 franc.

A. DE LAMARTINE

HISTOIRE DES GIRONDINS

4 vol. Charpentier, 16 francs.

D. NISARD

HISTOIRE DE LA LITTÉRATURE FRANÇAISE

6 volumes in-18, l'ouvrage complet, 15 francs.

MIRON

EXAMEN DU CHRISTIANISME

3 vol. Charpentier, 10 fr. 50.

LOUIS LABARRE

Napoléon III et la Belgique. 1 vol. in-18.	» 75
Waterloo. 1 vol. in-18.	» 75

LOUIS KOSSUTH

RÉVÉLATIONS sur la crise italienne 1 vol. in-18. 60	GRIE. — La question des natio- nalités. 3e édition. 1 volume in-12. 1 25
L'EUROPE, l'AUTRICHE et la HON-	

JEAN LUDVIGH

Ancien représentant et secrétaire de l'assemblée nationale de Hongrie.

LA HONGRIE politique et religieuse 1 vol. charpentier. 5 50

NOUVELLE PAGE de l'histoire des Habsbourgs. in-18. » 75

LA HONGRIE et la germanisation autrichienne. in-18. 1 »

LA LIBERTÉ religieuse et le protestantisme en Hongrie. in-18. 1 25

LA HONGRIE devant l'Europe : les institutions nationales et constitutionnelles de la Hongrie et leur violation. in-18. 2 »

LA HONGRIE et les Slaves. 1 25

FRANÇOIS - JOSEPH , empereur d'Autriche, peut-il être couronné roi de Hongrie? in-18. 1 »

QUI PAIERA les dettes de l'Autriche? in-18. 1 50

LA DIÈTE de Hongrie et l'empire d'Autriche, contenant l'adresse de M. Deak. in-18. 2 »

L'AUTRICHE despotique et la Hongrie constitutionnelle, contenant l'Ultimatum de la Diète de Hongrie. in 18. 2 »

Le Duc de Wellington

ESSAI SUR L'HISTOIRE ET SUR LA BIOGRAPHIE

DU DUC DE WELLINGTON

PAR JULES MAUREL.

Nouvelle édition, 1 volume in-12. Prix : 2 francs.

Aperçu sur les cultes en Belgique ou ce qu'il en coûte annuellement au pays pour leur personnel, leurs établissements d'instruction, l'entretien et la construction de leurs édifices, la nomenclature, la statistique des ordres religieux, etc. 1 volume in-8°. 0 75

ŒUVRES

DU

PRINCE DE LIGNE

précédées

D'UNE INTRODUCTION PAR ALBERT LACROIX.

4 beaux et forts vol. format Charpentier, 14 fr.

Les œuvres du prince Charles de Ligne dont le nom est si connu, dont la réputation littéraire est si bien établie dans tous les pays d'Europe et qui partout a laissé des traces si profondes de son aimable esprit, de sa finesse d'observation, de sa conversation vive et enjouée, les œuvres du prince de Ligne n'existent que dans très peu de bibliothèques.

Le public se trouvait privé, par cette rareté, du plaisir de lire ce charmant écrivain qui le dispute aux plus spirituels des humouristes que la langue française ait produits.

La variété si grande des écrits du Prince, les fait convenir à toutes les classes de la société.

Mélanges historiques, mélanges littéraires, mélanges philosophiques, mélanges militaires, romans, contes, mémoires divers sur la Pologne, sur les Juifs, sur les Crétins, — le fameux *mémoire pour le comte de Bonneval,* — *mémoire pour les Grecs,* — *portraits, caractères et fantaisies,* — *pensées* aussi fines que vives et spirituelles, — *réflexions sur les femmes,* — *correspondance* aussi piquante qu'enjouée, — *lettres aux principaux souverains* de l'Europe, Catherine, Joseph II, etc., etc., — *dialogues,* — *études critiques,* — *poésies,* — *comédies,* — *voyages,* — tous les sujets se croisent dans ses œuvres ; tous les tons y alternent, le sérieux et le frivole ; tous les genres y sont représentés, le léger et le grave, dans le plus charmant désordre, comme le Prince l'aimait tant.

Les célèbres *lettres de Crimée,* qui décrivent cette contrée aujourd'hui illustrée, — les *lettres sur la dernière guerre des Turcs,* l'*histoire de la guerre de Trente Ans,* les *mémoires sur Frédéric II de Prusse,* la *vie de Catherine le Grand,* comme il la surnomma si ingénieusement et comme l'histoire l'appelle encore, — les *considérations sur la Révolution française,* alternent avec le *coup d'œil sur les principaux jardins d'Europe,* le *coup d'œil sur Belœil,* le *règne du grand Selrahcengil,* le *mémoire sur Paris,* comme le Prince rêvait dès lors cette belle capitale.

Enfin viennent les *mémoires* de ce grand seigneur, homme de lettres, aussi réputé pour son caractère chevaleresque et pour son noble cœur que pour son talent littéraire et le rôle éclatant qu'il joua sur la scène de la politique européenne, comme soldat et comme diplomate.

On voudra lire encore le plaidoyer si piquant, intitulé : *Mémoire pour mon cœur accusé,* et ses *entretiens avec Voltaire et Rousseau,* qui dépeignent ces deux grands hommes et les *Lettres à Eulalie sur les théâtres de société,* l'on trouvera à glaner plus d'une perle dans ces *pensées diverses* qu'il intitule : *Mes écarts ou ma tête en liberté.*

MÉMOIRES

DU

PRINCE DE LIGNE

suivis

DE PENSÉES

et précédés

D'UNE INTRODUCTION PAR ALBERT LACROIX

1 volume Charpentier, **3** fr. **50.** c.

HISTOIRE
DU
COMMERCE ET DE LA MARINE EN BELGIQUE
PAR ERNEST VAN BRUYSSEL
Chef de bureau paléographique belge

3 volumes in-8°. — Prix : **18** francs.

LE ROMAN DU RENARD
MIS EN VERS D'APRÈS LES TEXTES ORIGINAUX
précédé d'une introduction et d'une bibliographie
PAR CHARLES POTVIN
1 beau volume Charpentier, **3** francs **50** centimes.

LES NIBELUNGEN
TRADUCTION NOUVELLE
précédée d'une étude sur la formation de l'épopée
PAR ÉMILE DE LAVELEYE.
1 fort volume Charpentier de **450** pages, **3** francs **50** centimes.

CHARLES GRÜN
L'ITALIE EN 1861
POLITIQUE, LITTÉRATURE, BIOGRAPHIE, BEAUX-ARTS
2 vol. Charpentier, **7** francs.

ROMANS ET OUVRAGES DIVERS

FOULD (fils). *Enfer des femmes.* 1 vol. in-12. 3 50

BIAGIO MIRAGLIA. *Cinq nouvelles calabraises.* 1 vol., formant Charpentier. 3 50

MARVEL (IK.). *Rêveries d'un célibataire.* 1 vol. Charpentier. 3 »

CURTIS (G. W.). *Rêveries d'un homme marié.* 2 vol. in-32. 2 50

SÉMÉNOW (N.). *Un homme de cœur.* 2 vol. in-32. 2 50

CASTELNAU (A). Zanzara. Études sur la renaissance en Italie. Roman historique. 2 vol. format Charpentier. 7 »

BALANCE (LA). *To-Hu-Bo-Hu.* GRANDVILLE dans les étoiles, publié par Nicolas Grandville, des académies de Bléfuscu et de Bobdingnac, chevalier de l'ordre des Papefigues, grand cordon de l'ordre des Altérés. 1 vol. in-8°. 3 50

ELVIRE NANTEUIL, par la vicomtesse de Lerchy, auteur des Courants contraires. 1 vol. in-18. 1 50

FEMME CAPRICIEUSE (UNE), par Mme Emilie Carlen. Traduit du Suédois. 3 vol. in-18. Le volume. 1 50

HYPÉRION ET KAVANAGH, par Longfellow. 2 vol. in-12. 5 »

BERNARDIN DE SAINT-PIERRE. — PAUL ET VIRGINIE. Edition illustrée de 8 belles gravures sur acier d'après Schopin et précédée d'une étude sur l'auteur par D. Bancel. 1 vol. in-12. 3 50

MUSARION OU LA PHILOSOPHIE DES GRACES de C. M. Wieland. Traduction de l'allemand par Poupart de Wilde, 1 vol. in-18. 1 25

LÉONIE, essai d'éducation par le roman, par Mme Eugène Garcin (née Euphémie Vauthier), précédé d'une lettre de M. de Lamartine, deuxième édition. Un beau volume in-18. 3 »

DOERING (docteur H.). Mozart, sa biographie et ses œuvres. 1 vol. in-18. 1 25

GRÉTRY. Mémoires ou Essais sur la musique, suivis de mélanges. 2 vol. format Charpentier. 7 »

ALBERT LACROIX. De l'influence de Shakspeare sur le théâtre français jusqu'à nos jours. Ouvrage couronné. 1 vol. gr .in-8°. 5 »

SCHMIDT (J.). Histoire de la littérature française depuis 1789 jusqu'à nos jours. 4 vol. in-8°. 24 »

POTVIN (CH.). La Belgique, poème. 1 vol. in-12. 1 25

— Jacques d'Arteveld, drame historique en 3 actes en vers. Ouvrage couronné. 1 vol. in-18. 2 »

LE SIÉGE DE CALAIS, tragédie lyrique en 4 actes par Edouard Wacken. 1 vol. in-18. 1 »

STRUENSÉE, drame en 5 actes et en vers, par Jules Guilliaume. 1 vol. grand in-18. 1 »

WIERTZ (A.). Peinture mate. Procédé nouveau. 1 vol. in-8°. 1 »

MOKE (H. G.). Du sort de la femme dans les temps anciens et modernes. 1 vol. in-12. 2 »

TOLLERI. Le Denier de Saint-Pierre. In-18. 1 25

REVUE POPULAIRE DES SCIENCES

DIRIGÉE PAR J.-B.-E. HUSSON.

Prix de l'abonnement annuel : **6** francs.

Le Hon (le capitaine). *Périodicité des grands déluges*, résultant du mouvement graduel de la ligne des apsides de la terre, théorie prouvée par les faits géologiques, 2ᵉ édition revue, augmentée et enrichie de deux cartes. 3 »

D'Omalius d'Halloy. (J.-J.). *Abrégé de géologie*, nouvelle édition, in-8°, avec figures dans le texte. 12 »

BOICHOT

Petit traité de connaissances à l'usage de tous

1 v. in-12 avec de nombreuses grav. sur bois, **3** francs.

FERNANDO GARRIDO

L'ESPAGNE CONTEMPORAINE

1 vol. in-8°, **7** francs **50**.

CHARLES-LOUIS CHASSIN

LE POÈTE DE LA RÉVOLUTION HONGROISE

ALEXANDRE PETŒFI

1 fort volume Charpentier, Prix **3** francs **50**.

FLORE MÉDICALE BELGE

PAR ARMAND THIELENS

Membre de plusieurs sociétés scientifiques belges
correspondant du comité central d'Agriculture de la Côte d'Or, a Dijon
de la société de Botanique de Barcelone
de la société d'Agriculture et d'Horticulture de Rome, etc.

1 vol. in-12, Prix : 5 francs.

BAEDEKER. (K.) *Paris*, guide pratique du voyageur, traduit d'après la troisième édition de l'ouvrage allemand, avec additions et corrections. Accompagné d'un plan général de Paris et de 6 cartes. 1 vol. élégamment cartonné de XII et 217 pages.   4 50

BLAZE (C.). *Le chasseur au chien courant*, contenant les habitudes et les ruses des bêtes, l'art de les quêter, de les juger et de les détourner; de les attaquer, de les tirer ou de les prendre à force; l'éducation du limier; des chiens courants, leurs maladies, etc., formant avec le *chasseur au chien d'arrêt* un cours complet de chasse à tir et à courre, 2 vol. gr. in-18.   4 »

— *Le chasseur au chien d'arrêt*, contenant les habitudes, les ruses du gibier, l'art de le chercher et de le tirer, le choix des armes; l'éducation des chiens, leurs maladies, etc.; 1 vol. gr. in-18.   2 »

LABARRE. L. Ephémérides nationales. 1 vol. in-18.   2 »

RÉSUMÉ DU COSMOS de A. de Humboldt. 1 vol. in-18.   0 75

SOSSET (J.). Biographies à l'usage des écoles moyennes. Première partie destinée à la première année d'études. 1 vol. in-12. 1 »

UNIVERSITÉ LIBRE DE BRUXELLES. Statuts, discours, rapports, documents divers, programme des études, liste des professeurs, bibliographie, etc., etc. 1 fort vol. Charpentier de 500 pages.   5 »

AUGUSTE SCHÉLER. *Dictionnaire d'étymologie française*, d'après les résultats de la science moderne, 1 vol. in-8°, sur papier vélin, publié en 12 livraisons, chacune.   12 »

MULLER (Karl.). *Les merveilles du monde végétal ou voyage botanique autour du monde*. Essai de botanique cosmique. Traduit d'après le texte allemand et les notes inédites de l'auteur, par J.-B.-E. Husson. 2 vol. in-8°.   10 »

LE NORD INDUSTRIEL ET COMMERCIAL

—

Conditions de la souscription.

L'ouvrage complet, 3 volumes in-8° fr.	20 »
Pour les souscripteurs	15 »
Chaque volume séparé	7 50

S'adresser pour la souscription à MM. A. LACROIX, VERBOECKHOVEN et Cⁱᵉ, imprimeurs-éditeurs, rue Royale, 3, impasse du Parc, à Bruxelles.